经济法新视野研究丛书

本书系国家社会科学基金项目"国有企业适用反垄断法若干问题研究"（15BFX172）的中期成果

反垄断法律责任专题研究

李国海 著

WUHAN UNIVERSITY PRESS
武汉大学出版社

图书在版编目（CIP）数据

反垄断法律责任专题研究/李国海著.—武汉：武汉大学出版社，
2018.8（2019.3 重印）
经济法新视野研究丛书
ISBN 978-7-307-20440-9

Ⅰ.反…　Ⅱ.李…　Ⅲ.反垄断法—研究—中国　Ⅳ.D922.294.4

中国版本图书馆 CIP 数据核字（2018）第 179228 号

责任编辑:田红恩　　　责任校对:李孟潇　　　版式设计:汪冰滢

出版发行:**武汉大学出版社**　（430072　武昌　珞珈山）
（电子邮箱：cbs22@ whu.edu.cn　网址：www.wdp.com.cn）
印刷:北京虎彩文化传播有限公司
开本:720×1000　1/16　印张:19　字数:271 千字　插页:1
版次:2018 年 8 月第 1 版　　2019 年 3 月第 2 次印刷
ISBN 978-7-307-20440-9　　定价:60.00 元

自　序

在反垄断法领域，法律责任制度无疑是最值得学界关注的内容之一。其原因在于反垄断法律责任制度具备以下"四性"特征：

一是重要性。反垄断法作为规制型法律，以禁止性法律规范为主，需通过法律责任制度创设合理适度的威慑效果，合用的法律责任制度是实现反垄断法基本目标的根本保证；

二是创新性。反垄断法一方面沿用了传统的民事、行政及刑事责任的某些元素，引入了这三大法律责任体系中的某些责任形式，如损害赔偿、排除侵害、行政罚款、罚金及监禁等；另一方面又创设了一些新的责任形式，如拆分企业、资格减免等。后一类责任形式的创新性不言自明，即使是前一类责任形式，在反垄断法领域也得到了程度不同的创新改造。反垄断法律责任制度的创新性较为典型地体现了经济法责任制度的独特性。

三是变通性。反垄断法律责任制度之建构及适用具有鲜明的功利主义色彩，从不会囿于某种固定模式，在不同国家（地区）之间，反垄断法律责任制度很少雷同，即使是同一国家（地区），在不同时期，反垄断法律责任制度也多有变动调整。

四是争议性。反垄断法律责任制度的构成和适用，存在颇多可争议之处。举其要者，诸如：反垄断法是否应引入刑事责任？反垄断法中的拆分企业制裁是否正当？反垄断法中的罚款究竟应维持在何等水平？反垄断法宽免制度是否具有道德正当性？对于这些问题，各国（地区）实务界和理论界人士都尚未形成定论。

基于上述认知，本人自研习反垄断法开始，就将反垄断法律责任制度列入重点关注对象。在本人 2002 年完成答辩的博士论文中，反垄断法制裁制度是核心内容之一，这部分成果在 2006 年出版的《反垄断法实施机制研究》中有所体现。其后，本人也没有停止研究反垄断法律责任问题，陆续发表了一系列论文。

本书包含 10 篇专题论文及 1 篇译作，其中的部分论文就是在前述已发表论文基础上修改补充而成，其余则系新作。凡是以已发表论文为基础的专题，均在文末加注说明，以显示相关研究的延续性。

在反垄断法律责任制度中，可研究的主题很多，本书选择的研究主题都是最具重要性和争议性的问题，部分论文是针对反垄断法律责任的具体形式展开研究，涵盖了损害赔偿、行政罚款、拆分企业、刑事责任等反垄断法律责任形式，也有部分论文是关于反垄断法律责任的实现机制的研究，包括了反垄断法宽免制度及反垄断民事诉讼的举证责任分配制度；还有部分论文是对颇具争议的主题的研究，包括研究进路的选择、反垄断法非刑事化以及反垄断法损害赔偿与民法的关系等问题。

在具体内容上，本书所列论文既注重对域外反垄断法律责任制度进行比较研究，也注重对我国反垄断法律责任制度的实践予以考察和检视，同时还适度兼顾了对相关理论问题的探讨。

为强化全书的内在逻辑和体系，10 篇论文被设置为 5 个单元，除了以责任形式的类型为基础设置的 3 个单元外，还包括了总论及反垄断法律责任的实现这两个单元。

附录部分的《欧共体竞争法中的罚款制裁》是我的翻译旧作，曾于 1999 年发表在漆多俊教授主编的《经济法论丛（第五卷）》上。该文所列数据或许已显陈旧，但文中的观点及注释仍有参考价值，因此，本人再次对其进行修订校正后收录入本书。

学术著作的出版，总是免不了遗憾，何况本人学殖未深，视野有限，尽管已尽力避免，本书必定还存在错失或偏颇之处，敬请学界同仁和读者们宏达指正。

目　　录

第一单元

总　论

专题一
反垄断法律责任研究的进路选择
——以经济法责任研究进路的审视为基础

　　无论中外，公论均认为反垄断法属于作为独立部门法的现代经济法的范畴，而且是经济法中最典型的部分。① 研究反垄断法的责任制度，必然要将其置于经济法责任制度研究的整体话语体系进行。尤其是在作为研究基础和出发点的研究进路选择方面，反垄断法研究必须与整体的经济法研究保持必要的一致和协调。因此，要对反垄断法责任制度展开研究，首先必须厘清经济法责任研究的基本进路，并以此为基础，明确反垄断法责任制度研究的基本进路。

　　经济法责任是指经济法主体侵犯经济法所保护的权利或违反经济法规定的义务所致的不利法律后果，即由于违反经济法所规定的第一性义务而引发的第二性义务。② 近十年来，随着经济法研究中共识度的提高，我国经济法学界乃至整个法学界已很少有人再质疑经济法的独立部门法地位。但是对于经济法责任的独立性的研究却热度不减③。经济法责任是否具有独立性，独立性在于何处以及如何凸显经济法责任的独立性，从而使得经济法责任成为独立于传统

---

　　① 参见王先林：《知识产权与反垄断法——知识产权滥用的反垄断问题研究(修订版)》，法律出版社 2008 年版，第 98 页。

　　② 在国内法学界，关于法律责任的定义并不一致，此处定义系借鉴张文显教授的观点，即，法律责任系违反第一性义务导致的第二性义务。参见张文显：《法学基本范畴研究》，中国政法大学出版社 1993 年版，第 184 页。

　　③ 笔者以经济法责任与独立作为主题词在中国知网上检索 2003 年至2012 年的文献，共得出 164 条记录；而以同样的主题检索 1992 年至 2002 年的文献仅有 3 条记录，且这些文章都与经济法责任独立性相关性不高。

三大责任的责任体系，成为有关经济法责任研究的重点之一。也就是说，探求并论证经济法的独立性曾经是，目前也仍然是国内经济法责任研究中的通行进路。

我们认为，上述研究进路是值得商榷的。如果坚持上述进路，将会对经济法责任制度的研究产生负面影响，这种负面性也必然会辐射到反垄断法责任研究的身上，最终会阻碍反垄断法责任研究的深入和拓展。在本专题中，我们将论证经济法责任独立性之不成立，主张经济法责任的研究应该另辟路径，应跳脱独立性的迷思，更多地关注经济法责任的独特性。以此为基础，我们主张在对反垄断法责任进行研究时，也应集中关注其独特性。

一、经济法责任研究进路之反思

最近这一二十年以来，对经济法责任制度的研究成了国内经济法学研究中的重点之一，涌现出了大量的成果，其中有很多试图论证经济法责任的独立性。通过这些研究成果，我们可以看出学者们论证经济法责任独立性的基本角度，并可以将其归类为以下几种：

（一）为论证经济法的独立性而论证经济法责任的独立性

很多学者认为经济法独立性有赖于经济法责任的独立性，反过来，经济法责任独立于传统三大责任制度，也可证明经济法作为单一部门法的独立性。因而，为了论证经济法的独立性，就必须对经济法责任的独立性予以证成。在国内经济法学界一直存在一股思潮，认为经济法理论要不断走向成熟，就必须要有自己的责任理论，否则，就会影响经济法理论的进一步发展和成熟，导致经济法理论不能自足；也影响到整个法律责任体系的重构、完善，进而影响到社会主义法制建设。① 如果在经济法领域，仅仅援引传统法律

---

① 曹胜亮：《经济法责任的独立和独立的经济法责任》，华中师范大学2005年硕士毕业论文，第1页。

部门的调整机制，简单适用民事责任、行政责任与刑事责任，没有独立的经济法责任，那么就很难在法律体系中建立起真正意义上的具有独立地位的经济法。① 经济法在发展过程中会不可避免地受到来自传统部门法的巨大阴抑和排拒，为了防止经济法被传统部门法阴抑和排拒，就必须创造性地建构经济法责任制度，尽可能按照经济法自身的体系要求来进行，而不宜采取从传统的部门法责任里直接照搬、零取的做法。②

对于上述种种观点，有学者曾经一针见血地指出，我国经济法责任"求新"、"求异"的研究进路，是基于论证经济法独立性的需要而阐释和展开的，忽略了对传统法理学中"三大责任"、"四大责任"等分类方法的遵循和借鉴。③ 很显然，上述研究进路是存在缺陷的。先有经济法独立性的预设立场，再来论证经济法责任的独立性，使经济法责任的研究落入了一种先入为主的功利性窠臼，其中的逻辑基础是不严密的，并没有把握住问题的核心之所在。④ 实际上经济法作为部门法的独立性并不依赖于经济法责任的独立性。一国经济法成为独立法律部门取决于两个条件：一是该国在事实上国家已担负起经济调节职能，调节和影响着国民经济的结构和运行，因而以国家为一方主体而发生的国家经济调节关系发达，需要有相应发达的经济法来规范国家调节活动，调整国家调节关系；二是该国经济法健全，重视并实际上依据和运用法律调节和管理经济。⑤

---

① 焦富民：《论经济法责任制度的建构》，载《当代法学》2004年第6期。

② 莫智源：《浅议经济法责任独立存在的必要性》，载《江西财经大学学报》2003年第1期。

③ 李晓辉：《经济法责任研究路径的反思与突破》，载《厦门大学学报（哲学社会科学版）》2011年第2期。

④ 曾有学者对这种把是否具有独特的经济法责任作为论证经济法地位问题之先决条件的研究思路（"责任—地位"思路）提出了坚决反对。参见：张继恒：《经济任理论及其思维转向》，载《江西财经大学学报》2011年第6期。

⑤ 参见漆多俊著：《经济法基础理论（第五版）》，法律出版社2017年版，第71页。

经济法是否具有独立的部门法地位，与经济法责任是否具有独立性并不存在必然的联系。

先有结论再加以论证的做法使我们不得不自我审视：经济法需要有独立的责任体系是实践的需求，抑或是理论的必然，还是我们主观设置的命题？如果是我们主观设置的命题，我们又怎能保证这个命题就一定是真命题？①

(二)认为经济法部门的独立性决定了经济法责任的独立性

有人认为经济法作为一个有着内在严密体系的部门法应当有其独立的法律责任。随着人们对其实现方式等的进一步探讨，经济法责任的独立性会日益彰显。② 另有人认为经济法责任的独立在于其所属的部门法的独立性，即经济法责任的构成要件的独立，而不在于经济法责任的具体形式的独立。③ 也有人直接指出应坚持以部门法性质为标准、承认经济法的独立部门法地位是建立独立经济法律责任的前提。④ 有学者直接主张经济法律责任独立的法理依据在于经济法是一个独立的法律部门。⑤ 只要承认经济法是一个独立的法律部门，就可以相应地推知，在经济法领域，法律责任也同样客观存在。⑥

部门法的独立性是否真的决定了与此对应的该部门法法律责任的独立性？答案显然是否定的。某个部门法的独立性与其法律责任

---

① 李曙光：《经济法词义解释与理论研究的重心》，载《政法论坛》2005年第6期。

② 金彤方：《经济法责任理论探析》，华东政法大学2008年硕士论文，第1页。

③ 翟继光：《论经济法责任的独立性》，载《当代法学》2004年第4期。

④ 陈江华：《经济法律责任独立性探析》，载《江西财经大学学报》2004年第6期。

⑤ 杨德敏：《经济法律责任独立性探讨》，载《河北法学》2005年第3期。

⑥ 李晓辉：《经济法责任研究路径的反思与突破》，载《厦门大学学报(哲学社会科学版)》2011年第2期。

体系的独立性之间并没有必然的逻辑纽带，诚然，民法、刑法这些传统部门法确实有自己独立的法律责任制度，但这仅仅是个别现象，不是普遍现象，我们不能以偏概全。现在，人们已经公认环境法是一个独立的部门法，但环境法并没有独立的法律责任体系。而且，部门法的划分本身就不是纯客观的，它是一种主客观结合的产物，因而在实践中部门法之间融合交叉的现象层出不穷，我们也很难具体地描述出部门法之间的明确界限。① 事实上，法的部门与法律责任形式并不存在对应关系。② 如果再以部门法的独立性来确定部门法律责任的独立，只会在这条弯路上走得更远。

（三）通过揭示经济法责任的独特性来论证经济法责任的独立性

有不少学者看到了经济法责任构成的特殊性以及经济法责任方式表现出来的新特征，同时还看到了经济法理念、功能与其他部门法的差异，以此为基础来论证经济法责任的独立性。③ 在此种路径

———————

① 有学者就曾指出依调整方法划分法律部门的学说，并非是绝对的科学规则，并且对此予以了详细的说明。参见郭洁：《经济法的法律责任探讨》，载《辽宁大学学报（哲学社会科学版）》2004 年第 2 期；还有学者指出：法律部门的划分是人们认识和研究法的一种学术活动和方法，不能过分强调其客观性，将其绝对化。法学家的主观固然要符合客观实际、有利于法治实践，但是如果误把法律部门及其划分当作客观的事物或现象的话，则无异于把一些人的主观意志强加于客观的社会经济及法治实践，使得法律部门划分与客观实际相脱节。见：史际春、姚海放：《再识"责任"与经济法》，载《江苏行政学院学报》2004 年第 2 期。

② 杨紫烜：《论建立中国特色法律责任体系——兼论经济法责任、民法责任、行政法责任、刑法责任是否有独立性》，载吴志攀主编：《经济法学家》，北京大学出版社 2003 年版，第 41 页。

③ 这是近年来论证经济法责任独立性的主要路径。这种论证方法可能受到了张守文教授《经济法责任理论之拓补》（《中国法学》2003 年第 4 期）一文的影响。在该文中，张守文教授提出应当超越传统的部门法理论和责任理论，通过运用矛盾分析、关联性分析、典型性分析等方法，去发现经济法责任理论的独特性、与传统责任理论的相关性，以及经济法责任形态的特殊性，从而实现对经济法责任理论的拓补。值得注意的是，张守文教授在该文中的研究重点并不是论证经济法责任的独立性。

下，有人认为经济法责任构成要件的特点，经济法主体特有的社会中间层兼具调节者与被调节者的双重性格以及严格责任为主，过错责任为辅，过错推定责任为补充的归责原则体系，这些无可争辩的立法客观规范事实证明了经济法责任独立性。① 还有学者从三方面论证经济法责任独立性的基础，认为经济法固有的制度功能是经济法责任独立性的根源；经济法责任独有的特征是经济法责任独立性的理论基础；经济法责任特有形态是经济法责任独立的制度基础。②

还有学者直接将经济法责任的独立性与独特性混淆，以经济法责任的独特性为依据推论出经济法责任的独立性。例如，有人认为经济法责任形态的特殊性，为经济法责任的独立性奠定坚实基础。③ 另有学者认为经济法责任具有一定的独立性。经济法责任的独立性表现为责任主体的特殊性、责任形式的特殊性。④

上述论证路径是把经济法责任看成一种"结果"，为了论证经济法责任的独立，则诉诸于形成这种"结果"的过程的特殊性，求助于经济法特有的平衡社会利益与私人利益价值以及经济法责任的强制性、社会公益性或经济性特征。这种做法仅仅只能是证明经济法责任构成的特殊性，进而触及经济法责任的独特性，并不能推导出经济法责任的独立性。

基于经验，我们不能否认现实经济法立法中确实存在很多与传统三大责任相同或相似的责任形式，经济法立法的客观现实也仅仅呈现出经济法中的法律责任与传统的法律责任形态之间的你中有我，我中有你的综合交叉关系。⑤ 的确，经济法特有的价值功能决

---

① 参见石金平：《经济法责任研究——以"国家调节说"为视角》，法律出版社 2013 年版，第 185 页。

② 宋怡林：《经济法责任独立性的基础》，载《社会科学论坛》2008 年第 5 期。

③ 张守文：《经济法责任理论之拓补》，载《中国法学》2003 年第 4 期。

④ 汪莉：《经济法责任的独立性》，载《政治与法律》2007 年第 3 期。

⑤ 邓纲：《争议与困惑：经济法中的法律责任研究述评》，载《现代法学》2012 年第 1 期。

定了责任所内涵的性质不同于传统三大责任，这是任何部门法甚至任何单个规范性文件都具有的独特性。如果按照这种逻辑，同属民法部门中的合同法与侵权责任法各自所内涵的法律价值、理念与功能、责任构成也必定是不同的，但这绝不能说它们是独立的法律责任体系！这样一种论证路径的动机仍是在一种预设的假设前提下进行的：即经济法责任是独立的责任体系。经济法学者急于证明责任的独立性，在面对经济法责任形式上大规模地依赖于三大责任的困境时，求助于形而上的内在不同。

而那些直接将经济法责任的特殊性等同于独立性的论证方法，其逻辑上的不周全更是显而易见。在经济法责任体系中，固然也有一些新的独特的责任形式，但大多数责任形式还是来源于传统的民事责任、行政责任和刑事责任，尽管在经济法立法体系中，这些传统的责任形式或许已经有些细微的变化，但并不能说，这些在经济法立法体系中适用的责任形式能够独立于传统的三大责任制度体系。

（四）从三大传统责任的空白处寻找经济法责任独立性的空间

有人认为，发现、总结与研究经济法责任的独立性，应当从经济生活实践出发，从分析传统法律部门责任体系的缺陷入手。① 因而为了弥补传统部门法解决社会问题的无力，作为经济法逻辑内容的经济法责任的独立是必不可少。②

应当承认，从传统责任的"漏洞"出发，确实可以找寻出经济法责任的某些特殊之处。为了实现经济法的特殊目标，我们不能漠视传统法律责任与经济法目标之中的不匹配或抵触，需要将传统法律责任加以适当改造，以实现法律责任与法律目标之间的协调。但此处的关键是，我们为了实现经济法的目标，需要对传统的法律责任体系给予多大程度的改造？是少量局部的改造还是根本的改造？

---

① 谭德凡：《论经济法责任的独立——以惩罚性赔偿制度的确立为例》，载《武汉大学学报（哲学社会科学版）》2005 年第 2 期。

② 谭志哲：《试论经济法责任之独立》，载《行政与法》2010 年第 7 期。

如果是前者，说明我们基本上还是借用了传统的法律责任体系；如果是后者，则表明我们创建了一套全新的法律责任体系。至少到今天为止，我们还不能说我国的经济法立法，或者推广到全世界的经济法立法，已经创建了一套全新的法律责任体系。因此，我们就不能说，经济法责任体系具有了独立空间。

总体而言，大多数学者对经济法责任所采取的研究进路是一种功利性做法，他们对于经济法责任之独立性的研究具有相当程度的主观主义色彩。以上关于经济法责任独立性的四种论证进路都是在经济法责任必然具有独立性的潜在主观认知下进行的，这样在看待问题的眼光是狭窄的，也难以认清经济法责任之全局。这种做法也很难经受实践的沉淀和实践的检验。

我们认为正确的做法乃是以客观视角从现实的经济法责任的立法现状出发来研究经济法责任，必须摒弃任何先入为主的主观命题设置，实事求是地看待经济法责任是否具有独立性。实际上，经济法学者应当在这方面显得自信一点，经济法责任是否具有独立地位不是那么紧要，先人们为我们提供了民事责任、行政责任、刑事责任这三大责任制度体系，我们大可以利用好这些法律文化遗产，而非另起炉灶。当且仅当现有的三大责任无法满足经济法调整社会的需要时，我们方可新创经济法所独有的责任形式或对传统三大责任予以调适改进，这是经济且理性的做法，而且现实的立法也确实是采用这样一种途径，即经济法责任中只有少量经济法独有的责任形式和改进形式。

二、经济法责任研究路径之回归：去独立性，存独特性

（一）经济法责任独立性与独特性的区别

无论是经济法体系中的市场规制法、宏观调控法还是国家投资经营法都包含有大量的民事责任、行政责任以及刑事责任，但是与此同时也存在许多传统三大责任体系所无法涵盖的责任形式，这给

经济法责任的研究带来了一些视角选择上的混沌空间，部分学者致力于研究经济法责任的独立性，除了主观上的功利考量外，也受到了经济法立法客观情由的些许误导：在经济法立法呈现出来的责任形式存在一定的独特性的前提下，部分学者将这种独特性放大成了独立性。

其实，经济法责任的独特性与独立性之间还是存在较大区隔的。

"独立"一词在汉语中指单独的站立或者指关系上不依附、不隶属，依靠自己的力量去做某事。而"独特"意为独一无二的，单独具有的，与众不同的，它与"特殊"一词近义。独立性强调依附、隶属关系的不存在，而独特更关注某一方面特性的别具一格。因此之故，经济法责任之独立性乃是指存在于民事责任、刑事责任、行政责任之外，与传统的三大法律责任体系界限清晰，无依赖无隶属关系的经济法责任体系。而经济法责任的独特性是指经济法责任有不同于传统三大责任形式的特殊性方面，它不否认对传统三大责任形式的依赖及密切联系。

理性看待经济法责任的制度现况，我们可以发现，经济法责任并没有完全地与传统三大责任一刀两断，在很多地方，经济法责任形式都依赖于民事责任、行政责任与刑事责任。国内有不少学者认识到了这个现象，例如有学者直接将经济法责任理解为经济制裁、行政制裁和刑事制裁。① 据此，无论从应然性还是实然性角度看，至少在目前我们尚无足够理据提出经济法责任独立的命题，集中研究经济法责任体系的独特性，或曰特殊性，似乎较为妥当。我们讨论经济法的独特性或特殊性，立足于诠释经济法不同于传统三大责任的独有责任形式，在这个过程中尚不能否定经济法责任与传统三

---

① 刘隆亨教授认为，经济法的调整方法是行政手段、经济手段和司法手段的综合运用，或者称之为经济的、行政的、民事的、甚至刑罚的手段等综合的调整方法。见：刘隆亨：《回顾经济法建设的历史进程　迎接 21 世纪学科的新挑战》，载《北京联合大学学报（人文社会科学版）》2003 年第 1 卷第 2 期。

大责任的密切联系。

由于未能把握独立性与独特性的区隔，有些学者不仅不能准确地一以贯之地把握研究主题，甚至出现了打着经济法责任独立性的旗号，却得出经济法责任非独立性的结论的逻辑错误。有些学者认定了经济法责任具有独立性，但是却提出通过经济法中的民事责任、经济法中的行政责任、经济法中的刑事责任、经济法中的经济责任的方式来实现。① 不得不说这是对独立性的淆乱使用，其本身就承认了经济法责任中包含许多的传统三大责任形式，而在另一方面又提出经济法责任具有独立性。

针对上述逻辑缺失，有学者提出了纠正之道，认为：理性的、科学的经济法责任研究进路应建立在继承传统的法律责任划分理论的基础之上，归纳和提炼为经济法所特有的或所重视的责任形式，方能最终建立起符合经济法立法目的的经济法责任制度。②

还有学者也认识到了这个问题，在提出经济法责任独立性时，把经济法规范中的民事责任、行政责任以及刑事责任都排除出去了。如有学者就认为经济法责任不同于经济法规定的责任，经济法规定的责任包括民事责任、行政责任、刑事责任以及经济法责任，而经济法责任只是经济法规定的责任中的一种。③ 这种说法必然使得经济法责任独立于传统三大责任，从而满足"独立性"的要求。但是这并不符合现实的立法以及实践，经济法规范中广泛地存在传统的三大责任形式，如果不承认这些是经济法责任，却又承认前面的假定条件和行为模式隶属于经济法规范范畴，则产生了前后不可协调的矛盾；再则这种说法也无法解释经济法责任中所存在的对传统三大责任的变异形式是否属于经济法责任，如惩罚性赔偿金；最后这种说法在将经济法责任作为一种独立的法律责任上过于彻底，

---

① 杨德敏：《经济法律责任独立性探讨》，载《河北法学》2005 年第 3 期。

② 李晓辉：《经济法责任研究路径的反思与突破》，载《厦门大学学报（哲学社会科学版）》2011 年第 2 期。

③ 参见石少侠：《经济法新论》，吉林大学出版社 1996 年版，第 61 页。

未显示出开放性和兼容并包性，排斥了从传统部门法的法律责任中进行精取提升的高效发展方式。①

另有人注意到了独立性与独特性的不同，认为经济法责任的独立有两层含义：一是经济法责任在整个责任体系中的客观存在性；二是已经存在的经济法责任是否具有独立性，据此体认到了国内某些学者混淆独立责任与独特责任这两个概念的逻辑缺失。然而，持此论者也仍然主张建构一种独立的新型的经济法责任体系。② 事实上这种解释还是没有阐释出独立性的确切含义，没有明晰与传统三大责任的关系，不具有可操作性。其逻辑是经济法责任的独立性表现为独立的经济法责任，而独立的经济法责任又有竞合的法律责任和独特的法律责任构成。这里存在的问题是，竞合的法律责任与独特的法律责任是否足以构成一个独立的经济法责任体系，抑或仅仅只能形成经济法责任的独特性方面而已。独特(或称独有的)法律责任与竞合法律责任在经济法责任总体中，竞合性的法律责任占了主要方面，而独特的法律责任只是"少数派"而已，不足以决定经济法责任的独立性，仅能体现经济法责任的独特性方面。

(二)经济法责任研究的应然进路：研究经济法责任的独特性

关于经济法责任的独立性研究，种种观点都存在逻辑上的阻滞，这证明其中的进路存在缺失。要想使相关研究真正获得理论或现实的认可或呼应，就必须在研究进路上实现回归，回归到理性的具有高度逻辑基础的进路。我们认为，与其在经济法责任独立性的虚构命题上虚耗，还不如加强对经济法责任独特性的研究。

经济法中存在相当多的行政、刑事、民事责任，也存在少量经济法所独有的法律责任形式，这也是多数学者所公认的。我们以我

---

① 莫智源：《浅议经济法责任独立存在的必要性》，载《江西财经大学学报》2003 年第 1 期。

② 曹胜亮：《经济法责任的独立和独立的经济法责任》，华中师范大学 2005 年硕士学位论文，第 11 页。

国《反垄断法》的法律责任为例,可以清楚地看到这一点。我国《反垄断法》第七章"法律责任"共有9条,其中有6条是以行政责任形式出现,有2条规定了刑事责任(主要是针对妨碍执法行为),还有1条规定了民事责任。可以看出,在反垄断法律责任中传统三大责任形式占了绝对多数。与此不同的是,传统的民法、刑法及行政法这三大责任体系虽然也存在相互交叉的情形,但是其独有的责任形式占了各自法律责任的主要部分,这足以支撑它们成为彼此独立的责任体系。而在经济法使用的这些责任形式中,占主导的是传统三大责任,其构成了经济法责任的主要方面,而独有的责任形式只是其次要方面。事物的性质当由其主要方面所决定的,作为次要方面的经济法独有法律责任形式无法支起经济法责任独立性的"大厦",经济法责任的"本座"依然在于传统三大责任,其无论如何也不能是独立的。

因此,现有的论证经济法责任独立性的研究进路很难站得住脚,也无法经受现实的考验。要实现经济法责任的独立性,当且仅当经济法独有的法律责任形式在经济法责任体系中占了主导地位。因而可以说,经济法责任虽然存在某些局部的独特内容,但从整体上看,尚无足够的独立空间。

基于以上论述,我们认为合理化的经济法责任研究路径应建立在承认和肯定经济法责任对传统法律责任形式借鉴的基础上,进一步挖掘和探寻经济法所特有的或为经济法所重视的责任形态,凸显其对传统法律责任理论的突破和创新。①

经济法责任理论的研究成果业已表明,经济法责任的具体形式既有民事、刑事和行政的传统法律责任形式的综合适用,又有经济法领域特有的责任形式,这使得经济法责任体系呈现出一种以"传

---

① 李晓辉:《经济法国际化发展趋势下对经济法责任研究的反思》,载漆多俊主编:《经济法论丛(第20卷)》,中国方正出版社2011年版,第400页。

统+独特"内涵为主要特色的法律责任体系。① 经济法责任呈现出特殊的复合形态，一方面，它具有创新因素；另一方面它必须借助传统的责任形式。经济法上的责任是多种责任的复合，包括传统刑事、行政责任、民事责任以及新型的社会性责任，这些责任结合形成有机的经济法调节系统。② 在经济法责任系统中，既有传统的三大责任形式，也有对三大责任形式的借鉴创新后的改进形式，还有传统责任所不具有的经济法特有的新型责任形式。

经济法责任不具有独立性，学者没有必要囿于此而不放，而应当把研究重点放在经济法责任的独特性之上。于此，经济法责任的独特性表现在：一方面对传统民事行政刑事责任的改进，从而相对于一般意义上的传统三大责任有了独一无二的特性，但是在普遍性特征上并没独立于传统三大责任；另一方面经济法责任还独创了传统三大责任所不具有的新型责任形式，相对于传统三大责任，这也是其独一无二、与众不同、单独所具有的。经济法责任的独特性可见诸下表：

经济法责任形式	相同或类似于三大传统责任	相同于传统三大责任	如：行政拘留；没收违法所得	经济法责任独立性障碍
		对传统三大责任形式的改进	如：三倍损害赔偿责任；威慑性罚金	经济法责任之独特性
	独有的责任形式	新型责任形式	如：拆解垄断企业；经济信誉责任	

① 史际春、姚海放：《再识"责任"与经济法》，载《江苏行政学院学报》2004 年第 2 期。

② 郭洁：《经济法的法律责任探讨》，载《辽宁大学学报(哲学社会科学版)》2004 年第 2 期。

三、经济法责任独特性之表现：以反垄断法为例

经济法责任虽然不能独立于传统三大责任，但是经济法固有的制度功能，特定的调整对象，经济法责任构成的特殊性，使得经济法责任具有了新的独特之处。一方面，传统的责任形式已经无法满足经济法责任的需求，在经济法引入传统责任形式时，就对一些传统责任予以了调适，以适应经济法"生态"；另一方面，经济法还独创一些责任形式来弥补传统三大责任的空白。这一点，我们可以通过反垄断法的责任制度来加以论述。

（一）对传统三大责任体系的改进

经济法，尤其是反垄断法，在责任制度构建上，总体上借鉴了传统三大责任体系，但为了实现经济法的立法目标，适应经济法的独特调整方法，也对传统的民事、行政等责任形式给予了某种程度的创新。

比如，经济法（包括反垄断法）也引入了损害赔偿这种责任形式，但与传统民法适用损害赔偿相比较，经济法领域的损害赔偿制度无疑已经具有了某些更新。传统民法理论认为，致害人对其侵权行为所造成损害，须承担全部赔偿责任，即赔偿受害人的所有实际损失。也即是说在财产损害赔偿领域，民法主张采用全部赔偿原则或称实际损失赔偿原则。① 换句话说，民法对于损害赔偿采用的公平的填补式责任，功能在于补偿和恢复原状。而当经济法将损害赔偿责任引入时，将其进行了改进，经济法采用了威慑性的公益性财产责任，开始着重于惩罚违法者。美国反托拉斯法引入了绝对三倍损害赔偿，我国台湾地区"公平交易法"引入了酌定三倍损害赔

---

① 彭万林主编：《民法学》，中国政法大学出版社 2002 年版，第 523 页。

偿,① 这就是典型例证。

按照平等原则要求,民事责任只能具有补偿性,因为地位平等的当事人之间谈不上谁惩罚谁的问题,但是经济法责任则是补偿性与社会惩罚性相结合的责任。②

为什么传统的民事赔偿责任不能适应经济法责任的需求呢?其改进的根源应该在于:经济违法行为直接损害了社会公共利益,损害了不特定的社会成员的共存利益,而不仅仅限于民商法的私人利益。另一方面经济法直接保护社会公共利益,具有很强的公益属性和社会属性。而民商法旨在实现民事权利人个体的私益,强调微观的交易效率,追求个体利益最大化,从而间接地实现或保护由不特定第三人组成的社会公众的经济利益,间接提升社会的交易安全和效率水准。这样如果仍然延续民法填补式的财产责任无法实现经济法特有的社会性功能,所以有必要将赔偿方式改进为威慑性或惩罚性的公益性财产责任。惩罚性赔偿剥夺生产者和经营者获得的非法利益,削弱其经济实力,使其无利可图,从而放弃继续实施侵害行为,对正在进行相同或相似行为者起到震慑作用,使其放弃非法行为,从而减少社会整体所受的利益损害。③

又比如,正如国内有学者指出的那样,经济法责任在传统法律责任形式基础上的"变种"还表现在国家赔偿和实际履行等。经济法上的国家赔偿实际上是国家或政府经济失误赔偿,是因国家或政府经济决策失误而应承担的赔偿责任,其性质主要是"立法赔偿",相对于传统的行政赔偿或刑事赔偿有了新的特殊性。经济法中的实际履行责任不像合同违约责任中只对特定人有利,而且主要是国家或政府履行。国家或政府的主要责任,就是提供公共物品,而对于公共物品的需要一般是私人物品所不能替代的,它一般只能由政府

---

① 李国海:《反垄断法损害赔偿制度比较研究》,载《法商研究》2004 年第 6 期。

② 韩志红:《关于经济法中以"新型责任"弥补"行政责任"缺陷的思考》,载《法商研究》2003 年第 2 期。

③ 井涛:《经济法责任的独立性问题探讨——第四届经济法前沿理论研讨会综述》,载《华东政法大学学报》2004 年第 1 期。

来提供。如果政府不作为，有时可能就会对国家干预受体产生不良影响，如外部竞争环境的营造、市场秩序的维持、必要的宏观调控等。①

由此可见，经济法中的国家赔偿、超额赔偿、实际履行和传统民事责任、行政责任在具体承担方式上有相同或相似之处，但也有其特殊性。② 这是对传统三大责任调适后，纳入经济法责任的结果。

(二) 新型责任形式

经济法责任的独特性还在于经济法独创了传统三大责任所不能涵盖的责任形式，这些独有的责任形式包括：拆分大企业、资格减免、信用减等、颁发禁止令、产品召回、限制董事资格等。③ 有学者指出在我国 73 部经济法基本法律共规定了 34 种新型责任形式。④

拆分企业，是指当市场上存在具有垄断地位的企业，限制或可能限制市场竞争时，或者当违法实施的企业合并(经营者集中)有可能导致限制竞争的后果时，反垄断法执行机构为了恢复市场的正常竞争状态，要求相关企业拆分为两家以上的企业或者出让一定的营业资产。拆分企业有狭义和广义之分，狭义的拆分企业仅仅指垄断企业组织形态上的分立，即由一家企业分立为两家或两家以上的企业，分立后形成的各家企业都具有独立的法人地位，互不隶属。广义的拆分企业，除了狭义的内容以外，还包括企业出让一定的营业资产，例如生产线以及知识产权等，以降低该垄断企业的生产能力，迫使该企业丧失垄断地位。作为一种法律责任形式，拆分企业

---

① 张守文：《经济法责任理论之拓补》，载《中国法学》2003 年第 4 期。

② 张继恒：《经济责任理论及其思维转向》，载《江西财经大学学报》2011 年第 6 期。

③ 关于经济法责任独有的责任形式可参见：颜运秋：《论经济法责任的相对独立性与具体形态》，载《贵州警官职业学院学报》2004 年第 2 期。

④ 参见石金平：《经济法责任研究——以"国家调节说"为视角》，法律出版社 2013 年版，第 68 页。

只出现在反垄断法中，是反垄断法特有的制裁手段。① 这显示了反垄断法在责任形式方面的创新，足可作为经济法具有某些独特责任形式的典型例证。

　　资格减免主要是指国家可以通过对经济法主体的资格减损或免除，来对其作出惩罚。市场经济条件下，主体的资格显得日益重要，它直接涉及市场准入的问题。因而它同主体的存续、收益等都紧密相关。资格减免这种责任形式已经被各国经济法尤其是反垄断法采用。例如，在英国竞争法中，就出现了取消董事任职资格这种新型制裁手段。根据英国竞争法的规定，取消董事任职资格，是取消公司董事任职资格的简称，其含义是指当公司董事在从事某种限制竞争的违法行为时，为避免其再次从事相同违法行为，有权机关取消其公司董事任职资格，使其在一定期限内不能担任公司董事。虽然英国在公司法领域也使用了取消董事任职资格的制裁手段，②但英国竞争法对这种制裁手段予以了创新性的适用。英国 2004 年《企业法》规定，公平贸易局有权向法庭申请命令，取消那些违反竞争法的公司现任董事的董事任职资格，这种命令叫做"违反竞争法的董事资格取消令（Competition Disqualification Orders，CDOs）"。其适用条件包括：（1）公司的董事违反了竞争法的规定；（2）公司董事对违反竞争法的行为具有过失，使该人不适于从事公司的管理。公平贸易局申请 CDOs 必须向高等法院提出。在作出申请决定前，公平贸易局将通知该董事，给予其陈述的机会。法院在决定董事的行为是否使其不适于从事公司管理行为时，必须考虑其是否疏

---

　　① 李国海：《论反垄断法的特有制裁手段：拆分企业》，载中国博士后科学基金会、中国社会科学院、中国社会科学院法学研究所主编：《法治与和谐社会建设》，社会科学文献出版社 2006 年版，第 451 页。

　　② 英国 1986 年《公司董事资格取消法》规定有取消董事任职资格这种制裁手段。该法规定，公司董事根据董事资格取消令（Disqualification Orders）而被取消董事资格，在命令指定的期间内没有法院的许可他将不能：（1）成为一个公司的董事；（2）作为一个公司财产的接管人；（3）以任何方式直接或间接参与一个公司的发起、设立或管理；（4）担任破产从业人员。如果他违反上述规定，将构成刑事犯罪，同时也将承担相应的民事责任。

于采取措施避免该行为的发生或其是否应该知道该行为违反了竞争法。公平贸易局可能会通过该董事熟悉的公司内部信息包括价格目录、销售档案、会议记录等来评估其是否应该知道违反了竞争法①。CDOs 中的取消董事任职资格的期限最长是 15 年，如果被取消董事任职资格的人在取消资格期限内成为某一公司的董事或承担公司管理者的角色，那么将构成犯罪，受到刑事指控和制裁。②

颁发禁止令是司法当局依职权或依被害人申请而采取的制止违法行为发生和防止损害扩大的一项救济措施。③ 如早在 1980 年出台的美国《谢尔曼法》第四条规定："授权美国区法院司法管辖权，以防止、限制违反本法；各区的检察官，依司法部长的指示，在其各自区内提起衡平诉讼，以防止和限制违反本法行为。起诉可以诉状形式，要求禁止违反本法行为。当诉状已送达被起诉人时，法院要尽快予以审理和判决。在诉状审理期间和禁令发出之前，法院可随时发出在该案中公正的暂时禁止令或限制令。"值得注意的是在反垄断法中科以禁止令责任时，并不要求实际损害事实的发生。

此外，还有其他的经济法责任独有的新型责任形式，在此不一一赘述。需要再次强调的是，尽管经济法领域的新型责任形式不断出现，但是其仅仅只是所有经济法责任中的次要方面。经济法的部门交叉性以及调整社会关系的综合性决定了经济法责任必将在很多程度上依赖于民事、行政、刑事责任。

结　　语

经济法作为部门法的独立性与经济法责任的独立性之间并不存

---

① Aparna Viswanathan, "From Buyer Beware to the Confident Consumer: Does Enterprise Act Create a World Class Competition Regime", 14（4）I. C. C. L. R. 2003, 144.

② 参见李国海：《英国竞争法研究》，法律出版社 2008 年版，第 256 页。

③ 张继恒：《经济责任理论及其思维转向》，载《江西财经大学学报》2011 年第 6 期。

在必然联系，我们没必要以责任的独立性来证成经济法的独立性，也不能以经济法的独立性来推导经济法责任的独立性。现实经济法责任体系中多数是以传统三大责任形式出现的，它们是经济法责任的主要方面，其决定了经济法责任不可能是独立于传统三大责任，因而经济法责任之独立性是不成立的。然而，经济法责任体系中确也存在不少传统三大责任所不能涵盖的特殊责任形式，也存在许多传统三大责任无法解释的改进现象。这些情形构成了经济法责任的独特性方面。因此，经济法责任虽无独立的理据，却有独特性之空间。

我们对反垄断法律责任展开研究，首先必须理性地选择研究进路。我们不是为了证成经济法责任体系的独立性来对反垄断法责任体系展开研究，而是为了从整体上探究反垄断法责任制度的应然构造及其功能和价值的实然发挥，当然也可以在附带意义上，通过论述反垄断法律责任体系中包含的特殊性，来展示经济法责任体系在某种程度上所具有的个性特质。但我们的目标是理性的，仅希望通过对反垄断法责任制度的研究来为论证经济法责任的独特性提供典型例证，而不奢求能够实现证成经济法责任的独立性这个不可能完成的目标。

【本专题系在下列论文基础上修改补充而成：李国海、卢伟：《论经济法责任的独特性》，载张守文主编：《经济法研究》（第十四卷），北京大学出版社 2014 年版。】

专题二
论反垄断法律责任体系的构成及范围

一、研究意义与用词厘定

(一)研究意义

我国古人云，"徒法不足以自行"，美国法学家庞德曾经指出，"法律的生命在于它的实行"。① 这些论断都说明了法律实施的重要性。法在被制定出来后实施前，只是一种书本上的法律，尚处在应然状态，只有在被实施后，才能从书本上的法律变成行动中的法律，使它从抽象的行为模式变成人们的具体行为，从应然状态进入实然状态。所以，从普遍意义上讲，法律的实施对于实现法律所追求的目标而言是极其重要的。因此，"我们必须探究法律是如何运作的……我们必须对如何使每年大量的立法和司法机构制定的法律具有实效这个问题进行认真的科学研究"。②

在反垄断法领域，法律实施对于法律本身具有更特殊的意义。

一方面，反垄断法实施相对于立法具有较高程度的相对独立性。一般的法律，从法律实施与立法本身的关系来看，立法是法律实施的依据和准则，二者要保持高度的一致。但是，在反垄断法领

---

① ［美］庞德：《法理学（第一卷）》，邓正来译，中国政法大学出版社2004年版，第359页。

② ［美］庞德：《法理学（第一卷）》，邓正来译，中国政法大学出版社2004年版，第359页。

域，关于这一点，存在特别之处：虽然大多数情况下，反垄断法实施也是以反垄断立法为依据，表现出亦步亦趋的关系，但是，在某些情况下，反垄断法实施过程与反垄断立法之间会产生一定的距离，使得反垄断法实施过程表现出具有一定的自主特性的运行轨迹。我们可以说，反垄断法实施对于反垄断立法，尤其是实体立法，具有相对独立的地位。

另一方面，反垄断法的不确定性依赖实施过程加以克服。反垄断法具有不同于其他法律的一个显著特征，那就是：反垄断法具有较高程度的不确定性。这种不确定性尤其体现在以下两个方面：一是反垄断法立法表现出较强的原则性；二是反垄断法违法确认原则的不确定性，反垄断法通常适用本身违法原则与合理原则来判断某个限制竞争行为是否构成违法，其中的合理原则具有较高程度的不确定性。[①] 克服反垄断法上述两个方面的不确定性，都有赖法律的实施过程。

而法律之实施，在很大程度上依赖于法律的调整方法。法律必须有适当的调整方法，否则，法律不能履行其调整社会关系的使命，也意味着法律不能得以良好实施。在法律的调整方法中，法律责任是核心内容之一。"许多人把法的调整方法等同于法所规定的制裁方法。他们一谈起调整方法，便仅仅是指诸如民事制裁方法、行政制裁方法、刑事制裁方法等。"[②]将法律的调整方法等同于制裁方法固然不妥，因为犯了以偏概全的逻辑错误，但法律制裁方法对于法律调整方法的重要性，无疑是显而易见的。对于反垄断法而言，也有自己的调整方法，而且其中的核心内容就是制裁方法。如果说，在其他法律领域，制裁方法不能等同于调整方法，因为法律后果之中包括否定式后果与肯定式后果，在否定式后果之中还包括

---

① 沈敏荣：《法律的不确定性——反垄断法规则分析》，法律出版社2001年版，第134页。

② 漆多俊：《经济法基础理论（第五版）》，法律出版社2017年版，第179页。

具体否定与一般否定两种模式,① 但是，在反垄断法中，制裁方法在调整方法的整体构成中就占有更大的比重。因为，反垄断法属于禁止法，以强行性规范为主，因而其法律后果基本上体现为具体的否定式后果。

因此，如果我们能够认识到反垄断法实施的重要性，以及反垄断法调整方法对于法律实施的重要性，同时我们又能够体认到制裁在反垄断法调整方法中的特殊地位，那么，我们就一定能够承认反垄断法制裁方法对于反垄断法实施，对于反垄断法目标之实现，具有重要意义。由此，我们就能认识到研究反垄断法责任制度的重要意义。

研究反垄断法责任制度对于理解经济法责任制度的特殊性也具有重要意义。众所周知，反垄断法属于典型的经济法，也是人类社会最新出现的法律之一。反垄断法的责任制度具有较多的创新内容，研究反垄断法责任制度对于认识经济法责任的独特性具有典型意义，同时也有助于我们探寻整体的法律责任制度的发展规律。

(二)反垄断法律责任与反垄断法制裁手段的关系

学界在讨论法律责任时，经常面临如何处理法律责任与法律制裁的关系这个问题。在反垄断法领域，法律责任与法律制裁也经常被混用。因此，我们要研究反垄断法律责任，首先必须厘清反垄断法律责任与反垄断法制裁手段的关系。

法律责任与制裁之间的关系是一个长期困惑人们的问题。不过，国内也有学者明确指出了这二者的区别方法，"法律责任是行为人违反法律规定的义务所应付出的代价；法律制裁则是由国家机关强制违法行为人履行其应负的法律责任，即强制其付出代价"，或者说，"违反法律义务，导致法律后果；法律后果即行为人应负的法律责任，并需强制其履行法律责任；强制其履行法律责任，即为法律制裁。或者说：违反法律义务，应负法律责任，并应强制其

---

① 参见漆多俊：《经济法基础理论(第五版)》，法律出版社 2017 年版，第 180~181 页。

履行法律责任，即给予法律制裁"。① 可见法律制裁与法律责任的履行有关。对于这层意思，另有学者给予了更为直接的论说，"法律责任作为一种义务需要通过有责主体的活动而履行。但这种义务的履行与第一性义务的履行不同。义务作为法律的要求都是必须履行的。但是在履行第一性义务时，法律假定义务主体处于主动履行义务的积极的心理状态，所以国家强制力并不直接介入其中，只是作为潜在的可能的强制力间接地发挥作用。而法律责任则是因为主体违反法定义务而引起的第二性义务，这种义务的履行带有制裁和惩罚的性质。主体既然规避了第一性义务，他就不可能自觉自愿地履行第二性义务（至少在理论上可以这样假定），国家就不得不动用强制力量来迫使他履行义务。所以，法律责任的实现，就有责主体来说，是法律责任的履行；就国家来说，是法律责任的执行——实施法律制裁，强制责任主体接受并实现法律责任"。② 笔者对上述观点颇表赞同，并以此为基础总结出这样的结论：法律责任与法律制裁基本上指向同一种对象，仅具有细微区别，即法律责任是静态的，而法律制裁则是动态的，法律制裁比法律责任更具有强制性。

将以上原理运用于反垄断法，我们可以明确反垄断法律责任与反垄断法制裁的关系。行为人一旦违反反垄断法规定的禁止性义务，就须承担反垄断法律责任；要使违法者履行这些法律责任，就必须依赖一定的制裁手段。例如，反垄断法民事责任中的赔偿损失这种责任形式就要与反垄断法上的损害赔偿的制裁方式相联系。正是由于这种内在的逻辑联系，才使"民事制裁"的用语在反垄断法领域得以存在。③

---

① 漆多俊：《经济法基础理论（第五版）》，法律出版社 2017 年版，第186 页。

② 张文显：《法哲学范畴研究（修订版）》，中国政法大学出版社 2001年版，第 141~142 页。

③ 欧美学者使用"civil sanction"一词，这显示"民事制裁"这个概念是成立的。参见 Frank Wamser, Enforcement of Antitrust Law, Frankfurt, Peter Lang (publishing company), 1994, p. 10.

总结以上的论述，我们可以得出这样的结论：反垄断法律责任与反垄断法制裁这两个词的关系十分密切，基本上可以混用，它们之间的细微区别在于，反垄断法律责任较具静态性质，而反垄断法上的制裁则更多带有动态性质，其内容表现为反垄断法的执行机构强制违法者履行法律责任。

二、反垄断法律责任体系的构成及其主要类型

反垄断法律责任体系是指某一国家(地区)反垄断法规定多种法律责任形式，这些责任形式在实施反垄断法过程中协同运作，构成一个有机组合。世界上凡制定有反垄断法的国家或地区都必然会为反垄断法的实施规定一些责任形式(制裁手段)，而且在多数情况下，都不止一种法律责任形式，而是由多种责任形式组成反垄断法律责任体系。然而，并不是所有的国家或地区的反垄断法律责任体系都是相同的，由于各个国家(地区)在反垄断法上的政策重心各有不同，造成各个国家(地区)在反垄断法律责任形式的选择上的不同，所以在反垄断法律责任体系的构成上存在一些差异。

(一)域外各主要国家(地区)反垄断法律责任体系的构成

1. 美国

在美国反托拉斯法设定的法律责任形式中，给人印象最深的是其民事责任。根据《克莱顿法》规定，任何因反托拉斯法所禁止的事项而遭受财产或营业损害的人，可在被告居住的、被发现的、或有代理机构的区向美国区法院提起诉讼，不论损害大小，一律给予其损害额的三倍赔偿诉讼费和合理的律师费；无论何时美国因反托拉斯法所禁止的事项而遭受财产及事业损害时，美国可在被告居住的、被发现的、或有代理机构的区向美国区法院提起诉讼，不论损害数额大小一律予以赔偿其遭受的实际损失和诉讼费；此外，各州司法部长还可以作为政府监护人，代表其州内自然人的利益，可以本州的名义，向对被告有司法管辖权的美国区法院提起民事诉讼，以确保其自然人因他人违反《谢尔曼法》所遭受的损害得到金钱救

济，可以请求损害额的三倍赔偿。

同时，美国反托拉斯法也引入了刑事责任。《谢尔曼法》第 1 条、第 2 条和第 3 条开门见山为违法行为规定了刑事责任：如果违法行为参与人是公司，将处以不超过 100 万美元的罚金，如果违法行为参与人是个人，将处以 10 万美元罚金，或三年以下监禁，或由法院酌情并用两种处罚。在《罗宾逊—帕特曼反价格歧视法案》第 2 条也规定了刑事责任，对违法行为人处以不超过 5000 美元的罚金，或不超过一年的监禁，或两者并用。

在美国反托拉斯立法中，还规定了罚款这种责任形式，不过，美国反托拉斯法中的罚款与其他国家或地区的罚款不同，美国反托拉斯法的主管机关司法部和联邦贸易委员会都没有直接针对违法行为的罚款权，罚款要由反托拉斯法的主管机关向法院起诉，由法院作出罚款决定。按照《联邦贸易委员会法》第 5 条的规定，罚款处罚要由司法部或联邦贸易委员会向联邦地区法院提起民事诉讼（civil action）。但是，就其实质来说，这种处罚还是属于行政处罚的范畴。一方面，美国所谓的民事诉讼并不等同于我国所称的民事诉讼，并不仅仅局限于平等的民事主体就民事权利之争执进行的诉讼；另一方面，在美国行政法上，也存在由法院作出行政处罚的做法，美国法律既可以规定由行政机关作出罚款决定，也可以规定由法院作出罚款决定。[①] 但是，总体来说，在美国反托拉斯法中，罚款不是一类主要的制裁手段。

2. 日本

日本反垄断法律责任体系的构成中虽然也包括民事责任、刑事责任和行政责任，但总的来说，还是以行政责任为主，也就是说，行政责任在日本反垄断法上占有核心地位。

（1）行政责任。日本在反垄断法实施上奉行"公正交易委员会中心主义"，即将公正交易委员会放在反垄断法实施的中心地位。这种特性在日本反垄断法责任体系的设置上也有反映：日本反垄断

---

① 参见王名扬：《美国行政法》，中国法制出版社 1995 年版，第 529 页。

法责任体系为迎合公正交易委员会执法的需要，主要体现为行政制裁手段。

　　根据《禁止垄断法》的规定，日本反垄断法上的行政制裁手段主要包括：①劝告（第48条）：即对违法者停止违法行为的行政建议，具有法律拘束力；②命令采取排除措施（第7条、第8条之二、第17条之二、第20条等）：这是一类行政制裁措施的总称，其手段可以是：命令事业者提交书面报告、停止违法行为以及为排除违法行为而采取的其他必要措施；③命令缴付课征金（第7条之二、第8条之三、第48条之二等）：即由公正交易委员会对违法者处以金钱的制裁，相当于其他国家（地区）反垄断法上的行政罚款；④竞争恢复措施令（第8条之四）：这是仅见于日本反垄断法的一种手段，① 这种手段主要是针对垄断状态采取的，其目的是通过命令事业者转让部分营业或采取其他恢复该商品或劳务的竞争所必须的措施以消除垄断状态，恢复竞争；⑤解散事业者团体（第8条之二）：这项制裁手段主要是针对从事反竞争行为的事业者团体而使用的；等等。

　　（2）民事责任。《禁止垄断法》第25条规定了反垄断法上的损害赔偿责任，这是典型的民事责任方式。与美国的反垄断法损害赔偿责任不同，日本采取了一种单倍损害赔偿责任，不过，在责任方面实行的无过错赔偿责任。

　　（3）刑事责任。日本《禁止垄断法》专辟"罚则"专章（第十章）规定反垄断法上的犯罪与刑罚。部分违反反垄断法的行为有可能构成犯罪。刑罚包括有期徒刑也包括罚金，在法人犯罪的场合，刑罚既可针对法人，也可以针对法人代表即代理人等。

　　3. 德国

　　根据德国《反限制竞争法》的规定，德国反垄断法责任形式主要包括：制止违法行为；损害赔偿；收缴额外收入；罚款；等等。其中的损害赔偿及罚款尤其重要。

　　（1）损害赔偿。德国《反限制竞争法》关于损害赔偿的规定主要

---

① 　参见曹士兵：《反垄断法研究》，法律出版社1996年版，第69页。

是该法第 33 条，与停止请求权的规定合并规定在同一条文中。该
条的内容是这样的："违反本法规定或卡特尔当局的处分者，以该
规定或该处分旨在保护他人为限，对该他人停止违法行为的义务；
行为人有故意或过失的，还负有赔偿因该违法行为所造成的损害的
义务。请求停止的请求权也可以由具有权利能力的工商利益促进协
会主张之。"可见，德国反垄断法对损害赔偿的规定较为严格。首
先，其反垄断法的禁止规定如果是以维护私人的权利为目的的，则
私人才可以有起诉权，要求该违反禁止规定的人赔偿损失；如果禁
止规定保护抽象的竞争，则私人无权向违反该种禁止规定的人要求
赔偿，如对企业合并的禁止规定就是只保护抽象的竞争。① 德国的
这种规定在世界上是独一无二的。其次，能够提起损害赔偿诉讼的
场合，要求违法行为者具有故意或过失。如此以故意过失作为提起
反垄断法上的损害赔偿诉讼的要件，这在世界上也比较少见。

（2）罚款。在德国《反限制竞争法》中，罚款这种责任形式用得
相当普遍。德国反垄断法上的罚款处罚与德国特有的违反社会秩序
行为的概念紧密相连，而德国违反社会秩序行为又经常与法学理论
上的经济刑法概念联系在一起，所以容易导致人们误以为德国反垄
断法上的罚款具有刑罚性质，而事实上并非如此。德国对于反垄断
法上的违反秩序行为的罚款属于典型的行政处罚的性质。

4. 欧盟

众所周知，欧盟竞争法的实体法法源主要是《欧盟运行条约》
第 101 条和第 102 条。这两条的规定较为原则，因此没有关于制裁
手段的具体规定。关于欧盟竞争法的法律责任形式及适用程序规定
在其他的一些条例及通告当中，其中最重要的是欧盟理事会《第 1/
2003 号条例》和《第 139/2004 号条例》。

根据上述两个条例的规定，欧共体竞争法上的法律责任形式主
要包括：

（1）命令停止违法行为。如果欧盟委员会认定某个市场行为违
反了《欧盟运行条约》第 101 条第 1 款或者第 102 条，即可依法采取

① 参见曹士兵：《反垄断法研究》，法律出版社 1996 年版，第 70 页。

排除违法行为的措施。其主要方式是要求企业作为或者不作为。前者如要求违法行为者与曾拒绝交易的当事人订立合同或者供货,后者如命令停止歧视行为或者滥用行为。对于拒不执行或者拖延执行委员会决定的当事人,委员会可以处以罚款或者课以延迟罚款。

(2)罚款。根据欧盟理事会《第1/2003号条例》,欧盟委员会有权对故意或者过失违反《欧盟运行条约》第101条或第102条的企业或者企业协会处以不超过其上一营业年度营业额10%的罚款。委员会为执行《第139/2004号条例》,也可以采取上述的罚款手段。

(3)拆分企业。为执行《第139/2004号条例》,欧盟委员会对于非法合并建立的新企业,可以责令予以解散,恢复企业状态,以保证有效竞争的运行。

(二)我国反垄断法律责任体系之构成

我国《反垄断法》也规定了较为完备的法律责任体系,这集中规定于《反垄断法》第七章中。

我国《反垄断法》第七章既对垄断行为的法律责任作出了规定,也对妨碍反垄断执法机构执法的法律责任进行了规定,还对反垄断执法机构工作人员在执法过程中的违法行为的法律责任给予了规定,但最重要的还是对垄断行为的法律责任,也就是狭义上的反垄断法律责任。《反垄断法》中规定的狭义上的反垄断法律责任只包括行政责任和民事责任,而不包括刑事责任,这显示我国立法机关在制定《反垄断法》的时候也坚持了很多国家所坚持的慎刑原则。

《反垄断法》中的行政责任主要包括行政罚款、责令停止违法行为、没收违法所得和拆分企业四种责任方式。民事责任规定比较简略,没有列明具体的责任方式,但最高人民法院2012年出台了《关于审理因垄断行为引发的民事纠纷案件应用法律若干问题的规定》(后文均简称为最高人民法院"反垄断司法解释"),其第十四条规定:"被告实施垄断行为,给原告造成损失的,根据原告的诉讼请求和查明的事实,人民法院可以依法判令被告承担停止侵害、赔偿损失等民事责任。"可见,我国反垄断民事责任主要包括停止侵害、赔偿损失这两种责任形式。

从《反垄断法》第七章的具体内容上可以看出，在行政责任和民事责任之间，《反垄断法》更倚重行政责任，尤其是行政罚款，这也是我国《反垄断法》在法律责任设置方面的一大特色。

此外，在我国，行政垄断被列入《反垄断法》的规制对象范围，这是我国《反垄断法》的一大特色，第七章也规定了针对行政垄断的法律责任。行政垄断的法律责任只有行政责任一种，而且，比较于其他垄断行为的行政责任，行政垄断所应承担的行政责任较轻，只规定了行政处分和责令改正两种较轻的责任形式，没有规定行政罚款等更具惩罚性的责任形式。

(三)反垄断法律责任体系之类型划分

从以上列举的几个典型国家(地区)反垄断法所规定的法律责任形式可以看出，反垄断法律责任体系的构成并不完全一致，而且，各国(地区)反垄断法的实施总有一种最为依赖的责任形式(制裁手段)，即在法律责任体系中存在核心的责任形式与非核心的责任形式的区别。各国(地区)对反垄断法核心责任形式的选择反映了该国(地区)对于反垄断法各种法律责任形式的取舍侧重。以此为基础，我们可以将各国(地区)的做法分为几种类型：

1. 类型之一——以行政排除措施为核心的反垄断法律责任体系

属于这种类型的国家主要就是日本。日本反垄断法尽管也规定了损害赔偿、罚款、刑事制裁等多种责任形式，但是在其反垄断法的责任形式中，其关键作用的还是行政排除措施，着重强调对现实违法行为或状态的排除，不以制造威慑作为适用反垄断法律责任制度的目标。虽然规定有刑事制裁，但基本不用，同时对民事损害赔偿权的行使也规定严格的实体条件和程序条件，限制损害赔偿手段的实施。日本以行政排除措施为核心的反垄断法责任形式体系的确立，也反映了日本反垄断法实施上突出的行政中心主义，或称之为公正交易委员会中心主义。

2. 类型之二——以行政罚款为核心的反垄断法律责任体系

属于这种类型的国家(地区)要以欧盟和德国为典型。欧盟和德国的反垄断法律责任体系中都没有规定刑事制裁，而且欧盟本身的反垄断法律责任体系中连民事损害赔偿都没有。所以，在很大程度上仰仗行政罚款来制裁违法行为者，并制裁威慑效应。就我国《反垄断法》立法规定及法律实施实践看，我国反垄断法律责任体系也应被归入本类型。我国反垄断法没有规定刑事责任，而且民事责任在实践中也没有得到广泛的适用，因此，我国反垄断法的实施主要依赖于行政罚款这种责任形式。

3. 类型之三——以损害赔偿为核心的反垄断法律责任体系

美国是最为典型的例子。不论是从立法，还是从法律实施实践来看，美国的反托拉斯法三倍损害赔偿制度都是最为重要的责任形式。这种损害赔偿制度具有补偿受害者、激励私人参与实施反托拉斯法以及制裁违法者制造威慑效果的三重功能，本身能够满足实施反托拉斯法的需要，实践中也确实起到了关键性的作用。也许有人认为，美国反托拉斯法的刑事制裁也非常突出，其地位并不一定亚于三倍损害赔偿制度。这种看法实际上并不符合美国反托拉斯法实施的实践。

三、反垄断法律责任制度的立法体例

各国(地区)反垄断法关于法律责任的规定，可以归纳为两种方式，也可以说存在两种不同的关于反垄断法律责任的立法体例：分散立法和集中立法。

(一)分散立法

所谓分散立法，是指反垄断法规定法律责任时，采取分散的方式，以规制对象的编排逻辑为依据，针对不同的违法行为规定不同的责任形式，因此，关于法律责任形式的规定分散在法律文件的各处。

采取分散立法体例的国家以美国最为典型。美国《谢尔曼法》作为世界上第一部现代意义上的反垄断立法，其对于法律责任的规定就是采取分散立法的体例。《谢尔曼法》第一、二、三条既规定了三种规制对象，同时也规定了违反这三条应承担的法律责任，是典型的分散立法。在《谢尔曼法》以后，对于反垄断法律责任，美国依然采取了分散立法的体例。一方面，大多数分散的反垄断立法文件都零散地规定了法律责任；另一方面，同一法律文件对于法律责任的规定也较为分散。

（二）集中立法

所谓集中立法，是指反垄断法规定法律责任时，集中在立法文件的某个章节给予系统规定，而不是分散在立法文件的各处。反垄断法律责任的集中立法使得责任形式与反垄断法的规制对象在章节安排上发生了分离。采取集中立法体例的国家，集中的程度可以有所不同，多数国家只是将反垄断法的刑事责任集中在某个章节，并以"罚则"等名冠之。例如，日本《禁止私人垄断及确保公正交易法》第十章"罚则"是对刑事责任的集中规定；韩国《限制垄断和公平交易法》第十四章"罚则"也主要是规定刑事责任。少数国家的反垄断法在规定法律责任时，集中立法的程度比较高。例如，俄罗斯《关于竞争和在商品市场中限制垄断活动的法律》第六章"违犯反垄断法规应承受的处罚"既集中规定了刑事责任，也集中规定了行政责任。

我国《反垄断法》也采取了集中立法模式来规定法律责任，该法关于法律责任的条文全部集中在第七章中，并以"法律责任"作为该章的标题。可见，我国《反垄断法》关于法律责任的规定采用了类似于俄罗斯那样的集中立法模式，集中程度相当高。

四、反垄断法的实施维度与反垄断法律责任的运用

美国著名法学家沙维尔（Steven Shavell）曾经将法律实施描述为三种基本维度：法律介入阶段、制裁的方式、私人实施与公共实施，并以此为基础对法律实施的范式以及其中涉及的制裁手段进行

详细地分析。① 其中，第二维度（制裁方式的选择）与第三维度（私人实施与公共实施）均涉及反垄断法律责任的选择与适用。借助于这种理论，我们也可以揭示出反垄断法律责任与反垄断法实施之间的基本关系。

(一)反垄断法介入时机与法律责任之选择

根据沙维尔的理论，法律介入的目的主要是为了对付对社会不利的行为，即不良行为。法律实施的第一种维度就是法律介入的时间。具体地说，法律介入可以分为三个阶位。

1. 第一阶位

法律的最早干预应是在不良行为发生之前，干预的方式是采用预防该行为发生的办法。反垄断法的介入也有可能发生在这个阶段。在限制竞争的行为还没有发生时，反垄断法及时介入，能够阻止这些行为的发生。反垄断法上的直接的预防措施主要是企业合并事前申报与审查制度。此外，还有一些其他的直接预防手段，其中以紧急停止措施最为典型。例如，根据日本《禁止垄断法》第67条，法院认为有紧急必要时，可以根据公正交易委员会的请求，对被怀疑从事了某些违法行为的事业者，命令暂时停止该行为、暂时停止行使表决权或暂时停止公司干部执行业务。拆分企业属于反垄断法的特有措施，在特定的条件下也具有预防的性质。所谓特定的条件就是指需要在不对垄断结构或垄断状态进行规制的法律背景下使用。在不对单纯的垄断结构或垄断状态采取行动的国家，拆分企业只用于有可能发生滥用垄断状态的场合，属于预防性质的措施，因为它的目的在于防范限制竞争行为的发生，而不是为了清除垄断状态或垄断结构本身。反垄断法上的间接预防措施主要是由执行机构制定并公布执行方针或指南。

2. 第二阶位

法律干预社会生活的第二阶位是在不良行为发生之后损害结果

---

① Steven Shavell, "The Optimal Structure of Law Enforcement", Journal of Law &Economics, vol. 36(April 1993), pp. 257-259.

产生之前(或者只问行为的发生而不问是否产生危害结果)。在这个阶段,法律介入主要依靠以行为为基础的制裁手段(act-based sanctions)。也就是说,只要有行为的发生就可以实施制裁。反垄断法也有可能在这个阶位干预市场的竞争状况。反垄断法上存在着单凭发生某种限制竞争行为而不问是否造成了实际的损害就进行干预的情形。例如,对于维持、强化垄断行为就是如此。维持、强化垄断行为的构成要件只包括状态、行为、意图三方面,而不需要具备后果要件。① 又如,对违反反垄断法的规定进行企业合并的行为,反垄断法会对其作出反应,不必考虑是否已经造成损害。

3. 第三阶位

法律介入也可以发生在具体损害发生之后,这要依赖以损害为基础的制裁手段(harm-based sanctions)。这主要发生在侵权法中。根据侵权法,只要造成了实在的损害,受害者就可以提起诉讼并要求加害者赔偿损失,而如果一方虽然是过失犯错但没有造成损害,他将不能被起诉,也不能被要求赔偿损失。以损害为基础的制裁手段和以行为为基础的制裁手段一样,都隐含着威慑不良事情发生的意图,其本质不是为了预防。反垄断法在反竞争行为造成实际损害以后进行干预的机会最为繁密,原因是多数的反垄断法上的违法行为都要以市场蔽害为要件。

反垄断法的实施重心在第二阶位和第三阶位,② 法律对社会生活的干预均属于事后干预,干预的手段首先是"由行政或司法机关科处秩序罚或刑罚予以非难、恶报,并借此警惕、教育、吓阻其他社会大众"。③ 这些干预手段主要即沙维尔所说的以行为为基础的制裁。除此以外,还有以损害为基础的制裁,在反垄断法上具体表现为损害赔偿,包括补偿性损害赔偿和惩罚性损害赔偿,其中后者

① 陈爱斌:《结构与行为——论反垄断法的规制对象》,载漆多俊主编《经济法论丛(第1卷)》,中国方正出版社1999年版,第465页。

② 参见李国海:《反垄断法实施机制研究》,中国方正出版社2006年版,第149页。

③ 赖源河编审:《公平交易法新论》,中国政法大学出版社、元照出版公司2002年版,第461页。

的制裁色彩尤其浓厚。从这个意义上说，反垄断上的损害赔偿可以被看作是"民事罚"或"民事制裁"。

在反垄断法的实施当中，占主要地位的是威慑而不是预防。"显然，其主要原因是预防作为一个通常的控制工具整体上是不实用的，因为其费用过高。想象一下反托拉斯法实施官员坐在每一个公司的董事会会议上，或者站在每一个具有管理权力的雇员背后！然而，包含事先申报制度的合并规制实质上就是那样工作的。"①合并与反托拉斯法的其他领域的不同之处在于合并更易于定性，而且数量也不会很多，结果合并就更易于被监管。对于除合并以外的其他限制竞争行为，我们应该更加重视威慑机理的运用，而威慑主要通过法律责任来实现。

(二)反垄断制裁手段的选择

沙维尔认为的法律介入的第二维度是选择制裁的方式。他认为，制裁可以分作两大类：金钱制裁与非金钱制裁，后者主要是指监禁。

反垄断法上的制裁方式也可以按上述思路分作两类：金钱制裁与非金钱制裁。非金钱制裁也主要是监禁，而金钱制裁手段则包括行政罚款、刑事罚金、民事上的损害赔偿(尤其是惩罚性损害赔偿)、罚交滞纳金、罚息、收缴应上交收入以及没收非法所得等。监禁的性质属于刑事处罚，适用对象是从事了反垄断法上的犯罪行为的个人，以及从事了反垄断法上的犯罪行为的企业内部那些依法应对该行为负个人责任的企业负责人、行为的主要策划者、主要实际实施者等个人。在货币制裁中，罚金也属于刑事制裁的性质，既可以对企业，也可以针对个人。它与行政罚款虽然同属货币制裁，但是性质差别却很大。被处以刑事制裁，会引起社会对该企业或个人的评价的降低，所以，行政罚款与刑事罚金即使数额相同，它们的威慑作用也是不同的。

---

① Steven Shavell, "The Optimal Structure of Law Enforcement", Journal of Law & Economics, Vol. 36(April 1993), p. 258.

在反垄断法上，通常而言，金钱制裁要优先于监禁适用，因为监禁的执行比罚款的收取成本要高得多。沙维尔指出，"我基本上认为，金钱制裁比监禁制裁的成本要低。施以金钱制裁并不是毫无成本，但它本质上只意味着购买力的转移，是对资源控制的变化，而不是实际耗费资源。与此相反，监禁需要耗费资源，因为建造和运营监狱所费不低，同时，被监禁的人也不能再从事生产活动"。①

但是，在反垄断法中是否仅能依靠金钱制裁就能产生足够的威慑力呢？也有学者对此给予了某种程度的否定回答。他们认为，公司也许并不完全能够控制其职员的行为，因为公司约束他们的能力是有限的。职员可以被解雇，但是解雇的效用受到了存在潜在就业机会的限制，公司对其职员的诉讼威胁也受到了其资产被这些职员掌控处在危险之中的限制。所以，只能依靠国家通过立法来对公司职员制造更强的压力，引入监禁这种制裁手段来使他们受到可信的威胁。② 不过，尽管如此，在反垄断法上，监禁终究属于最为严重的制裁，所以各国反垄断法对监禁的运用是非常慎重的。③

(三)私人实施与公共实施：依靠损害赔偿制度实现平衡

私人实施与公共实施的并存和平衡，是实现法律实施目标的基本保证，所以，被列为法律实施的第三维度。反垄断法的成功实施在很大程度上也依赖于公共实施与私人实施的平衡与协调，也即坚持以公共实施为主导，同时吸引私人主体的适当参与。

在私人实施和公共实施之间实现平衡的关键着力点是反垄断法损害赔偿制度的合理设计。在美国，为了吸引私人主体积极参与反垄断法的实施，创造出了反托拉斯三倍损害赔偿制度。反托拉斯三

---

① Steven Shavell, "The Optimal Structure of Law Enforcement", Journal of Law & Economics, Vol. 36 (April 1993), p. 258.

② A. M. Plinsky and S. Shavell, "Should Employees be Subject to Fines and Imprisonment Given the Existence of Corporate Liability", 13 International Review of Law and Economics(1993), 239.

③ 参见李国海：《反垄断法实施机制研究》，中国方正出版社 2006 年版，第 153 页。

倍损害赔偿制度的主要目的一是为了补偿，二是为了威慑，这二者都必须以私人主体愿意提起反托拉斯损害赔偿诉讼为基础，损害赔偿制度的具体内容在其中起着重要作用。当然，美国反托拉斯法的固定三倍损害赔偿制度也面临一些质疑，有些学者甚至提出，为了保持公共实施与私人实施之间的平衡，有必要取消固定的三倍损害赔偿制度，代之以授权陪审团决定给予惩罚性赔偿的数额。①

在美国以外的国家，反垄断法的实施更多地以公共主体为主，私人实施处于绝对从属的地位，对于私人实施的这种定位一般也是通过对反垄断法损害赔偿制度的谨慎设计体现出来。例如，欧盟的反垄断法实施机制建立在欧盟委员会享有对竞争规制的独占权力的基础之上。共同体在反垄断法方面的集中化的行政体制，以及缺乏关于私人实施的明确规定使得在欧盟司法框架内获得一个赢得损害赔偿诉讼的立足点是非常困难的。有人曾经提出，在欧盟竞争法的现行体制下，不可能有私人诉讼的位置。②

---

① 参见[美]理查德·A.波斯纳：《反托拉斯法》(第二版)，孙秋宁译，中国政法大学出版社 2003 年版，第 320 页。

② Clifford A. Jones, Private enforcement of antitrust law in the EU, UK and USA, Oxford: Oxford University Press, 1999, p. 87.

第二单元

反垄断法行政责任研究

专题三
反垄断法行政罚款制度研究

一、反垄断法行政罚款的两种理解：广义与狭义

反垄断法行政罚款是指反垄断法所规定，主要由反垄断行政执法机关针对违反反垄断法的行为主体所实施，且以金钱支付为内容的反垄断法制裁手段。

反垄断法行政罚款属于反垄断法行政制裁方式的一种，不应与作为刑事制裁方式的反垄断法罚金相混淆。反垄断法规定刑事制裁不是普遍现象，因为如本书专题八所述，仅有少数国家的反垄断法规定有刑事制裁，其余国家奉行反垄断法非刑事化原则，未在反垄断法中引入刑事制裁。美国、日本、英国等国家的反垄断法规定了刑事制裁，其基本制裁方式是监禁和罚金。同时，这些国家也可能同时规定有行政制裁意义上的罚款处罚。美国反托拉斯法主要通过刑事制裁来实施，如果涉及金钱制裁，主要是指刑事意义上的罚金，而如英国和日本等国。刑事制裁意义上的罚金与行政制裁意义上的罚款可同时并存。如在英国竞争法中既规定有罚款制裁，又规定有刑事罚金。根据 2002 年《企业法》，对于从事卡特尔犯罪的自然人，如果适用简易审判，可以判处 6 个月的监禁和(或)不超过法定最高额的罚金；如果适用陪审团审判，可以判处不超过 5 年的监禁和(或)不受数额限制的罚金。① 又如日本，刑事意义上的罚

---

① 参见李国海：《英国竞争法研究》，法律出版社 2008 年版，第 268~269 页。

金和行政制裁意义上的罚款(课征金)也同时存在。日本公正交易委员会认为，行政罚款措施同着眼于不正当交易限制的反社会性和反道德性而施加的刑事制裁措施相比，其宗旨、目的及程序等均不同。因此，在对违法行为人并处罚款与罚金时并不违反宪法第39条"禁止双重处罚"的规定。① 反垄断法中的罚金需通过刑事审判来加以确定，其适用标准和程序较为严格规范，在实际运用中问题较少，加之我国《反垄断法》没有规定罚金制度，因此，本章不准备研究它。

反垄断法行政罚款可以有广义和狭义两种不同理解。

(一)反垄断法行政罚款的广义理解

各国(地区)反垄断法行政罚款的适用范围较为广泛，我们首先可以从广义角度理解反垄断法行政罚款。在广义理解下，反垄断法行政罚款的外延较宽，既包含对违法的垄断与限制竞争行为的罚款，也包括对因妨碍反垄断执法机关执法而构成的违法行为的罚款。

例如，在德国，有学者引入德国独有的"违反社会秩序行为"概念，把对反垄断违法行为的罚款处罚纳入"违反秩序罚"的范围，并将德国反垄断法中的违反社会秩序行为划分为三类：第一类是基本的行为，也即具有较为明显的限制竞争效果并为反垄断法重点关注的行为；第二类是附属行为，主要包括违反卡特尔局在监督滥用各种许可条件和有效性条件的范围内发布的禁止性规定的行为；第三类是不服从的行为，这部分行为违反的是关于卡特尔局依法索取信息或资料的规定，以及企业在登记、举报、提供材料和接受检查等方面的义务的规定。所以，不服从行为主要是一些程序上的违法行为。② 根据德国《反限制竞争法》的最新规定(2005年第七次修订

---

① 王玉辉：《日本〈禁止垄断法〉罚款及其减免制度研究》，载《河北法学》2010年第28卷第3期。

② 参见王世洲：《德国经济犯罪与经济刑法研究》，北京大学出版社1999年版，第219页以下。

后的规定），对于上述第一类基本的违反秩序行为和第二类附属的违反秩序行为，可以判处的罚款金额最高为 100 万马克，如果罚款由一个企业或企业联合承担，则可以对参与违法行为的每个企业或企业联合处以不超过各自前一营业年度总营业额的 10% 的罚款；对于第三类不服从的违反秩序行为，可以判处的罚款总额最高为 5 万马克。①

又如我国《反垄断法》也规定有两类性质的罚款。第一类是对违法的垄断与限制竞争行为本身的罚款。该法第 46 条规定了针对违法的垄断协议行为的罚款，第 47 条规定了针对滥用市场支配地位行为的罚款，第 48 条规定了针对违法的经营者集中的罚款。第二类是对拒绝、阻碍反垄断执法机关调查行为的罚款。该法第 52 条规定，对反垄断执法机构依法实施的审查和调查，拒绝提供有关材料、信息，或者提供虚假材料、信息，或者隐匿、销毁、转移证据，或者有其他拒绝、阻碍调查行为的，由反垄断执法机构责令改正，对个人可以处 2 万元以下的罚款，对单位可以处 20 万元以下的罚款；情节严重的，对个人处 2 万元以上 10 万元以下的罚款，对单位处 20 万元以上 100 万元以下的罚款。

（二）反垄断法行政罚款的狭义理解

在广义角度，反垄断法行政罚款可以理解为各国反垄断法规定的适用于所有违法行为的罚款制裁。但，其中针对不服从行为或程序性违法行为的罚款较为简单，针对的行为主要是以作为或不作为方式不配合反垄断执法机关调查的行为，目的是为了促使经营者配合反垄断执法机关的调查，实施反垄断法执法机关发布的各项强制性指令，目的较为单纯，计算方式也比较简单。而且与其他法域中针对程序违法行为的罚款制裁并无多大区别。因此，针对这部分违法行为的反垄断法罚款制裁并无多大的研究空间，没有特别研究的必要。因此，我们提出反垄断法行政罚款的狭义概念，来限定本章

---

① 参见时建中主编：《三十一国竞争法典》，中国政法大学出版社 2009 年版，第 120 页。

的研究范围。

所谓狭义的反垄断法行政罚款，是指仅针对违法的垄断与限制竞争行为的行政罚款，不包括针对程序违法行为的行政罚款。狭义角度的反垄断法行政罚款才具有较大的特殊性，其功能、数额标准、适用的具体准则都值得专门研究。据此，在本章的以下论述中，反垄断法行政罚款这个概念都仅限于狭义角度的理解。

我们强调反垄断法行政罚款的狭义理解不仅具有学理上的意义，而且也具有立法技术上的意义。有些国家的反垄断法就仅规定狭义角度的行政罚款，而不涉及针对程序违法行为的罚款，将这部分内容授权给反垄断执法机构通过制定细则来加以规定。例如英国就采取这种做法，该国 1998 年《竞争法》仅规定狭义的罚款制裁。[①]

二、反垄断法行政罚款的适用对象

反垄断法行政罚款的适用对象，可以分为两个层面展开讨论：一是被适用主体，二是被适用行为。前者也可以被称为主体对象，后者则可被称为行为对象。[②]

(一)反垄断法行政罚款的主体对象

反垄断法行政罚款适用的主体对象为何？这是首先要明确的。

与反垄断法上的刑事制裁采取两罚规定不同，反垄断法上的行政罚款一般只针对企业，或曰经营者。其中的主要理由在于，行政罚款完全是以经济利益的调整为基础，因为违法行为所得经济利益完全由企业获得，而罚款这种制裁的机理是通过处以等于或超过违法所得额的罚款，使违法者得不偿失，理性的经济人一般会对其行

---

① 参见李国海：《英国竞争法研究》，法律出版社 2008 年版，第 243~245 页。也可参见李国海、李敏译：《英国 1998 年竞争法》，载漆多俊主编：《经济法论丛》(第十卷)，中国方正出版社 2005 年版，第 437~440 页。

② 如戴龙在其著作中使用了"行为对象"及"对象行为"的用词。参见戴龙：《日本反垄断法研究》，中国政法大学出版社 2014 年版，第 65 页。

为的经济效益进行评估然后才采取行动，只要企业违法的成本高于违法的收益，它自然会作出理性选择：不从事违法行为。所以罚款不必要再对具体违法行为人或其他个人处以罚款。

在此基础上，需要进一步明确的问题是：如何认定违法企业？企业这种组织本身就是复杂多变的，而且企业从事违法的垄断行为也有多种决策模式和原因，所以，经常遇到如何认定违法企业的问题。

欧共体委员会在其 1989 年关于 Welded steel mesh 一案的决定中指出，"识别企业的依据是欧共体法，因此，企业根据成员国公司法在组织上发生变化是不重要的。一个企业将其经营活动出售给另一家企业对于识别企业也是无关紧要的，因为买方企业不会对卖方企业参与卡特尔的行为承担责任。如果被指控违法的企业继续存在，尽管出现了资产转移的情况，它仍得承担违法责任。但在另一方面，如果违法企业被另一企业兼并，其违法责任可能随着兼并转移到另一个企业或者合并后的企业"。① 委员会的这种观点已经得到欧共体初审法院的认可。日本《禁止垄断法》中也有类似的规定。该法第 7 条之二第 19 款规定，如果从事违法行为的事业者是公司，该公司因合并而消灭时，该公司所实施的违法行为视为是合并以后存续的公司或因合并而新设立的公司所实施的违法行为，而适用有关处以课征金的各项规定。②

企业的行为都是通过具体的个人实施的，一般情况下，企业管理人员所从事的垄断行为其责任都会归属于所在企业，这其中是否存在例外呢？或者说，企业是否可以辩解，它的某种垄断行为是因为管理人员的个人原因而从事，因此要求免除企业自身的罚款制裁？欧共体法院在 1983 年 Pioneer 一案的判决中指出，"这里所指的行为不一定是企业合伙人或者主管人员的行为，或者一定得被这些人知晓。如果一个人被授权以企业的名义进行某种活动，这个人

① Welded steel mesh decision, O. J. 1989, L260/1.

② 本书所引用关于日本反垄断法的条款，除特别说明外，均依据时建中主编：《三十一国竞争法典》，中国政法大学出版社 2009 年版。

的行为就是企业行为"。① 在实践中，被指控违法的企业往往辩解说，所谓的企业行为事实上纯属个人行为，因此企业不能为这些违法的个人支付罚款。欧共体法院指出，如果一个公司的职员果真越权从事违法行为，公司就不应当为其承担责任，但是，在这种情况下，企业要承担严格的举证责任：不仅要证明该职员的行为超越了企业的授权范围，而且还得证明，该职员的上级不可能知道他的越权行为。而且法院还指出，这种越权行为在大公司是不可想象的，因为在这种情况下，越权者肯定不能长期在公司呆下去。②

还有一个问题，反垄断法行政罚款是否可以同时针对企业联合组织和企业联合组织的成员企业？很多国家（地区）的反垄断法作出了肯定的回答，也即采取双罚制度，在特定情形下，既可对企业联合组织处以罚款，也可同时对成员企业处以罚款。日本《禁止垄断法》除了对单个企业从事违法行为给予罚款处罚以外，对所谓的"事业者团体"从事违法行为时，如何处以罚款也作出了规定。该法第 8 条之三就是关于对事业者团体的成员事业者处以课征金的规定。在违反第 8 条第 1 款（事业者团体的违法行为）第 1 项或第 2 项（仅限于订立内容含有不正当交易限制事项的国际协定或者国际契约的情形）规定的情形时，准用第 7 条之二的有关处于课征金的规定。欧盟理事会《第 1/2003 号条例》③第 23 条第 1、2 款也规定可以对"企业协会"处以罚款。我国《反垄断法》第 46 条第 3 款规定，"行业协会违反本法规定，组织本行业的经营者达成垄断协议的，反垄断执法机构可以处五十万元以下的罚款"。可见，我国反垄断法行政罚款也实行双罚制，在由行业协会出面组织垄断协议行为时，在对成员企业处以罚款的同时，还可以对行业协会处以罚款制裁。

---

① Case Pioneer, (1983) ECR 1825.

② 参见王晓晔：《欧共体竞争法》，中国法制出版社 2001 年版，第 416 页。

③ 参见许光耀主编：《欧共体竞争立法》，武汉大学出版社 2006 年版，第 272 页。

（二）反垄断法行政罚款的行为对象

各国反垄断法一般都采取列举的方式规定了多种违法行为，这些违法行为是否都可以适用罚款制裁？如果不是，哪些垄断行为可适用罚款制裁？这些问题值得探讨。

在日本，反垄断法课征金的行为对象有一个变化的过程。在最初阶段，也就是1977年刚开始引入课征金制度的时候，只对部分垄断行为适用课征金制度，基本上只涵盖了危害较为剧烈的垄断协议行为处以课征金。因为立法机关在出台课征金制度的时候考虑到价格是竞争的基本手段，课征金制度就是为了对付对价格影响最为直接的垄断行为，而垄断协议在其中较为突出。① 具体而言，这个时期课征金的行为对象只包括了价格卡特尔（含非法招投标）和数量卡特尔等对价格有直接影响的垄断行为。1991年修订《禁止垄断法》时，扩大了课征金的行为对象范围，可以适用课征金的垄断行为被限定为价格卡特尔、与价格有关的卡特尔及对价格有影响的不当交易限制行为。在此基础上，日本社会继续讨论扩展反垄断法课征金制度行为对象的问题。人们意识到，课征金制度的适用范围依然过窄，使得反垄断法抑制违反行为的措施体系尚处于较低水平。② 因此，有必要继续扩大其适用范围。2005年修订的《禁止垄断法》从两个方面扩大了课征金制度的行为对象范围：第一，在不当交易限制领域，加上了"实质性限制商品等的购入量、市场占有率或交易对方"的不当交易限制行为；第二，私人垄断中的某些行为被加入进来，包括影响对价、实质性限制商品等供给量、市场占有率或交易相对方的行为。到了2009年，《禁止垄断法》被又一次修订后，缴付课征金的对象行为已经扩大到包括不当地限制交易、

---

① 参见秦磊：《论日本反垄断法中的课征金制度及其对我国的启示》，华东政法大学2008年硕士论文，第34~35页。

② 根岸哲：《禁止垄断法的修改和讨论经过》，载《法律时报（日本）》，2004年第6期，第12~13页。转引自：郭娅丽：《日本课征金制度的重大变革及争议焦点》，《日本研究》2007年第1期，第60页。

私人垄断以及一部分不公正交易方法在内，除经营者集中（企业结合）之外的所有违反反垄断法的行为。①

在英国，依据 1998 年《竞争法》，并非所有的违法行为都可适用罚款制裁。基本上，罚款制裁仅适用于垄断协议行为及滥用市场支配地位的行为，而在合并规制制度中，就不使用罚款制裁。

在德国，依据《反限制竞争法》的规定，罚款制裁既适用于垄断协议行为和滥用市场支配地位的行为，也适用于经营者集中行为。该法第 81 条规定：未能准确或完整地对协议或集中予以申报的，构成违反社会秩序行为，可被处以 10 万欧元以下的罚款。

在我国《反垄断法》中，垄断协议行为、滥用市场支配地位行为以及违法的经营者集中行为都可能被处以罚款制裁，但对于行政垄断行为，则不适用罚款制裁。

由上观之，反垄断法罚款制裁的行为对象在各国有不同的规定，有的国家规定得较为广泛，基本上涵盖了所有的垄断行为，有的国家则有所限缩，只对部分垄断行为适用罚款制裁。造成这种差别的原因主要有二：

第一，罚款在反垄断法制裁体系中的地位不同。有的国家反垄断法没有规定刑事制裁，也限制民事损害赔偿制度的适用，因此，必须突出罚款制裁的作用，以创设必要的威慑效果，所以，反垄断法罚款制裁的覆盖面较为宽泛。而在另外一些国家，反垄断法采取了刑事制裁手段，也较为认可民事损害赔偿制度，因此，反垄断法罚款制裁的紧要性就没有前类国家那么突出，可以对罚款制裁的适用面予以适当限缩。

第二，社会大众对反垄断法的认可程度不同。在德国等国家，民众对市场竞争的认知程度较高，对反垄断法的重要性有普遍共识，因而赞同对违法的垄断行为采取较为严厉的制裁，这样，也就更加认可反垄断法罚款制裁，使得反垄断法罚款制裁可以有较大的适用面。而在日本等国家，在反垄断法出台后的一段时间，民众对

————————

① 参见戴龙：《日本反垄断法研究》，中国政法大学出版社 2014 年版，第 65 页。

限制竞争行为的危害性认知度并不高，不赞同对这些行为采取严厉的制裁，这使得反垄断法在实施中较多地依靠不带有惩罚性质的排除措施命令等手段，这样就限制了罚款制裁的适用范围。随着社会大众对反垄断法的重要性及对制裁垄断行为的共识度不断提高，对反垄断法罚款制裁的接受度也就不断提高，罚款制裁的适用范围也就不断扩大。

三、反垄断法罚款数额的确定

(一)反垄断法罚款数额的立法模式

针对反垄断法罚款的数额，各国(地区)反垄断法采取了两种立法模式：一是最高额(个别立法例还加上最低额)限制下的执法机关裁量模式；二是固定比例模式。

所谓最高额限制下的执法机关裁量模式是指反垄断立法仅规定罚款的最高额，对于具体案件中的罚款数额，则交由反垄断执法机关在综合考虑多种因素后自由裁量决定。在这种模式下，关于罚款最高额的规定又可采用两种形式。一种是直接规定绝对数值，另一种是不规定绝对数值，而是规定一个比例或倍数。

有些国家(地区)结合采用上述这两种方式。例如，德国《反限制竞争法》规定，对于基本的违反秩序行为和附属的违反秩序行为，可以判处的罚款金额最高为 100 万马克，或者，如果罚款由一个企业或企业联合承担，也可以对参与违法行为的每个企业或企业联合处以不超过各自前一营业年度总营业额的 10% 的罚款。又如根据我国《反垄断法》，对于以下两类违法行为采用比例方式规定最高罚款数额：(1)对于达成并实施了垄断协议的经营者，处上一年度销售额 1% 以上 10% 以下的罚款；(2)对于从事滥用市场支配地位行为的经营者，处上一年度销售额 1% 以上 10% 以下的罚款。而对于以下三类违法行为，则以绝对数值方式规定最高罚款数额：(1)对于尚未实施所达成的垄断协议的经营者，可以处 50 万元以下的罚款；(2)行业协会违反该法规定，组织本行业的经营者达成垄断协议的，可以处 50 万元以下的罚款；（3）经营者违反该法规定实施集中的，可以处 50 万元以下的罚款。

也有一些国家（地区）只采用比例或倍数方式规定反垄断法罚款的最高限额。如欧盟《第 1/2003 号条例》规定，对参与违法行为的每一企业及企业协会所处的罚款，不应超过其上一经营年度全部营业额的 10%。又如英国 1998 年《竞争法》规定，公平贸易局可以对违法企业处以不超过其营业额 10%的罚款。

还有一些国家（地区）只采用绝对数值方式规定反垄断法罚款的最高（最低）限额。我国台湾地区"公平交易法"①第 40 条规定，事业结合应申请许可而未申请，或经申请未获许可而为结合者，处新台币 10 万元以上 5 000 万元以下之罚锾；公平交易委员会对于违反该法规定之事业，得限期命其停止、改正其行为或采取必要更正措施，并得处新台币 5 万元以上 2 500 万元以下之罚锾。

当反垄断法以百分比规定罚款的最高（最低）限额时，必然会规定这个比例对应的基础数值，目前相关国家（地区）一般是将经营者上一年度"销售额"或"营业额"作为这个基础数值。此种"销售额"或"营业额"所指范围究竟是经营者在本国（地区）范围内的销售额，还是在世界范围内的销售额？抑或是仅指受垄断行为影响的市场范围内的销售额？英国 1998 年《竞争法》仅规定，公平贸易局可以对违法企业处以不超过其营业额 10%的罚款。在最初，"营业额"仅指企业在"英国市场"的营业收入。但欧盟竞争法则规定，欧盟委员会有权对违法企业处以不超过其在世界市场内的营业额 10%的罚款。为了与欧盟竞争法保持一致，英国后来对这一内容进行了修改，计算罚款数额的"营业额"是指企业在"世界市场"的营业收入。② 但在法国，其规定有所不同，依据《关于价格和自由竞

---

① 除特别注明外，本书关于我国台湾地区"公平交易法"的条款，均依据：赖源河编审：《公平交易法新论》附录之"公平交易法"，中国政法大学出版社 2002 年版。

② 参见李国海：《英国竞争法研究》，法律出版社 2008 年版，第 243～244 页。

争的法律》第十三条第三款的规定，对企业的最高罚款金额为该企业上一会计年度在法国境内未税营业额的5%，① 其地理范围仅限于法国境内。我国《反垄断法》在这方面仅笼统地规定经营者"上一年度销售额"，未明确计算销售额的地理范围。

所谓固定比例模式，是指反垄断立法针对各种垄断行为规定了具体的以比例形式体现的罚款数额。这种模式目前仅见于日本《禁止垄断法》。根据该法之规定，反垄断法罚款的征收是根据不同的产业领域及经营者规模对垄断行为设定固定的、同一的比率。只要经营者存在违法行为，公正交易委员会即要征收固定比率的罚款，执法机关无自由裁量权。具体而言，除零售业和批发业以外行业的大企业的课征金征收比例是该企业销售额的10%，中小企业的课征金征收比例是4%；零售业中大企业的课征金征收比例是3%，中小企业是1.2%；批发业中的大企业的课征金征收比例是2%，中小企业是1%。②

以上两种模式各有其优点和不足。第一种模式实际上只提供了一个数额空间，具体罚款数额授权给执法机关自由裁量，这样更能体现具体案件具体分析，实现公正性，更能发挥罚款制裁的效用，但是，这种模式也存在弊端，有可能因为执法机关及人员的差异性而导致法律适用上的不统一，同时也会带来行政执法成本增加、执法人员滥用自由裁量权等问题。第二种模式（日本模式）采取固定的比率来确定罚款数额，更具有确定性，能较好地保障执法的统一性，增加企业对行为的可预测性，这些都是其优点。但它也存在一定的不足：法律过于刚性，不能照顾到各种具体情形，不利于执法机关通过灵活运用罚款制裁来实现反垄断执法目标。不过，日本由于区分了不同产业领域、不同经济力的企业分别规定固定比率的课征金，体现了一定的灵活性，较好地克服了法律过于刚性的缺陷，

① 参见秦磊：《论日本反垄断法中的课征金制度及其对我国的启示》，华东政法大学2008年硕士论文，第17页。

② 参见［日］金井贵嗣、川滨升、泉水文雄：《独占禁止法》，弘文堂2006年版，第444页。

因此，"从法的可操作性、效率性及公正性的综合价值考虑，日本的固定罚款比率制度更具一定的合理性"。①

（二）确定反垄断法罚款数额的具体方法：以英国为例

在具体确定反垄断法罚款数额时，前述第二种立法模式（日本模式）的运用比较简单，因为此种模式已经规定了不同情形下罚款的具体比例，执法机关只要对号入座予以适用就行。相对而言，第一种立法模式的适用较为复杂，涉及执法机关的自由裁量权的运用。在这种模式下，以百分比形式作出最高额限制的罚款制度的实施尤为复杂，在具体案件中确定罚款数额的时候，考虑的因素尤其多。下面我们以英国竞争法的相关实践为例来讨论如何确定反垄断法罚款数额。

英国 1998 年《竞争法》第 36 条原则性地规定了公平贸易总局长可以使用罚款制裁手段，其后，为明确使用罚款制裁的具体规则，英国公平贸易局于 2012 年发布了《关于确定适当罚款数额的指南》②（以下简称《英国竞争法罚款指南》），相当详细地规定了该局适用罚款制裁的步骤和方法，而且，其中的步骤和方法与欧盟基本一致，因此，对采用最高额限制下的反垄断法罚款制度的国家（地区）具有较大的借鉴作用。

根据《英国竞争法罚款指南》2.1 节的规定，英国竞争执法机构一般通过以下六个步骤计算罚款数额：（1）根据违法行为的严重程度和经营者的相关营业额确定罚款基数；（2）根据违法的行为的持

---

① 参见王玉辉：《垄断协议规制制度》，法律出版社 2010 年版，第 247 页。

② 该指南的英文名称为：OFT's guidance as to the appropriate amount of a penalty。由公平贸易局（Office of Fair Trading）在 2012 年 9 月发布。2014 年 4 月 1 日，英国组建了新的反垄断执法机构——竞争与市场总局（Competition and Market Authority）。竞争与市场总局对公平贸易局制定的文件进行了统一梳理，认定本指南继续有效，未作修改。本章所引《关于确定适当罚款数额的指南》具体条文的中文版本，主要参考：韩伟主编：《美欧反垄断新规选编》，法律出版社 2016 年版。

续时间进行调整；（3）根据从重和从轻情节进行调整；（4）根据特别威慑目标和比例原则进行调整；（5）根据经营者全球营业额的10%这一最高罚款额为限，并防止双重处罚进行调整；（6）根据宽大政策和/或和解协议进行减免处理。这些步骤的具体操作要点详述如下。

1. 罚款基数的确定

英国在确定反垄断法罚款数值的时候，规定了最高限额，即不得超过企业营业额的10%，这个"10%"对应的基础数值是该企业在世界范围内的营业额。但是，依据此种方法计算出来的数值仅具有最高额限制作用，英国竞争执法机构并不是直接以违法企业在世界范围内的营业额为基数乘以一个适当的百分比来计算出具体罚款数额，而是引入了另一个概念——相关营业额。相关营业额是指经营者上一营业年度在受违法行为影响的相关产品市场和相关地域市场中的营业额，其中上一营业年度是指违法行为结束之日的上一个会计年度。① 以相关营业额为基础，乘以一个根据案件具体情形确定的百分比，就可计算出罚款基数。在计算罚款基数的时候，对应相关营业额的百分比可能超过10%，但在任何情况下，罚款基数都不能超过企业相关营业额的30%。② 可见，英国竞争执法机构在具体案件中计算罚款数额的时候，其计算基数与最高额限制数值的计算基数是不同的。

使用经营者的相关营业额而不是世界范围内的营业额来确定罚款基数，更具有合理性。因为这种方法引入了"相关市场"这个反垄断法的基础概念，便于执法机关考察每个具体案件影响的市场范围，与具体案件具有直接的对应性，由此计算出来的罚款基数更能体现经营者违法行为的危害范围和危害程度，更精确，更具有说服力。

在确定相关营业额的时候，英国竞争执法机构首先要确定具体案件的相关市场，在此基础上，基于经营者经审计的账目来确定相

---

① 英国公平贸易局：《关于确定适当罚款数额的指南》，第2.11节。
② 英国公平贸易局：《关于确定适当罚款数额的指南》，第2.11节。

关营业额。在特殊情况下，也可使用其他反映经营者在相关市场中实际规模的数据。①

在计算出相关营业额之后，接下来的任务就是确定应适用的百分比。为此，英国竞争执法机构主要通过评估违法行为的严重程度来加以确定。反垄断执法机构将对违法行为的严重程度进行评估。评估时，反垄断执法机构将考虑一系列因素，包括产品特性、市场结构、涉案经营者的市场份额、进入条件、对竞争对手和第三方的影响等。评估时，反垄断执法机构也有必要考虑对其他欲在将来实施特定违法行为的经营者的威慑作用。同时还要重点考虑违法行为给消费者造成的直接和间接损害。对于所有类型的违法行为，反垄断执法机构都将基于个案的所有具体情况进行评估。② 总的原则是，违法行为越严重且影响范围越广，计算罚款基数的百分比可能就越大。固定价格、分割市场及其他卡特尔行为以及凭借市场支配地位已经或可能已经对竞争产生严重影响的行为，如掠夺性定价，是最为严重的违法行为，对于这些严重违法行为，反垄断执法机构将按照较高的比例来确定罚款基数。为了充分反映特定违法行为的严重程度，且对违法经营者和其他欲在将来实施特定违法行为的经营者形成威慑，最高百分比可达30%。③

2. 根据违法行为的持续时间予以调整

英国竞争执法机构可以根据违法行为的持续时间，对按照前一步骤确定的罚款基数进行调整，既可以上调，也可以减少。若违法行为持续的时间超过一年，则用罚款基数乘以持续的年数。若违法行为持续的时间不足一年，反垄断执法机构将视为一个整年计算。特殊情况下，若违法行为持续的时间不足一年，罚款基数可能减少。若违法行为持续的时间超过一年，超过部分不足一年时，反垄断执法机构将以四分之一年为最小单位折算，特殊情况下，也可能

---

① 英国公平贸易局：《关于确定适当罚款数额的指南》，第2.8节。
② 英国公平贸易局：《关于确定适当罚款数额的指南》，第2.6节。
③ 英国公平贸易局：《关于确定适当罚款数额的指南》，第2.5节。

直接折算为一个整年。①

3. 考虑从重和从轻情节予以调整

英国竞争执法机关可以根据具体案件及违法经营者是否存在从重和从轻情节来对前两步所确定的罚款数额予以进一步调整，存在从重情节时，罚款数额可能增加，而存在从轻情节时，罚款数额可能减少。从重情节包括：（1）没有合理理由，持续且反复地阻碍执法工作的；（2）在违法行为中起牵头或者教唆作用的；（3）主管或高级管理人员参与违法的；（4）为维持违法行为，对其他经营者采取报复和其他胁迫措施的；（5）竞争执法机构介入调查后仍然继续实施违法行为的；（6）同一经营者或者同一集团内的经营者反复实施违法行为的；（7）故意而非过失地实施违法行为的；（8）对寻求宽大处理的经营者采取报复措施或进行商业报复的。从轻情节主要包括：（1）经营者是在他人的严重胁迫或压迫之下实施违法行为的；（2）经营者确实不确定其协议或行为是否构成违法的；（3）经营者已经采取充分的措施来确保其行为符合《欧盟运行条约》第101和102条及英国1998年《竞争法》第一章和第二章的禁止规定的；（4）反垄断执法机构介入调查后立即终止违法行为的；（5）与反垄断执法机构合作，使相关调查更有效、更快速完成的。②

4. 根据特别威慑目标和比例原则进行调整

在英国竞争执法机构看来，竞争法上的罚款制裁的基本目的是威慑，即通过罚款阻止现有违法者再从事违法的垄断行为，或者阻止潜在的违法者从事违法行为。此种威慑目的必然会成为影响罚款数额的重要因素。英国竞争执法机构在考虑经营者的特定规模、财务状况以及任何其他与案件相关的情形的基础上，若认为根据前三步确定的罚款数额不足以对欲在将来实施违法行为的经营者形成威慑，那么就可以上调罚款数额。通常，只有当经营者在相关市场外已经有较大比例的营业额，或者竞争执法机构已经有证据证明经营

---

① 英国公平贸易局：《关于确定适当罚款数额的指南》，第 2.12 节。

② 英国公平贸易局：《关于确定适当罚款数额的指南》，第 2.13~2.15 节。

者从违法行为中获得的经济收益已经或有可能超过依照前三个步骤确定的罚款数额时，竞争执法机构才会考虑进一步提高罚款数额。如果经营者在其他产品或地域市场获得的收益与本案有关，那么反垄断执法机构将把该收益与经营者在本案中的相关市场中获得的收益一起纳入考虑范畴。① 此外，在一些特殊情况中，经营者的相关营业额非常低或者为零，从而导致依照前三个步骤计算的罚款过低或者为零。在这种情况下，为了实现一般和特别威慑目的，反垄断执法机构将进行更多显著的调整。如果相关营业额没有准确反映经营者在违法行为中的作用或者可能对竞争产生的危害，反垄断执法机构也将进行更多显著的调整。②

在法治国家，行政制裁符合比例原则是一项基本要求。英国竞争法也根据比例原则来处理罚款制裁。在评估罚款是否符合比例原则时，反垄断执法机构将考虑经营者的规模、财务状况、违法行为的性质、经营者在违法行为中的角色以及违法行为对竞争造成的影响。③

5. 根据最高罚款限额等进行调整

英国 1998 年《竞争法》第 36 条规定的全球营业额的 10% 的最高罚款限额具有刚性和强制意义，竞争执法机构在适用罚款制裁的时候必须遵循。因此，《英国竞争法罚款指南》明确规定，"在任何情况下，根据前述步骤计算出的罚款数额都不能超过经营者上一营业年度全球营业额的 10%"。④ 当根据前述步骤计算出来的罚款数额超过了这个数值时，竞争执法机构就必须予以下调，以避免违反关于罚款的最高额限制。此外，英国竞争执法机构在适用罚款制裁时，还必须考虑经营者重复受罚的问题。在英国没有退出欧盟之前，经营者重复受罚的可能性主要来自于如下情形：欧盟委员会或者另一成员国的法院或其他机构已经对某一协议或行为施以罚款，

① 英国公平贸易局：《关于确定适当罚款数额的指南》，第 2.17 节。
② 英国公平贸易局：《关于确定适当罚款数额的指南》，第 2.18 节。
③ 英国公平贸易局：《关于确定适当罚款数额的指南》，第 2.20 节。
④ 英国公平贸易局：《关于确定适当罚款数额的指南》，第 2.21 节。

英国竞争执法机构再对相关经营者基于同种违法行为处以罚款制裁。因此，为避免使经营者遭受重复罚款，英国竞争执法机构在确定经营者的罚款数额时必须将其他执法机构已经施以的罚款纳入考虑范围。英国竞争法并没有明文规定上述经营者在英国及欧盟或欧盟其他成员国因同种违法行为所受罚款总额不能超过该经营者在世界范围内营业额的 10%，但是，当经营者已经在欧盟或其他成员国遭受反垄断法罚款时，英国竞争执法机构就必须考虑这个因素，以免对经营者处以过高的罚款。过高的罚款既有可能造成威慑过度，也有可能违反比例原则。当然，英国"脱欧"之后，经营者重复受罚的可能性将不复存在，这个问题将不再成为英国竞争执法机构在确定罚款时的考虑因素。

6. 根据宽免政策等进行减免处理

英国 1998 年《竞争法》规定了宽免政策，公平贸易局也发布了《关于在卡特尔案件中进行宽大和不起诉处理的指南》。据此，竞争执法机构在确定罚款数额的时候，须考虑是否对经营者给予宽免待遇。如果经营者与竞争执法机构达成宽大处理的协议，且经营者也满足该协议的条件，那么竞争执法机构将对经营者的罚款进行减免。此外，如果经营者同意和竞争执法机构达成和解，并且承认其参与实施了违法行为，那么竞争执法机构也将会对其罚款进行减免。①

四、反垄断法罚款中的故意过失问题

(一)"故意过失"与反垄断法罚款之关联：两种不同的立法例

考察各国(地区)的反垄断法，在处理罚款与行为人的主观心理状态的关系时呈现出两种不同的立法例。

第一种立法例是将经营者存在故意或过失作为适用反垄断法罚

---

① 英国公平贸易局：《关于确定适当罚款数额的指南》，第 2.25 ~ 2.26 节。

款的构成要件。在英国，1998 年《竞争法》第 36 条第 3 款强调，公平贸易局将对故意或过失地违反竞争法的企业处以罚款。这就是说，企业主观上的故意或过失是公平贸易局处以罚款的前提条件。① 在欧盟，根据《第 1/2003 号条例》第 23 条第 1 款和第 2 款都强调，委员会适用罚款的前提是"企业及企业协会故意或过失地从事"垄断协议行为或滥用市场支配地位行为。在德国，根据《反限制竞争法》第八十一条的规定，罚款适用于故意或过失的行政违法行为。在新加坡，根据该国 2004 年《竞争法》的规定，竞争委员会只可对认定为故意或过失的违反行为处以罚款。② 在印度，根据该国 2007 年《竞争法》的规定，企业主观上的故意或过失是竞争委员会处以罚款的前提条件。③ 在捷克，根据该国《保护竞争法及其修正条款》第二十二条的规定，企业故意或过失地违反该法的禁止性规定，是对企业处以罚款的基本条件。在上述立法例中，经营者对其违法行为存在故意或过失等主观心理状态对于反垄断法罚款具有决定性意义。这些国家(地区)的反垄断执法机构要对经营者处以罚款，必须考虑经营者是否存在故意或过失等主观情形。

如何判断经营者在从事垄断行为中存在故意或过失？英国公平贸易局的做法是：根据企业提供的信息或其自主调查的证据，认定企业是否故意或过失从事违法行为。具体而言，可以认定企业故意违反竞争法的情形有：(1)企业的垄断协议或滥用市场支配地位的行为本身就具有限制竞争的目的；(2)企业意识到其行为将会，或可能会限制竞争，但依然希望实施该行为；(3)企业已经意识到其行为具有限制竞争的目的，即使其不清楚具体违反了哪项禁止性规定。企业蓄意隐藏其参与的垄断协议或故意掩盖其从事的滥用行为，也将被视为具有违法的故意。对于过失的认定，英国采取了相

① 参见李国海：《英国竞争法研究》，法律出版社 2008 年版，第 242 页。

② 参见潘诠：《新加坡竞争法研究》，中南大学 2006 年硕士学位论文，第 29 页。

③ 参见侯艳：《印度竞争法研究》，中南大学 2009 年硕士学位论文，第 30 页。

对较为简单的方法，把经营者知道或应当知道其行为会违反 1998 年《竞争法》第一章禁止或第二章禁止，仍然从事该种垄断行为，看作是主观上的过失。此外，如果一个企业因受胁迫而从事了违法行为，可能会被认定为过失地违反竞争法，可被减轻处罚。① 欧盟（欧共体）在实践中对于认定故意或过失采取了另一种方法，即欧盟委员会一旦认定经营者的垄断协议行为或滥用市场支配地位的行为构成违法，则推定该等经营者具有主观上的故意或过失，但允许经营者通过举证证明其没有故意或过失来抗辩这种推定。欧盟（欧共体）委员会和欧盟（欧共体）法院在某些案例中列明了不能用于此种抗辩的事由。例如，违法者对法律的无知或者说没有认识到其行为的违法性不能当作不存在故意或过失的抗辩。也就是说，一个企业即使不知道自己从事的经济活动是违法活动，这个过失也不能成为免除其责任的理由。欧共体法院在 1983 年 IAZ 一案中的判决中指出，"根据该协议的条款、该协议在法律上和经济上的联系以及当事人的行为，协议当事人都知道订立协议是为了限制平行进口，而且这个限制会影响成员国之间的贸易，因为这个协议即便不能完全阻止平行进口，事实上也会增加进口的难度。因为这个协议的当事人是在知情的条件下订立的，当事人的行为就是故意的，不管他们是否知道这种行为违法反了欧共体条约的第 81 条第 1 款"。②

第二种立法例是不将故意或过失列为反垄断法罚款的构成要件。巴西《反垄断法》③第五编第二章明确规定，"不管是否故意"，以任何方式进行的任何意欲或可能产生限制竞争效果的行为，即使此种效果并未出现，应被视为反垄断法上的违法行为。日本《禁止垄断法》第 7 条之二关于课征金的规定表明，日本反垄断法对于课征金之征收，并不以经营者具有故意或过失等主观因素为前提条

① 参见李国海：《英国竞争法研究》，法律出版社 2008 年版，第 243 页。

② (1983)ECR 3369, at point 45.

③ 时建中主编：《三十一国竞争法典》，中国政法大学出版社 2009 年版，第 274~289 页。

件，基本上，违法行为本身之存在就足以符合征收课征金的条件。依韩国《规制垄断与公平交易法》①第 6 条及第 22 条的规定，公平交易委员会对滥用市场支配地位行为及不正当的协同行为征收课征金也不以经营者存在故意或过失为前提条件。我国《反垄断法》第 46 条、第 47 条和第 48 条关于行政罚款的适用条件的规定分别为："经营者违反本法规定，达成并实施垄断协议"或"尚未实施所达成的垄断协议"；"行业协会违反本法规定，组织本行业的经营者达成垄断协议"；"经营者违反本法规定，滥用市场支配地位"；"经营者违反本法规定实施集中"。很显然，我国《反垄断法》也未将故意或过失列为适用行政罚款的构成要件，只要存在违法的垄断行为，便可对行为主体处以行政罚款。从反垄断立法实践看，此种立场被世界上大多数国家(地区)的反垄断法所认同和接受。②

(二)故意或过失不宜成为反垄断法罚款的适用条件

世界上大多数国家的反垄断法不将故意或过失列为反垄断法罚款的适用条件，这不仅仅是呈现出了多数国家反垄断法的一种事实性选择，而且也给出了某种规律性的启示：反垄断法罚款不宜将故意或过失列入其适用条件。

在行政法领域，关于行政处罚与故意过失的关系，是个有较大争议的论题。有的学者强调，行政违法行为之构成要件之中必须包括行为人的过错。如有学者认为，行为人在主观上有过错，是构成

---

① 时建中主编：《三十一国竞争法典》，中国政法大学出版社 2009 年版，第 191~229 页。

② 经对时建中主编的《三十一国竞争法典》所收集的反垄断法立法条文进行统计，我们发现：将故意或过失列为反垄断法罚款适用条件的只有德国、英国、印度、捷克 4 个国家，土耳其《保护竞争法》仅模糊地规定竞争委员会对企业施加罚款时，应考虑是否存在故意、过错程度等因素。其余 26 个国家都未将故意或过失列为反垄断法罚款的适用条件。参见时建中主编：《三十一国竞争法典》，中国政法大学出版社 2009 年版。

行政违法行为的要件之一，① 还有学者更直接地说，行政违法行为是有主观过错的行为。② 此类观点实际上表明了过错是适用行政处罚的前提的立场，因为行政处罚是对行政违法行为的制裁。然而，在行政处罚与行为人过错之关系方面，学术界及实务界的观点远没有达成统一，至少存在三种观点，除了上述过错归责原则说外，还有两种不同的主张：一种是无过错归责原则说，持这种观点的学者认为，行为人只要实施了符合法律规定的客观行为，即使主观上没有过错，行政机关也应给予行政处罚。只要行为人实施了法律规定的违法行为，即表明其具有主观恶性，应当给予行政处罚。另一种是"以过错归责原则为主，无过错归责原则为辅"的观点，持这种观点的学者认为，行政处罚责任一般以主观过错为要件，基于特殊考虑，某些领域即使行为人主观上无过错，亦须承担行政违法责任。③ 上述争鸣的存在，至少表明在适用行政处罚的时候，难以像对待刑事责任和民事责任那样，明确地将行为人的过错作为承担责任的前提要件。有论者指出，在刑事责任和民事责任的构成理论中，都强调行为人的主观状态，这是因为刑事责任和民事责任都是对行为人不法意志选择的否定，具有道德上的非难性，将违法者的主观状态（罪过或者过错）作为责任构成的要件，体现了刑事责任和民事责任强调对违法者不法意志的惩罚。行政处罚则与此不同，其目的在于维护行政管理秩序，实现行政管理的目的。违反行政法义务的道德非难性并不高，对违法者实施行政处罚的目的在于恢复已被破坏的行政管理秩序，而不注重对违法者主观意志的谴责。④

　　从反垄断法的特性看，尤其不宜将行为人的主观过错列为垄断违法行为的构成要件。一方面，限制竞争行为的道德非难性较不明

---

　　① 黄建刚，孔志洁：《行政违法行为构成要件实务研究》，载《中国工商管理研究》2015 年第 2 期。

　　② 姜明安：《行政违法行为与行政处罚》，载《中国法学》1992 年第 6 期。

　　③ 杨思牧：《浅析行政处罚中的主观因素》，载《中国工商报》2014 年 7 月 26 日，第 3 版。

　　④ 楼文青：《处罚的一般要件　主观过错并非行政》，载《民主与法制》2001 年 5 月 22 日第 11 版。

确，行为人在从事某种限制竞争行为的时候，其主观恶性难以认定，并不能完全排除某些经营者在不具备不法意志的情况下实施了垄断违法行为；另一方面，反垄断法具有很强的模糊性，或曰不确定性，很多行为须适用合理原则来判断其违法与否，合法与违法之间的边界颇不明确，某种竞争行为是否构成违法需要执法者或司法者考虑多种因素加以判断，一般的经营者并不能够自主地对某种行为是否构成垄断违法行为作出判断，行为的违法性尚不易确定，何论不法意志和主观恶性之存在和认定？

另外，为保证反垄断法的实施效率，也不宜将主观过错列入垄断违法行为的构成要件，或将故意或过失作为适用反垄断法罚款的前提条件。反垄断法的实施要充分体现效率，反垄断法罚款的适用也要讲求效率，如果将故意或过失作为反垄断法罚款的适用条件，势必要求反垄断法执法机构在实施罚款处罚时证明行为人主观上有故意或者过失，这是不符合反垄断法执法效率要求的，因为，基于反垄断法的特性，对于反垄断法执法机构而言，这种证明责任是难以完成的。

实际上，考虑到执法机构难以承担对于故意或过失的证明责任，英国及欧盟等将故意或过失列为反垄断法罚款构成要件的国家（地区）在执法实践中也采取了变通办法，即执法机构在适用反垄断法罚款的时候无须证明故意或过失的存在，而是先推定所有的垄断违法行为都具有故意或过失的因素，如果被处罚人能够举证证明其不具有故意或过失，则可以不适用罚款制裁。从实践情形看，被处罚者也很难证明自己不具有故意或过失，在为数不多的相关案例中，被处罚人一般都是通过主张自己不知道该行为是违法行为来证明其不具有故意或过失。而英国及欧盟均不认可此种抗辩。英国公平贸易局的指南特别指出，故意或过失的判断只与事实问题有关，与法律本身无关。不了解或误解法律，如不知道其行为违反法律，不能作为否认故意的理由。① 根据欧共体法院在 Michelin 案中的判

----

① 英国公平贸易局：《关于竞争法实施的指南》（OFT 407, 2004），第4.7 节。

决，即使某行为以前从未被认定违法，企业也不能以此为由表明其没有故意或过失，也就不能因此而免除违法责任。① 因此，在英国及欧盟这些国家或地区中，反垄断法罚款以故意或过失为前提条件实际上并不具有多大的实际意义。当然，也不是完全没有意义，在少数案例中，对法律或事实的无知或错误有时成为了欧共体委员会减轻罚款的原因。② 同时，对于存在显著的故意的违法行为人，反垄断执法机构可以对其加重罚款。在某些案例中，欧共体委员会把故意作为加重处罚的因素，导致比在过失案件中更多的罚款。在欧共体委员会看来，这与最优威慑原则是一致的，因为那些故意违法者通常具有更多的掩藏踪迹的机会，因而被发现的几率就会低一些，如此则需要加重处罚以产生威慑作用。③

综上，我们有理由得出如下结论：反垄断法罚款之适用不应以故意或过失为前提，而是应以违法行为之存在作为适用反垄断法罚款的根本条件，只要存在违法行为，反垄断执法机构即可依法对违法行为人处以罚款制裁。

五、我国反垄断法罚款之适用：现状考察与改进建议

（一）执法案例呈现出的反垄断法罚款规则

1. 发改委系统适用反垄断法罚款的基本考察

国家发改委网站公布了 2013 年至 2017 年的部分反垄断执法案件，其中涉及罚款处罚的有 10 个案件，共有 68 个经营者及一个行

---

① 参见王晓晔著：《欧共体竞争法》，中国法制出版社 2001 年版，第418 页。

② 参见王晓晔：《欧共体竞争法》，中国法制出版社 2001 年版，第 419页。

③ Wouter P. J. Wils, "E. C. Competition Fines: To Deter or Not to Deter", inYearbook of European Law (15), 1995, Oxford, Clarendon Press, 1996, p. 39.

业协会被处以罚款制裁，每一个经营者(行业协会)对应一份处罚决定书。对这些处罚决定书进行考察，我们可以大致梳理出发改委系统适用反垄断法罚款的基本逻辑。

(1)关于罚款比例。发改委系统适用的反垄断法罚款比例，情形较不一致，涵盖了1%、2%、2.5%、3%、4%、5%、6%、7%、8%、9%等10种比例，其中以低数值(不超过5%)的比例居多。

(2)关于计算基数。这些案件中，关于反垄断法罚款计算基数的表述，共有三种情形：上一年度相关市场销售额，如在PVC价格固定垄断协议案中，关于计算基数的表述是"2016年度相关市场销售额"；上一年度涉案产品(服务)销售额，如在艾司唑仑原料药联合抵制交易及价格固定垄断协议案中，关于计算基数的表述是"2015年度艾司唑仑片剂销售额"；与中国市场相关的产品(服务)销售额，如在外国货运企业滚装货物价格固定及分割销售区域垄断协议案中，关于计算基数的表述是"2014年度与中国市场相关的滚装货物国际海运服务销售额"；在中国境内的销售额，如在高通公司滥用市场支配地位案中，关于计算基数的表述是"2013年度在中华人民共和国境内的销售额"。

(3)关于计算反垄断法罚款时所考虑的正面因素。在这些案例中，有些情节被视为正面因素，可以导致反垄断法罚款处罚被减轻。这些因素包括：主动报告达成垄断协议有关情况并提供重要证据；积极配合调查机关执法；停止违法行为或积极(主动)进行整改；在执法机关调查时如实陈述相关事实；等等。

(4)关于计算反垄断法罚款时所考虑的负面因素。在这些处罚决定书中也提到一些负面因素，导致了罚款比例的提高或从高决定罚款比例。负面因素包括：在垄断协议违法行为中起到组织、主导作用，如在艾司唑仑原料药联合抵制交易及价格固定垄断协议案中，华中药业股份有限公司被认定为"在垄断协议的达成、实施过程中起到组织、主导作用"，从而在该案件中被处以7%的最高比例罚款；不配合调查，如在别嘌醇片价格固定及分割销售区域垄断协议案中，重庆青阳药业有限公司除了被认定为"在垄断协议达成实施过程中处于主导地位"，还被认定为"在调查初期否认相关事实，调查过程中不能积极配合"，从而被加重处罚，被处以 8% 的罚款，在该案件中属于最高比例，其他被处罚者的罚款比例只有 5%。

2. 工商行政管理系统适用反垄断法罚款的基本考察

在原国家工商行政管理总局反垄断与反不正当竞争执法局官网上公布了工商行政管理系统查处的垄断案件，案件查处时间跨度为 2010 年至 2018 年 5 月初。该网站采取一个执法公告对应一个案件的发布方式，一个执法公告包括一个或多个处罚决定书，每一份处罚决定书对应一个被处罚经营者(个别处罚决定书包含有多个被处罚者)或行业协会。该网站共公布了 68 份竞争执法公告，对应 68 个反垄断案件，共有 13 个行业协会及 180 多个经营者被处以罚款。相比于国家发改委网站公布的反垄断案件情况，原国家工商行政管理总局反垄断与反不正当竞争执法局网站包含的信息更为全面。根据这些处罚决定书显示的信息，我们也可以归纳出工商行政管理系统在适用反垄断法罚款方面的基本操作框架。

(1)关于罚款比例。除了少数处罚决定书没有直接表明罚款比例外，上述案例中的绝大多数都给出了罚款比例。具体比例数值涵盖了 1%、2%、3%、4%、5%、6%、7%、8% 等 8 类，其中低于 5% 的案例占多数。

(2)关于计算基数。上述案件中，关于反垄断法罚款计算基数的表述，共有以下三种情形：相关市场销售额，如江苏省工商行政管理局 2010 年查处的混凝土企业分割销售市场垄断协议案，关于计算基数的表述为"2008 年度相关市场销售额"；单一产品(服务)的销售额，如湖南省工商行政管理局 2013 年查处的永州市保险企业分割销售市场垄断协议案，相关表述为"2011 年度新车保险销售额"；行政地域范围内销售额，如湖南省工商行政管理局 2017 年查处的长沙市增值税发票系统销售和技术服务企业分割销售市场垄断协议案，相关表述为"长沙市范围内 2016 年度销售收入"。

(3)关于计算反垄断法罚款时所考虑的正面因素。在上述案例中，有些情节被视为正面因素，可以导致反垄断法罚款处罚被减轻。这些因素包括：主动报告达成垄断协议有关情况并提供重要证据；积极配合调查；如实提供证据；主动消除危害后果，或防止违法行为危害后果的继续扩大和加深；主动停止或及时中止违法行为；对违法行为进行了整改；无违法所得；违法行为持续时间不长；等等。

（4）关于计算反垄断法罚款时所考虑的负面因素。在工商行政管理系统的处罚决定书中也提到一些负面因素，导致了罚款比例的提高或从高决定罚款比例。负面因素包括：在组织达成、并组织执行垄断协议中起到了主导作用；时间久、数量大、价格高、违法所得较大；严重侵害消费者合法权益；等等。

（二）我国反垄断执法机构适用罚款制裁的缺失

应当承认，我国反垄断执法机构在《反垄断法》关于罚款制裁的规定较为原则的条件下，经过实践摸索，已经初步建立起了一套关于罚款制裁的适用规则。但是，我们也应看到，执法机构适用反垄断法罚款制裁还存在一些缺失。

第一，规则尚不够统一。一方面是价格监管部门和工商行政管理部门在实践中使用的罚款规则不一致，关于罚款比例和计算基数的确定，关于正面因素和负面因素的考虑都有较大的区别。另一方面，即使是同一执法部门，不同的执法机构所采用的罚款规则也不尽相同。

第二，规则不够明确，执法机构的自由裁量权过大。无论是价格监管部门还是工商行政管理部门通过实际案例呈现出来的反垄断法罚款规则都较为粗疏，不够明确具体。例如，执法机构究竟是如何决定具体案件中的罚款比例的？执法机构是如何考虑正面因素和负面因素的？这些核心问题都缺乏明确具体的呈现。规则不明确，执法机构的自由裁量权过大，就不能给经营者提供可靠的预期和判断，也降低了反垄断法罚款的威慑力。

第三，罚款的计算没有与相关市场建立直接的关联。相关市场是反垄断法的核心概念，它具体划定垄断行为所影响的市场范围。反垄断法罚款理应与相关市场建立起直接关联，就如欧盟和英国竞争执法机构所使用的反垄断法罚款指南所规定的那样。从上述提到的处罚决定书可以看出，我国反垄断执法机构在计算罚款数额的时候，基本上回避了界定相关市场这个环节，简单地以经营者的销售额作为计算基数，这是不够严谨的。

(三)关于完善我国反垄断法罚款制度的建议

我国在 2018 年展开了新一轮的政府机构改革，其中引人注目的改革之一就是合并了竞争执法职能，组建了国家市场监督管理总局，将国家发展和改革委员会和商务部行使的反垄断执法职能，以及原国家工商行政管理总局行使的反垄断执法职能全部交由国家市场监督管理总局行使。这为完善我国反垄断法罚款制裁的适用规则提供了良好条件。很显然，今后我国反垄断法罚款制裁将由国家市场监督管理总局统一适用，原先存在的反垄断法罚款制裁适用规则不统一的问题将不复存在。

尽管如此，我们仍然要思考如何进一步完善反垄断法罚款制裁的适用规则。我们建议尽快出台《反垄断法罚款指南》，将相关规则明确化具体化。2016 年年中，国家发展和改革委员会官网已经公布国务院反垄断委员会《关于认定经营者垄断行为违法所得和确定罚款的指南》(以下简称《罚款指南》)(征求意见稿)，向社会公众公开征求意见。时至今日，正式文件还未出台。为了建立统一明确的反垄断法罚款适用规则，有必要由国家市场监督管理总局接手《指南》的起草和修订工作，尽早发布，尽早实施。

从已经发布的《罚款指南》(征求意见稿)看，适用反垄断法罚款的规则已经达到了较高程度的明确化和透明化。但也还存在一些需要进一步完善之处，核心问题包括以下两个方面：

第一，应当以相关市场的界定作为计算反垄断法罚款数额的前提。《罚款指南》(征求意见稿)规定，在一般情况下，反垄断执法机构以经营者在实施垄断行为的地域范围内涉案商品的销售收入作为计算罚款所依据的销售额。这实际上是将销售额限定在相关市场范围内，这是正确的。但《罚款指南》(征求意见稿)同时规定了几种脱离相关市场计算销售额的例外情形：一是"如果这个地域范围大于中国境内市场，一般以境内相关商品的销售收入作为确定罚款所依据的销售额"，这实际上是在相关市场基础上进行窄缩；二是"特定情形下，如果根据前款确定的销售额难以反映经营者实施垄断行为对市场竞争和消费者权益的损害程度，据此确定罚款难以体现过罚相当原则和反垄断执法的威慑力，反垄断执法机构可以选择不超过经营者全部销售收入作为计算罚款所依据的销售额"。这实际上是从扩大的方向上背离了相关市场的约束。以上两种变通都是跳脱开相关市场来计算销售额，并不合理。

第二，《罚款指南》(征求意见稿)确定初始罚款比例的方法不合理。对于垄断协议，《罚款指南》(征求意见稿)直接根据垄断协议的类型来确定罚款初始比例，对于经营者实施《反垄断法》第13条(一)、(二)、(三)项所禁止的垄断协议，反垄断执法机构确定初始罚款比例为3%；对于经营者实施《反垄断法》第13条(四)、(五)、(六)项所禁止的垄断协议，反垄断执法机构确定初始罚款比例为2%；对于经营者实施《反垄断法》第14条所禁止的垄断协议，初始罚款比例为1%。对于滥用市场支配地位行为，《罚款指南》(征求意见稿)却根据市场支配地位的取得途径来确定初始罚款比例：对于依照有关法律、行政法规取得的市场支配地位，如果经营者滥用这种市场支配地位，实施排除、限制竞争的行为，反垄断执法机构对由此产生的滥用行为确定初始罚款比例为3%；对于滥用通过市场竞争取得市场支配地位的经营者，反垄断执法机构确定初始罚款比例为2%。上述规定与《反垄断法》的相关规定不符，过于主观，过于简单化，不尽合理。我们建议在认定垄断行为的危害性的时候，综合考虑以下因素：垄断行为的类型，恶性违法行为一般更具有危害性；垄断行为的危害地域范围；销售额及违法所得额；行为人是否采取胁迫等手段维持、巩固违法行为；等等。

专题四
论反垄断法中的拆分企业制裁

一、拆分企业的含义与性质

(一)拆分企业的含义

拆分企业,是指当市场上存在具有垄断地位的企业,限制或可能限制市场竞争时,或者当违法实施的企业合并(经营者集中)有可能导致限制竞争的后果时,反垄断法执行机构为了恢复市场的正常竞争状态,要求相关企业拆分为两家以上的企业或者出让一定营业资产的一种制裁手段。拆分企业有狭义和广义之分,狭义的拆分企业仅仅指垄断企业组织形态上的分立,即由一家企业分立为两家或两家以上的企业,分立后形成的各家企业都具有独立的法人地位,互不隶属,这种情况不包括解散企业联合组织。① 广义的拆分企业,除了狭义的内容以外,还包括企业出让一定的营业资产,例如生产线以及知识产权等,以降低该垄断企业的生产能力,迫使该企业丧失垄断地位。

各国对拆分企业使用不同的称呼。美国偏好使用"剥离"(divestiture)这个词,日本则在《禁止垄断法》中使用了两个相关的

---

① 在日本反垄断法中,有一种特别的刑事制裁,那就是宣布解散事业者团体。日本学者认为,这是附加刑的一种,虽然也是产生解散的结果,但是与行政性的解散命令的性质不同。这里的解散事业者团体与拆分单一企业不同,所以没有包含在拆分企业的范围之内。

用语："对垄断状态的措施"、"转让部分营业"，韩国《限制垄断和公平交易法》使用的用语是"让渡部分业务"，德国《反对限制竞争法》使用的用语是"解散合并"。本专题使用"拆分企业"的措辞，是基于下列两点理由：（1）这种制裁手段是针对企业的；（2）这种制裁手段不仅包括企业组织形态的分立，也包括企业资产的剥离和分割，用"拆分企业"这个措辞能够在较宽的范围内吸纳各种具体举措。

在反垄断法领域，实际上存在两种性质的拆分企业，一种是具有强制性和惩罚性的拆分企业，另一种是具有任意性的拆分企业。后一种主要表现为资产剥离，通常是作为反垄断执法机构批准经营者集中的附加条件，由参与集中的经营者与反垄断执法机构协商确定。在经营者集中申报审查过程中，参与集中的经营者可以根据个案的具体情况和反垄断执法机关所关注的竞争问题在规定的时间内按照规定的形式提议相应的承诺，如剥离产生竞争问题的资产。对于当事人提出的剥离资产的方案，反垄断执法机关可以进行评估，可以向当事人提出相应的修改完善建议，当事人有权决定是否接受。只有在当事人自愿地与反垄断执法机关就剥离资产的方案达成一致后，剥离资产才变成当事人的强制性义务。[①] 由此可见，作为反垄断执法机关批准经营者集中附带性条件的剥离资产并不具有惩罚性质。但是，在经营者集中规制制度中也同样存在具有惩罚和制裁性质的拆分企业（剥离资产），它是针对违法实施的经营者集中的制裁措施，属于经营者集中的事后规制手段。本专题仅仅研究具有制裁性质的拆分企业，因此，不将上述作为经营者集中的附带性条件的资产剥离包括在内。

在国内学术界，有的学者使用了"企业拆分"这个词来替代"拆分企业"。[②] 不过，相比较而言，后者更为适当。因为，在反垄断

---

① 参见丁茂中：《经营者集中控制制度中的资产剥离问题研究》，上海社会科学院出版社 2013 年版，第 5 页。

② 李小明、吴倩：《论美国反托拉斯法之企业拆分制度》，载《湖南大学学报（社会科学版）》，第 26 卷第 1 期（2012 年）。

法上，拆分企业具有强制性和被动性，对于企业而言，并非自愿实施，"企业拆分"不能很好地表达出这层意思，而"拆分企业"则能体现其中的强制性与被动性。

(二)拆分企业的性质

拆分企业在国外被视为反垄断法中的一种救济措施，通过拆分企业，可以改变某一相关市场的结构，即将该相关市场从垄断性结构转化为竞争性结构，从而恢复市场的竞争状态。

同时，拆分企业也是反垄断法上的一种制裁手段，具有制裁性。企业在某个市场上具有垄断地位，意味着企业在该市场上享有控制地位或主导地位，能够在确定交易价格及其他交易条件等方面获得主导权，这能够给企业带来显著的利益回报，这对企业本身而言是很有利的，从一般规律而言，垄断性企业往往能够获得垄断利润。但是，拆分企业会使得原本具有垄断地位的企业失去垄断地位，而且，企业一旦被拆分就不可能再恢复成拆分前的状态。一个完整的具有高效率与高利润的垄断性企业被拆分后将变成几个竞争力相对下降的企业，这些企业相互之间会展开竞争，而且相对于原有的其他竞争性企业也不再享有主导地位，这将使被拆分企业不再享有主导性的定价权，也必然会降低相关企业的获利能力，对相关企业而言，会带来显著的不利后果。

同时，在拆分过程中，因机构、资产的重组，会使被拆分企业付出时间、金钱以及效率上的代价。例如，对违法实施的企业合并适用拆分企业制裁，会使得参与合并的企业承担巨大的成本损失。要实施一项合并，参与企业必得经历长期而复杂的谈判，必得为律师及会计师等中介服务支付费用。合并后的企业一旦被强制拆分，即意味着这些前期投入的费用都打了水漂。而且，为实施合并，企业往往要在参与者之间重新配置人力资源、商标、专利及生产场地等资源，等到合并完成后再被强制拆分，就意味着参与企业又得重新将资源配置回复到合并前的状态，这就又得花费成本，而且，在合并过程中，参与各方相互之间已经知晓各自的经营秘密，被强制拆分还会令参与企业承受泄露商业秘密的损失。在拆分后的各个企业恢复竞争关系后，它们还会因为掌握了参与合并的竞争对手的经营秘密而在后续的经营过程中展开更为激烈的、更有针对性的竞争。这对参与合并的企业而言，也是一种不利。从发达国家(地区)的案例看，强制特定的法律责任主体剥离指定的资产通常会实质性地减损其所拥有的市场势力，在有些情况下甚至会威胁到相关主体的存续问题。①

总之，对于被拆分企业而言，拆分企业不仅是一种惩罚，而且是最大的惩罚。② 因此，毫无疑问，拆分企业具有制裁性，是反垄断法中的一种制裁方式，而且是反垄断法所独有的一种制裁方式。尽管拆分企业的操作并非反垄断法所独有，例如美国 1935 年《公用事业控股公司法》也曾经有所规定，另外，企业也可以自愿自主地进行拆分。但是，作为一种制裁违法企业的手段，只存在于反垄断法领域。③

需要进一步明确的是，作为反垄断法制裁手段的拆分企业，究竟属于何种性质的制裁？对此，理论界存在不同的看法：有的人认为拆分企业属于反垄断法民事责任方式的一种，具有民事制裁性质；也有人主张它属于反垄断法行政制裁，还有人认为它具有刑事制裁属性。④ 我们认为，反垄断法中的拆分企业属于行政制裁的一种，具有行政制裁性质。拆分企业这种制裁手段在各国的适用机构不尽相同：在美国，它被法院适用；在日、德、韩等国，主要是反垄断法专门主管机关适用。拆分企业在被行政机关适用情况下，固

① 参见丁茂中：《经营者集中控制制度中的资产剥离问题研究》，上海社会科学院出版社 2013 年版，第 6 页。

② 李小明、吴倩：《论美国反托拉斯法之企业拆分制度》，载《湖南大学学报(社会科学版)》2012 年第 26 卷第 1 期。

③ 李国海：《论反垄断法的特有制裁手段：拆分企业》，载中国博士后科学基金会、中国社会科学院、中国社会科学院法学研究所主编：《法治与和谐社会建设》，社会科学文献出版社 2006 年版，第 451 页。

④ 李小明、吴倩：《论美国反托拉斯法之企业拆分制度》，载《湖南大学学报》(社会科学版)，2012 年第 26 卷第 1 期。

然属于行政制裁，即使在美国被法院适用的时候，也是属于行政制裁。① 美国相关法律规定，行政处罚决定既可由行政机构依职权作出，也可通过法院以判决的方式作出。② 例如，美国反垄断执法机构通过向联邦地区法院提起民事诉讼，由法院最后判决作出相应的民事罚款，其本质上就具有强制性、严厉性和惩罚性相当的行政罚款性质，属于行政罚款范畴。③ 不能因美国使用民事诉讼这种形式由法院来决定是否适用拆分企业，就断定美国反托拉斯法上的拆分企业具有民事责任性质，拆分企业这种责任方式具有很强的公共性，与民事责任的私益性具有本质的差异。另外，认为拆分企业属于刑事制裁方式的观点也有失偏颇。各国（地区）的刑事责任方式较为固定化，主要是人身罚和财产罚，迄今尚无将拆分企业视为刑事制裁的理论空间和实践范例。

二、域外适用反垄断法拆分企业制裁的实践考察

（一）美国反托拉斯法对拆分企业制裁的适用

反垄断法引入拆分企业制裁，是自美国开始的。而且，比较而言，这种制裁在美国反托拉斯实践中的运用频率远远超过其他国家（地区）。然而，在美国，各种反托拉斯立法文件都没有明确规定拆分企业这种制裁手段，拆分企业仅是法院在审理反托拉斯案件时使用的一种衡平救济手段。如美国《克莱顿法》第七 A 条第（g）款规定，"（法院）依据其自由裁量权，准许其他方式的衡平救济"。

在美国反托拉斯法中，拆分企业首先是作为一种结构规制方法存在。结构规制方法，或者直接称之为结构方法，乃是一种结构修

---

① 在美国行政法上，也存在由法院作出行政处罚的做法，例如，法院也可以作出罚款决定，这种罚款与作为刑事制裁的罚金不同，它属于行政制裁。

② 参见王名扬：《美国行政法》，中国法制出版社 1995 年版，第 34 页。

③ 李国海：《论反垄断法制裁手段及其范围》，载《中南大学学报（社会科学版）》2005 年第 2 期。

正方法，即"政府对行业结构强行实施的改变，目的在于使市场更具竞争性"。① 结构修正的最极端形式就是强制要求现存企业拆分。除此以外，拆分企业也用于对付违法的企业合并，即当一项没有经过反垄断执法机构批准的合并有可能严重地影响竞争时，反垄断执行机构可以使用拆分经合并形成的新企业的方式强制恢复竞争状态。②

从实际运作看，美国法院在众多案件中适用了拆分企业制裁，但在不同时期，适用频率有所不同。根据美国著名法学家波斯纳的统计，自从1890年以来，较有实质意义的适用拆分企业这种制裁手段的案件总共有44个，涉及全国性市场的案件也有23个。这当中，有17个属于早期的反托拉斯执法，从1940年以来的60年间，只有6个。③ 大致上，在《谢尔曼法》颁布后的最初40年间，拆分企业这种制裁方式的适用最为频繁。从1939年至今，美国判令剥离的案件有了显著的减少。④ 从拆分企业适用的案件类型看，在反托拉斯法实施的早期阶段，它主要作为结构性救济措施而频繁适用，但晚近以来，它主要作为规制经营者集中的责任方式而存在。⑤ 其中的背景是，自1970年代以来，美国对反垄断案件的审判进入了一个谨慎的时期，由结构主义规制转变为行为主义的规制方法，而且本身违法原则的适用受到严格限制，适用合理原则处理

---

① ［美］麦克尔 L. 卡茨、哈维 S. 罗森著：《微观经济学》，机械工业出版社1999年版，第471页。转引自：孔祥俊：《反垄断法原理》，中国法制出版社2001年版，第236页。

② Anne Marie G. Whittemore, "Compliance with Divestiture Orders under Section 7 of the Clayton Act: An Analysis of Relief Obtained", 17 Antitrust Bulletin (1972), 19. 转引自：丁国峰：《反垄断法律责任制度研究》，法律出版社2012年版，第175页。

③ 参见［美］理查德·A. 波斯纳：《反托拉斯法》（第二版），孙秋宁译，中国政法大学出版社2003年版，第128页。

④ 李小明、吴倩：《论美国反托拉斯法之企业拆分制度》，载《湖南大学学报（社会科学版）》，2012年第26卷第1期。

⑤ 丁国峰：《反垄断法律责任制度研究》，法律出版社2012年版，第176页。

反托拉斯案件成为主流。这说明在面对经济信息化、全球化的形势下，美国对大公司持有一种保护和包容的态度，以期本国公司在经济全球化的大背景下更好地参与全球竞争。

在美国法院适用拆分企业制裁的反托拉斯案件中，较为著名的案件包括：

（1）标准石油公司案。这是自美国反托拉斯法实行以来第一个被法院判令拆分的案件。标准石油公司是由约翰 . D. 洛克菲勒主导建立的石油提炼公司，通过并购等方式得以逐步壮大。到 1878 年，标准石油公司垄断了全美国 90% 的炼油业。有了市场支配地位后，该公司从事了多种限制竞争的行为，最终受到美国司法部指控。1911 年 5 月，美国最高法院作出一项具有划时代意义的判决：标准石油公司实施了垄断贸易的行为，将其拆分为 37 家公司。在这个案件中，法院强调了标准石油公司在竞争中所实施的破坏竞争的不良行为是使其被拆分的主要原因。

（2）美国烟草公司案。该案的判决也是 1911 年作出的。通过法院判决，一个控制着大部分烟草制品行业的公司被分拆成 3 个公司，其中最大的一家仍占有香烟市场的 37%。

（3）杜邦炸药垄断案。1912 年，法院的剥离判决成功地把该公司的市场份额从 64%~72% 减少到大约 32%。

（4）国际收割机案。1918 年，法院判决要求一个实际上垄断了农业机械制造的企业剥离一部分资产。然而在剥离之后，国际收割机仍占有大约 2/3 的市场。政府对判决的结果非常不满意，要求重新审理该案，继续进行剥离。但被法院拒绝。

（5）谷物制品案。1919 年，一家被指控垄断了葡萄糖生产的公司被判令与 6 个生产厂相剥离。

（6）伊斯门·柯达公司案。1920 年，法院判决要求一家照片服务垄断企业剥离其分店。

（7）美国铝业公司垄断铝业案。该案于 1937 年立案，1950 年，地区法院判令剥离美国铝业公司在加拿大的联营公司——铝业有限公司。

（8）普尔门案。普尔门公司，是一家卧铺车的制造者和经营者，被指控垄断，1947 年被法院判令必须在保留其制造部门还是保留其经营部门之间作出选择。普尔门公司选择保留前者，而把经营部门卖给了一个铁路联营。

（9）格里内尔垄断中央防护业务案。格里内尔公司于 1950 年收购了霍姆斯电子防护公司，1953 年收购了美国长途电话公司（ADT）的大部分股票，ADT 成为其垄断的主要来源。这些下属公司跟格里内尔公司对自动火警公司的投资一起，于 1968 年被剥离出去。在此之外，ADT 还被迫剥离在 27 个城市的服务合同与设备。

（10）IBM 案。在一个于 1956 年作出和解判决的案件中，IBM 被判令与它拥有的超过全美总生产能力 50% 的制表卡（tabulating-card）生产能力相剥离。

（11）联合水果公司案。联合水果公司在美国香蕉的生产和出口中占有垄断地位。1958 年法院作出的一个协议判决要求该公司剥离其 35% 的生产能力。

（12）MCA 公司案。MCA 公司是一个影视剧和其他娱乐服务的生产者，因被指控从事反托拉斯违法行为，于 1962 年被判令分解它的艺人经纪业务。

（13）美国电报电话公司（AT&T）案。联邦地区法院认定美国电报电话公司（AT&T）垄断电话业务违反了《谢尔曼法》第 2 条，该公司于 1984 年被分拆为四家公司。①

值得一提的是，在 2000 年前后进行的美国司法部诉微软公司案中，美国联邦地区法院最初拟决定拆分微软公司，要求微软公司将办公软件和 IE 业务与视窗操作系统业务分离，将后者单独设立一个无关联的经营实体。② 经过激烈的争论和利益集团博弈，此种拆分方案并未得到支持和实施，而是由微软公司与联邦上诉法院达

---

① 参见［美］理查德·A. 波斯纳：《反托拉斯法》（第二版），孙秋宁译，中国政法大学出版社 2003 年版，第 128 页。

② 参见徐士英：《新编竞争法教程》，北京大学出版社 2009 年版，第 96 页。

成了和解协议，维持了微软公司的整体性。

(二)其他国家反垄断法对拆分企业制裁的适用

1. 日本

日本《禁止垄断法》规定了适用拆分企业这种制裁手段的两种情形：(1)该法第 7 条规定，公正交易委员会对于从事私人垄断及不正当交易限制行为的事业者，可以命令其转让部分营业。(2)该法第 8 条之四规定，存在垄断状态时，公正交易委员会可以命令事业者转让部分营业或采取其他恢复该商品或者服务的竞争所必需的措施。但是，该措施给事业者带来供给商品或者服务所需费用显著上升，造成经营规模缩小，破坏其财务状况或者国际竞争力难以维持的，或者公平交易委员会认为其他可替代措施足以恢复该商品或服务的竞争的，不适用上述措施。(3)该法第 17 条之二规定，违反该法关于企业合并的有关规定实施企业合并的，公平交易委员会有权依照第 8 章第 2 节规定的程序，命令该违法者处分全部或部分股份、转让部分营业以及采取其他对排除违规行为所必需的措施。由上述规定可见，日本反垄断法中的拆分企业制裁可以适用于规制垄断状态、私人垄断以及企业合并等多种情形，既可适用于结构规制，也可适用于行为规制。

2. 英国

自 1973 年《公平贸易法》开始，英国就引入了拆分企业这种制裁手段。作为垄断调查的结果，如果垄断与合并委员会认为存在垄断情形，并且违背公共利益，国务大臣就可以使用该法附则八规定的一系列手段给予救济。在这些救济手段中就包括拆分企业。2002年《企业法》继续保留了拆分企业这种救济手段。只不过运用这种手段的主体由国务大臣变成了竞争委员会，另外其适用范围也发生了变化。在早期阶段，英国将拆分企业制裁同时适用于对垄断结构的规制和对企业合并的规制，但更多地是适用于对合并的规制，这种立场主体现在 1973 年《公平贸易法》中。在 2002 年《企业法》中，拆分企业则仅仅被用于对企业合并的规制，并集中体现为该法附则八的有关规定中。① 但是，在实践中，拆分企业制裁主要出现在规制企业合并的案例中。在垄断与合并委员会提出的合并报告中，拆分企业被多次作为救济措施来对付那些被认为违反了公共利益的合并案件。例如，在 1994 年至 2001 年 7 月之间，垄断与合并委员会（竞争委员会）总共完成了对 64 个合并案件（不包括报纸合并案件）的调查和评估，其中有 41 个案件被认为违反了公共利益，而对于这 41 个案件，垄断与合并委员会（竞争委员会）在其中的 13 个案件中建议采取拆分企业的救济措施。②

3. 德国

德国《反对限制竞争法》第 41 条规定，企业实施联邦卡特尔局已禁止的合并或联邦卡特尔局已撤回其准许的合并的，应解散此项合并，但联邦经济部长依第 42 条批准该合并的除外。从德国反垄断立法看，拆分企业制裁仅可适用于对违法实施的企业合并的规制，其适用范围较为狭窄。

4. 韩国

在韩国，反垄断法中的拆分企业制裁也仅可适用于制裁违法的企业合并。韩国《规制垄断与公平交易法》第 16 条规定，发生违反或者将要违反第 7 条第 1 款与第 3 款、第 8 条之二第 2 款和第 4 款、第 8 条之三、第 9 条、第 10 条第 1 款、第 10 条之二第 1 款、第 11 条或第 15 条等规定的情形，对于该公司（指违反相关规定进行企业合并的公司）或者违法者，公平交易委员会可以指令其采取包括处分全部或者部分股票、转让业务等纠正措施。这些都属于结构性纠正措施。由公平交易委员会责令进行股份处分的案件主要有：东洋化学取得韩国过酸化工业的股份案，松原产业取得大韩精密化学的股份案，舞鹤烧酒取得大鲜制酒的股份案，等等。公平交

---

① 参见李国海：《英国竞争法研究》，法律出版社 2008 年版，第 255 页。

② 根据 Richard Whish 所著 Competition Law（fourth edition）（Butter Worths, 2001）第 837~844 页提供材料统计得出。参见李国海：《英国竞争法研究》，法律出版社 2008 年版，第 255 页。

易委员会责令营业转让的案件主要包括：东洋制铁化学取得哥伦比亚化工股份的案件，衣恋集团取得家乐福（韩国）股份案，新世界取得沃尔玛（韩国）股份案，等等。①

5. 欧盟

在欧盟，拆分企业这种制裁方式也仅适用于规制企业合并。相关立法主要是欧盟《关于企业集中控制的理事会第 139/2004 号条例》第八条第 4 款。该款规定，如果欧盟委员会查明一项集中已经执行，并且已被宣告为与共同市场不相容，则委员会可以要求所涉企业将该项集中解散，特别是采用解散合并的方式或将所有已获得的股份或资产予以处分，从而恢复到该集中执行之前的通常状况。②

有必要指出的是，虽然美国以外的其他许多国家（地区）都在反垄断立法中规定了拆分企业这种制裁手段，但是其运用却不如美国频密。例如，日本和英国虽然都在立法中规定了可以将拆分企业用于垄断结构规制，但在实践中都还没有出现相关的适用案例，或者案例十分罕见。③

三、拆分企业的适用情形及其条件

根据各国立法和实践来看，拆分企业这种制裁手段主要适用于三种情形：（1）为对垄断结构进行规制，利用拆分企业消除垄断结构；（2）为制止垄断力滥用行为，利用拆分企业消除垄断状态；（3）为消除违规的企业合并结果，解散新合并的企业。下面分别探讨这三种情形的适用条件。

---

① ［韩］权五乘：《韩国经济法》，崔吉子译，北京大学出版社 2009 年版，第 141~142 页。

② 参见许光耀主编：《欧共体竞争立法》，武汉大学出版社 2006 年版，第 403 页。

③ 参见［日］植草益：《产业组织论》，卢东斌译，中国人民大学出版社 1998 年版，第 150 页；李国海：《英国竞争法研究》，法律出版社 2008 年版，第 255 页。

(一)结构规制中为消除垄断状态而适用拆分企业

在世界上，有些国家将结构作为反垄断法的规制对象，只要存在垄断状态，即使没有滥用垄断力，也构成违法，要受到反垄断法的制裁。而垄断状态，是指一个企业或企业的联合作为某种特定商品或服务的供应者或购买者，在相关市场上没有竞争者或没有实质上的竞争。① 采行结构主义立法的主要国家是美国、日本和英国，在这几个国家的反垄断法中，为规制垄断状态，都采用了拆分企业的制裁手段。

美国反托拉斯法的结构规制曾经存在一个变动的过程，有时严格，有时宽松。比较严格的时期是从 1933 年罗斯福新政到 1980 年里根上台，在这个时期，美国一方面通过制定《塞勒——凯弗维尔法》《集中行业法》和《行业调整法》进一步明确了实行结构规制的法源；另一方面，在实践上美国法院强调结构规制，即使没有其他违法行为，纯粹的结构也被宣布为非法。

日本《禁止垄断法》最初颁布实施的时候，设立有不当事业能力差距制度，规定反垄断法执行机构可以对不当的事业能力差距进行干预。这实际上是一种严格的结构规制方法。这种制度在 1949 年和 1953 年的两次法律修订时被删除了，但是，到了 1977 年，日本又通过修订法律，增设了垄断结构规制制度。这种制度体现为目前《禁止垄断法》的第三章之二，即对垄断状态的规制。

在英国，自 1973 年《公平贸易法》开始，直到 2002 年《企业法》出台，在反垄断法领域一直保留有结构规制制度。

反垄断法对结构进行规制，主要的规制方法，或者对拥有垄断状态的企业的主要制裁手段就是拆分企业，包括将一家企业拆分为两家以上的独立企业，或者要求具有垄断地位的企业转让一部分资产。对于前者，典型案例是 20 世纪中期启动的美国铝公司案，在该案中，联邦最高法院仅以铝公司占有 90% 的市场就判定它违法，

---

① 参见陈爱斌：《结构与行为——论反垄断法的规制对象》，载漆多俊主编：《经济法论丛(第一卷)》，中国方正出版社 1999 年版，第 446 页。

并拆分了这家企业。对于后者，典型的做法是日本《禁止垄断法》的规定。在从前曾经规定过的不当事业能力差距制度中，主要的规制方法是责令具有优势地位的企业转让营业设施。在当前的《禁止垄断法》第三章之二中，对于垄断状态的首要措施也是命令企业转让部分营业。

从美、日、英等国关于结构规制的立法和实践，我们可以总结出对单纯的垄断状态适用拆分企业这种制裁手段的条件，简单地说就是：垄断状态的存在。但具体适用时，要考虑到下列三个方面的因素：

1. 适用拆分企业的制裁手段是否必需？所谓是否必需，指的是必须考虑是否还存在另外的选择手段，以恢复该商品或者劳务竞争。也就是说，拆分企业必须是作为恢复竞争措施的最终措施。①

2. 拆分企业引起的弊害是否大于其带来的利益？拆分企业作为对付垄断结构的一种手段，其适用会改善相关市场上的竞争状态，这是其正面效果。但是，另一方面，拆分企业也会引起企业经营规模缩小、经营成本提高、管理失效以及国际竞争力难以维持的不利后果。如果上述利益大于弊害，拆分企业应可适用，反之，则不应适用。

3. 其他需要考虑的因素。这是一种弹性规定，指的是具体适用拆分企业这种制裁手段时，应该考虑被制裁企业的具体情形。例如，日本《禁止垄断法》第 8 条之四第 2 款规定，公正交易委员会为规制垄断状态而命令事业者转让部分营业时，应就下列事项，考虑该事业者和有关事业者经营活动的顺利进行以及该企业所雇佣人员的生活安定：

(1)资产及收支等财务状况；

(2)干部及从业人员的状况；

(3)工厂、营业场所及办公场所的位置及其他选址状况；

(4)经营设施状况；

----

① 参见［日］金泽良雄：《经济法概论》，满达人译，甘肃人民出版社1985 年版，第 225 页。

（5）专利权、商标权及其他无形财产权的内容和技术上的特征；

（6）生产、销售等的能力和状况；

（7）取得资金、原材料等的能力和状况；

（8）商品或者劳务的供给和流通状况。

虽然，在对垄断状态的规制中，拆分企业是一种主要的规制方法，但是由于世界各国对于结构规制抱持十分谨慎的态度，从而"使这方面的法律规范名存实亡"，① 所以，为结构规制适用拆分企业这种制裁手段并不多见。

（二）为制止滥用市场支配地位行为适用拆分企业

滥用市场支配地位行为是指具有市场支配地位的企业凭借其市场支配地位所实施的限制竞争、违背公共利益的行为，包括暴利价格、搭售、限定转售价格等行为。滥用市场支配地位行为在法律构成上包括状态、行为、后果三个要件。在这三个要件中，"状态要件是最重要的要件"。② 因此，在对付市场支配地位滥用方面，采用拆分企业的方法，消除垄断状态或市场支配地位，可以产生釜底抽薪的效果。所以，拆分企业这种制裁手段在制止滥用市场支配地位行为方面也受到各国反垄断法的青睐。日本《禁止垄断法》第7条和韩国《规制垄断和公平交易法》第16条都是这种态度的反映。

从各国的立法和实践来看，为规制滥用市场支配地位行为而适用拆分企业的制裁手段需要符合下列要件：

（1）存在滥用市场支配地位的行为；

（2）拆分企业这种制裁手段的适用是制止滥用市场支配地位行为的必需手段，也就是说，对于制止某个企业的滥用市场支配地位行为而言，拆分企业是不可避免的手段，其他手段都不具有替

---

① 陈爱斌：《结构与行为——论反垄断法的规制对象》，载漆多俊主编：《经济法论丛（第一卷）》，中国方正出版社 1999 年版，第 452 页。

② 陈爱斌：《结构与行为——论反垄断法的规制对象》，载漆多俊主编：《经济法论丛（第一卷）》，中国方正出版社 1999 年版，第 468 页。

代性。

（3）拆分企业带来的积极效果大于消极效果。同规制垄断状态一样，为规制滥用市场支配地位行为而适用拆分企业的制裁手段，也必须比较其带来的积极效果与消极效果，只有在积极效果明显的大于消极效果时，才可以适用之。

为制止滥用市场支配地位行为，可以选择的制裁手段比较多，这明显区别于对垄断状态的规制。例如，损害赔偿、单纯地命令违法行为人停止某种违法行为、行政罚款、刑事罚金以及监禁等制裁手段中的一种或几种都可以用来对付滥用市场支配地位行为。所以，各国反垄断法为规制滥用市场支配地位行为而适用拆分企业的制裁手段也是比较罕见的。除美国在反托拉斯历史上出现过一些相关案例外，其他国家（地区）很少有此类案例出现。

（三）为消除违规的企业合并结果而适用拆分企业

世界上大多数国家的反垄断法都规定了对企业合并的规制，同时也会明确，反垄断法主管机关有权命令违规合并的企业采取拆分的方式，使其恢复到合并以前的状态。为消除违规的企业合并结果而适用拆分企业的制裁手段，其适用要件包括：

（1）两个以上的企业合并为一个企业；

（2）该企业合并违反了法律的规定，因为各国反垄断法都为企业合并设定了一定的实质性和程序性要件，如果企业合并没有遵从这些要件，则构成违规合并；

（3）为消除违规合并对竞争的消极影响，拆分企业是必需的制裁手段。如果有另外的制裁手段可以消除对竞争的限制，则应适用其他的制裁手段。

总的来说，将拆分企业用于消除违规的企业合并造成的限制竞争后果，最为适宜：一方面它能消除违法合并行为的不利后果；另一方面，与在其他情形下适用这种制裁手段相比较，针对违法合并适用拆分企业制裁对企业的损失是最低的，因为企业刚刚合并，合并前的各个企业在合并后的框架内还没有完全融合，这时将企业拆分，令其恢复到合并前的状态，实施成本相对较低，对于企业而言，既易于被接受，也易于操作，对企业造成的震荡最小。

从实践来看，将拆分企业用于对付违规的企业合并最为常见。根据波斯纳的统计，在美国，适用拆分企业这种制裁手段的案例大部分涉及对企业合并的规制，只有少数案例涉及全国性市场的纯粹排他行为，其比例不到10%。这表明，拆分企业在合并案件中是普遍而常规的救济，但在排他行为中是非常规的救济。当被告的不法行为是由排他行为而不是收购构成时，对这些行为所致的损害给予赔偿或发出禁令禁止它们持续下去，通常就是足够的救济。①

四、关于拆分企业的争论及我国《反垄断法》对拆分企业的适用

（一）关于拆分企业的争论

对于反垄断法应否规定拆分企业这种制裁手段，各国一直都存在支持和反对两种声音。

支持者认为，反垄断法与市场结构之间具有十分紧密的联系，很多的违反反垄断法的行为都是因为存在垄断的市场结构而引起的，所以，要制止反垄断法违法行为，必要时应该针对垄断结构采取行动；作为消除违规合并的消极后果而言，拆分企业使市场构造恢复到企业合并前的状况，更是一种具有高度针对性的手段。从威慑的角度来看，拆分企业也具有独特的效果，人们并不期待直接来执行它，而是希望企业方面能够按照法律的规定，力求做到回避直接执行它，也就是说，期望它"有如传家宝刀一样有效地规制弊端"。②

反对者的主要反对理由包括：（1）企业的庞大往往是市场自由

---

① 参见［美］理查德·A.波斯纳：《反托拉斯法（第二版）》，孙秋宁译，中国政法大学出版社2003年版，第124页。

② ［日］金泽良雄：《经济法概论》，满达人译，甘肃人民出版社1985年版，第229页。

竞争的结果，庞大的企业是竞争的优胜者，仅以其庞大为由而进行分割，违反了自由主义经济的基本精神；(2)拆分企业具有很大的执行难度，包括需要投入大量的人力，花费很长的时间，① 甚至有的案件从立案到判决由于经历的时间太长，以至于市场结构已经发生翻天覆地的变化，根本就不适合再适用拆分企业的制裁手段；(3)拆分企业对于企业的影响太大，虽然有助于形成必要的威慑力，但是也容易造成企业效益和社会效益的损失。②

我们认为，拆分企业之所以被纳入反垄断法的制度框架，是因为反垄断法具有较显著的特殊性。这种特殊性就是反垄断法与市场结构的紧密联系。对于市场结构，最直接的救济其实就是结构救济，从剥夺企业的违法能力和基础来说，拆分企业也是最为有效的制裁手段之一，因此，反垄断法应该纳入拆分企业这种制裁手段。但是，拆分企业也应当慎用。它对相关企业的影响太大，社会成本太高，远远超过罚款等金钱制裁，如果反垄断法执行机构过度使用它，有可能造成过大的威慑效果，带来较大的负面效应。同时，拆分企业直接冲击民法秩序的基石。财产所有权绝对和契约自由被视为近代以来的民法秩序的两大基石，在民法观念中，从整体上说，私人财产所有权应当受到尊重，个人的缔约行为不应受到过多限制，只要当事人之间所为的法律行为是以合意为基础的，法律应不作过多区别地对这些法律行为的后果予以一体保护。虽然经历法律社会化转向后，所有权绝对和契约自由这两大原则有所松动，国家

---

① 根据波斯纳的统计，美国作出实质性剥离判决的所有独家企业垄断化案件的平均长度是 63 个月，而联合水果案立案 167 个月后才作出最终判决，又过了 54 个月联合公司的剥离计划才最终被批准。参见[美]理查德·A. 波斯纳：《反托拉斯法(第二版)》，孙秋宁译，中国政法大学出版社 2003 年版，第 129 页。

② 参见[美]E. 吉尔霍恩、W. E. 科瓦西克：《反垄断法律与经济(第四版、影印本)》，王晓晔注，中国人民大学出版社、West Group 2001 年版，第 468 页。

为了公共利益需要可以对私人行使所有权和订立契约的行为予以限制，① 但这种限制应当遵循适度原则，不能过度地冲击财产所有权和契约自由。反垄断法中的拆分企业制裁既有可能冲击私人所有权的行使，也有可能构成对契约自由的限制。如果国家干预社会经济必须要做到有限适度，那么，在反垄断法上适用拆分企业制裁也就必须要遵循适当从严的基本准则。

(二)我国《反垄断法》关于拆分企业制裁的规定及其适用

我国《反垄断法》第48条规定，"经营者违反本法规定实施集中的，由国务院反垄断执法机构责令停止实施集中、限期处分股份或者资产、限期转让营业以及采取其他必要措施恢复到集中前的状态，可以处五十万元以下的罚款"。这条规定就包含了拆分企业这种制裁方式，其具体方式包括责令"限期处分股份或者资产、限期转让营业以及采取其他必要措施恢复到集中前的状态"。这条规定被放在《反垄断法》第七章"法律责任"的范围之下，可见，拆分企业被视为一种法律责任形式，实际上就是反垄断法的制裁方式。

除上述条文外，我国《反垄断法》再无其他条文规定有拆分企业这种制裁。这表明，我国与世界上大多数国家(地区)的做法一样，仅将拆分企业用于规制经营者集中(企业合并)，对于垄断协议及滥用市场支配地位均不适用拆分企业制裁，这反映出我国《反垄断法》对于拆分企业制裁的适用持谨慎、适度立场。

从法律实施层面看，反垄断执法机构对于拆分企业的运用也较为谨慎、克制。承担经营者集中审查职能的商务部于2011年制定了《未依法申报经营者集中调查处理暂行办法》，其中关于法律责任的规定基本重复了《反垄断法》的相关内容，该《办法》第十三条明确规定，经调查认定被调查的经营者未依法申报而实施集中的，商务部可以责令被调查的经营者采取以下措施恢复到集中前的状态：(1)停止实施集中；(2)限期处分股份或者资产；(3)限期转

① 李国海：《论现代经济法产生的法哲学基础》，载《法商研究》1997年第6期。

让营业；（4）其他必要措施。从商务部针对未依法申报经营者集中案件的处理结果看，商务部对于拆分企业制裁的谨慎、克制立场得到了很好的贯彻。商务部对 2014 年 5 月 1 日后立案调查的未依法申报经营者集中案件，通过商务部网站向社会公布了行政处罚决定。原商务部反垄断局网站一共公布了对 8 起未依法申报经营者集中案件的处罚决定书，没有一起案件适用了拆分企业制裁。由此我们可以得出这样的结论：尽管我国《反垄断法》规定了拆分企业制裁，但在实际执法过程中，迄今尚无一件适用拆分企业制裁的案例，也就是说，我国《反垄断法》规定的拆分企业制裁尚未在执法实践中得以适用。

通过分析相关案例的具体信息，我们认为这些案例确实不需要适用拆分企业制裁。尽管相关经营者在运作经营者集中过程中存在违法事实，存在未依法申报经营者集中的情节，但这些案件都没有达到适用拆分企业制裁的必要程度。在这些案件中，有些是尚没有完成集中，有的即使已经完成了集中，但对市场竞争的限制效果较为有限，或者不具有排除、限制竞争的效果，无须通过拆分合并后的企业来恢复竞争状态。因此，通过行政罚款等制裁即可实现执法目标。如果将来发生了未依法申报即已完成经营者集中，而且该等经营者集中具有严重的排除、限制竞争效果，不拆分合并后的企业不足以恢复市场竞争状态的情形，那么，反垄断执法机构就应当大胆地适用拆分企业制裁，责令相关经营者限期处分股份或者资产，或限期转让营业。

【本专题系在以下论文的基础上修改补充而成：李国海：《论反垄断法的特有制裁手段：拆分企业》，载中国博士后科学基金会、中国社会科学院、中国社会科学院法学研究所主编：《法治与和谐社会建设》，社会科学文献出版社 2006 年版。】

第三单元

反垄断法民事责任研究

专题五
反垄断法损害赔偿制度研究

损害赔偿制度在反垄断法上具有重要意义：一方面，通过损害赔偿制度可以对因垄断行为而受到损害的受害者予以补偿，体现公平原则；另一方面，可以通过损害赔偿制造必要的诱因，激励广大的私人主体参与反垄断法的实施，弥补公共实施的不足，从而在反垄断法公共实施与私人实施之间发挥平衡作用。正因为如此，在反垄断法中规定损害赔偿制度就成为世界上大多数国家（地区）的做法，而且，在某些国家，损害赔偿在反垄断法责任体系中占据核心地位，它不仅是民事责任的主要形式，甚至有可能成为整体的反垄断法律责任体系中的核心组成。

从横向比较角度看，反垄断法损害赔偿制度与民法中的损害赔偿制度存在显著差异，通过研究反垄断法损害赔偿制度，可以揭示反垄断法损害赔偿制度的特质内容，探寻损害赔偿制度的最新变动轨迹以及整体的法律责任制度的发展规律。

一、损害赔偿在反垄断法民事责任形式中的优越性

（一）反垄断法民事责任的主要形式

虽然反垄断法在部门法归属上应被列入经济法的范围，但是，正如经济法规范性文件往往包含属于行政法、民法、刑法等部门法的一些法律规范，① 反垄断法也包含有民事规范，这样，违反反垄

---

① 参见漆多俊：《经济法基础理论》（第五版），法律出版社 2017 年版，第 190 页。

断法的行为也会引出民事责任。

反垄断法上的民事责任主要有两种类型，即排除侵害及损害赔偿。所谓排除侵害，就是指法律规定直接对侵害状态或行为予以排除，并赋予违法行为的被害人直接排除的权利。而损害赔偿，则指以填补被害人所受损害为主要目的的另一制度。①

各个国家或地区的反垄断法大多规定有排除侵害和损害赔偿这两种民事救济手段。

美国《克莱顿法》第 15 条规定，"对违反反托拉斯法造成的威胁性损失或受害，任何人、商号、公司、联合会都可向对当事人有管辖权的法院起诉和获得禁止性救济"，这是直接授予受害人以请求排除侵害的权利。此外，《克莱顿法》第 14 条还规定各区的检察官，可以依据司法部长的指示提起此类诉讼。② 这种诉讼虽然由公共机构提起，但是其性质还是属于民事诉讼。同时，美国反垄断法也规定有损害赔偿制度。例如，根据《克莱顿法》规定，任何因反托拉斯法所禁止的事项而遭受财产或营业损害的人，可在被告居住的、被发现的、或有代理机构的区向美国区法院提起诉讼，不论损害大小，一律给予其损害额的三倍赔偿诉讼费和合理的律师费。③

日本反垄断法也同时规定了排除侵害和损害赔偿两种形式。日本《禁止垄断法》第 67 条规定，法院认为有紧急必要时，可以根据公正交易委员会的请求对被怀疑进行某些违法行为的事业者，命令暂时停止该行为、暂时停止行使表决权或暂时停止公司干部执行业务或者取消、变更该命令。按照日本学者的理解，这是属于民事措施的范围。④ 至于损害赔偿方面，日本《禁止垄断法》第 25 条作了

---

① 参见曾世雄：《违反公平交易法之损害赔偿》，载《政大法学评论》1991 年第 44 期。

② 《克莱顿法》第 14 条规定，"授权美国区法院行使司法权来防止和限制违反本法，各区的检察官，依据司法部长的指示，在其各自区内提起衡平诉讼，以防止和限制违反本法行为。起诉可以诉状形式要求禁止违法行为"。

③ 《谢尔曼法》第 7 条，《克莱顿法》第 4 条。

④ ［日］栗田诚：《反垄断法的民事制裁》，张军建译，载漆多俊主编：《经济法论丛（第 6 卷）》，中国方正出版社 2002 年版。

规定。

英国竞争法也同时规定了排除侵害和损害赔偿这两种民事责任形式。当行为人参与限制竞争协议或滥用市场支配地位等违法行为给第三人造成损害时，第三人有权向法院请求发布禁令救济（injunctive relief），即由法院责令违法行为人停止违法行为。① 这实际上就是排除侵害的民事责任形式。在损害赔偿方面，受制于英国竞争立法一直以来的谨慎态度，损害赔偿制度在很长一段时期内没有进入英国竞争法体系范围。直到 2002 年《企业法》赋予竞争上诉庭审理损害赔偿案件的权力，才正式引入了损害赔偿制度。根据 2002 年《企业法》第 18~20 条，第三人既可以向竞争上诉庭也可以向一般法院提起损害赔偿的诉讼。因违反相关禁止规定的行为遭受损失或损害的人可以通过提起民事诉讼向违法行为人主张损害赔偿。受损害者既可以向竞争上诉法庭提起诉讼，也可向一般法院提起诉讼。但是，竞争上诉法庭与一般法院在审理损害赔偿案件方面存在一项显著的差别，即根据《竞争法》第 47A 条的规定，在相关决定作出之前，受害人不能向竞争上诉庭提起损害赔偿诉讼。所谓相关决定是指公平贸易局或欧共体委员会作出的认为存在违反"第一章禁止"或"第二章禁止"，或《欧共体条约》第 81 条或第 82 条的行为的决定。而且，竞争上诉法庭在作出相关判决的时候必须受到上述相关决定的制约。在根据竞争法提出的损害赔偿诉讼中，赔偿的数额不得超过反竞争行为给受害人带来的损失，即损害赔偿不具有惩罚性。②

我国台湾地区"公平交易法"第 30 条规定，"事业违反本法之规定，致侵害他人权益者，被害人得请求除去之；有侵害之虞者，并得请求防止之"。台湾有学者认为，这条规定与台湾地区"民法"

① Martin Coleman, Michael Grenfell, The Competition Act 1998: Law and Practice, Oxford: Oxford University Press, 1999, p. 287.

② 参见李国海：《英国竞争法研究》，法律出版 2008 年版，第 259 页。

第 18 条第 1 项、第 767 条、第 962 条同出一辙，仅系民法模型的翻版。① 该法第 31 条还规定，"事业违反本法之规定，致侵害他人权益者，应负损害赔偿责任"。可见，台湾地区"反垄断法"在民事责任选择上也是将排除侵害与损害赔偿并重。

此外，其他如德国、法国、韩国、俄罗斯等国反垄断法都同时采纳了排除侵害和损害排除两种民事责任方式。

（二）损害赔偿相对于排除侵害的优越性

排除侵害与损害赔偿尽管同属于民事责任形式，但是，二者还是在立法精神和适用要件等诸方面表现出了较大的差异：（1）排除侵害，在反垄断法上只适用于法律有明文规定之情形，损害赔偿则可因不同原因而发生；（2）排除侵害，直接打击侵害，手段上比较激烈，损害赔偿则借助回复原状或金钱赔偿之方法，手段上比较温和；（3）排除侵害，不论侵害有无过失故意或可否归责，均应予以排除；损害赔偿则大多数立法都要考虑有无过失故意，只有日本《禁止垄断法》规定损害赔偿不以故意过失为考虑要件；（4）排除侵害，但问侵害是否存在，不问是否发生损害；损害赔偿则以有损害为其前提。②

正是考虑到排除侵害与损害赔偿存在较大差异，各国（地区）在反垄断法民事责任形式的选择上都表现出这样一种倾向：借重损害赔偿的作用，而慎用排除侵害手段。这实际上就是凸显了损害赔偿在反垄断法民事责任构成中的优先性。其原因主要在于排除侵害在反垄断法上属于事前禁止措施，法律一旦规定了这种事前禁止措施，具有竞争关系的厂商，或者消费者，就有可能随时向法院提起诉讼以禁止这些违法性还不太明确的行为，这就有可能使得积极参与竞争的厂商，会因为被吓阻而不敢充分竞争，这有违法律的本

① 曾世雄：《违反公平交易法之损害赔偿》，载《政大法学评论》1991 年第 44 期。

② 曾世雄：《违反公平交易法之损害赔偿》，载《政大法学评论》1991 年第 44 期。

意。而损害赔偿的适用成本相对较轻，而且副作用也比较少。这种做法实际上突出了损害赔偿这种责任形式在反垄断法民事责任制度构成中的重要地位。

二、反垄断法损害赔偿的功效及其局限性

(一)反垄断法损害赔偿的功效

各国(地区)之所以纷纷在反垄断法中规定损害赔偿制度，是因为损害赔偿制度在反垄断法的实施上具有特殊的功效。具体说来，这些功效主要表现为下列几方面的内容：

1. 激发私人实施的积极性从而在反垄断法私人实施与公共实施之间实现平衡

在反垄断法实施方面，公共机构的实施固然有其他实施途径不可代替的作用，考虑到反垄断法的专业性以及涉及的利益的复杂性，更是如此。然而，公共机构的实施受限制的特点也是显而易见的，公共实施机构人员有限，时间和经费方面也不能保障这些机构对无限多的案件都能够作出反应。所以公共实施机构有时不可避免地会出现过小执行的现象。对于过小执行的问题虽然可以通过在公共实施机构的执行中承认利害关系人的程序性权力(具体措施请求权)的方法来加以减轻，但是这还不能从根本上解决问题。所以，有必要赋予公共实施机构以外的主体(例如受害人)以民事执行的权限。这种权利既可以是赋予私人主体以禁止请求权，也可以是损害赔偿请求权。但是从激发私人实施反垄断法的积极性方面来说，损害赔偿请求权的效果要好得多，尤其是在规定有多倍损害赔偿的情况下，更是如此。例如，美国反托拉斯法由于规定有三倍损害赔偿制度，其私人提起的诉讼案件比例一直较高。到1970年代后期，私人每年提起的案件超过1000件，而政府才提出50件左右。[①] 这

---

① 参见[美]保罗·A.萨缪尔森等：《经济学(中文版，第12版)》，中国发展出版社1992年版，第90页。

就说明，"在美国，《克莱顿法》第 4 条规定的损害赔偿制度，作为对违反该法的行为的私人执行具有重要意义"。①

2. 体现法律的公正和公平

当因垄断违法行为而遭致损害时，受害人不一定能循一般法的途径使自己所受损害获得回复。例如，反垄断法保护的是公平的竞争秩序，这种秩序对于厂商或消费者而言，究竟是权利还是仅为法益？对于这个问题的解答是不明确的。有的学者认为这大多数情况下，这应该属于法益，而不是权利。所以，违反反垄断法同时又构成民法上的侵权行为的场合极少。② 如果，某种垄断违法行为对其他经营者或消费者造成了损害，但受害者既不能根据民法的规定寻求补偿，③ 而反垄断法也没有规定可以获得损害赔偿，这势必造成对受害者的不公平，同时也会助长违法者的违法企图。所以，只有在反垄断法规定在因为垄断违法行为而受有损害的场合，允许被害者提出赔偿请求，这才符合正义公平的法的目的。④

3. 对违法者予以必要的威慑

在反垄断法上，对已经发生的违法行为，毫无疑问，迅速、准确地排除其违法行为是采取措施的根本。但是，仅此还远远不够，例如，对违法行为只准用排除措施的命令，即便违法行为暴露并接到了命令，如果被下达的命令仅局限于将来的排除措施，那么对该企业来说，违法的代价并不高，很可能难以阻止它以后再犯相同的错误，如此，防范于未然的目的也就不能有效的实现。因此建立有效的抑制违法的机制是必不可少的。剥夺违法者的非法所得利益的方式虽然不止一个，例如，行政罚款和刑事罚金都能起到这种作

---

① ［韩］权五乘：《韩国经济法》，崔吉子译，北京大学出版社 2009 年版，第 281 页。

② 曾世雄：《违反公平交易法之损害赔偿》，载《政大法学评论》1991 年第 44 期。

③ 对于反垄断法上的损害赔偿请求权是否可以直接依据民法关于损害赔偿的规定来实现的问题，各国(地区)不一定都给予肯定回答。

④ 参见李国海：《反垄断法实施机制研究》，中国方正出版社 2006 年版，第 209 页。

用，但是，我们又回到上面的论述思路，行政罚款和刑事罚金等都是由公共机构实施，只有损害赔偿这种形式，既能够剥夺违法者的非法所得利益，又不受制于过小执行的弊端。无疑，其威慑作用是不可代替的。

(二)反垄断法损害赔偿的局限性

反垄断法损害赔偿在反垄断法实施上虽然具有诸多积极的功效，但是这并不能够概括它对反垄断法实施的全部影响。我们在注意到反垄断法损害赔偿的积极效果的同时，也要注意它的消极后果。

反垄断法上的损害赔偿的弊病主要是在于它有可能引发滥诉的消极后果。由于通过损害赔偿诉讼可以获取一定的经济利益，人们很可能受利益驱使动则将反垄断法上的争议以损害赔偿诉讼的形式提交法院处理。这种做法不仅会加重法院的负担，而且还会制约市场上的竞争者的创造精神，这对社会公共利益是不利的。例如，由于美国反垄断法规定了三倍损害赔偿，对反垄断法损害赔偿案件的胜诉者，法院不仅会判决他得到相当于他所受损失的三倍的赔偿，而且还会获得合理的律师费用的补偿，这使得美国反托拉斯私人诉讼的趋势越来越猛，一段时期内，私人提起的反托拉斯案件至少可以说是政府提起的诉讼案件的十倍。在 1975 年至 1980 年五年间，平均每年有 1500 个诉讼案件获得超过 100 亿美元的赔偿。许多学者和政治家都开始关注这个问题。他们认为，私人提起反托拉斯诉讼没有多少好处，更有甚者，批评家们认为，由于害怕成为私人提起三倍损害赔偿的目标，公司干脆对一些没有界定的法律行为领域望而却步。①

---

① Lawrence J. White(edited)，Private Antitrust Litigation，Boston：MIT Press，1988，p. 3.

三、反垄断法损害赔偿制度的类型划分

各国(地区)立法的具体内容虽然不尽相同,但是,也存在一定的相似性,以这种相似性为基础,我们可以根据一定的标准对各国(地区)立法进行大致的分类。最常用的分类标准是损害赔偿额与实际损害额的倍数关系,按照这个标准,我们可以将世界各国(地区)反垄断法损害赔偿规定划分为三类。

(一)绝对三倍损害赔偿

这种类型要以美国立法为代表,不仅如此,美国反托拉斯法规定的绝对三倍损害赔偿制度至今仍是世界仅有。

美国反托拉斯法中的损害赔偿制度主要规定在以下两部法律中:

一是最早的《谢尔曼法》。该法第7条规定,"任何因反托拉斯法所禁止的事项而遭受财产或营业损害的人,可在被告居住的、被发现或有代理机构的区向美国区法院提起诉讼,不论损害大小,一律给予其损害额的三倍赔偿及诉讼费和合理的律师费",该法第7A条规定,"无论何时,美国因反托拉斯法所禁止的事项而遭受财产及事业损害时,美国可在被告居住的、被发现或有代理机构的区向美国区法院提起诉讼,不论损害数额大小一律予以赔偿其遭受的实际损失和诉讼费"。

二是《克莱顿法》。该法的主要目的在于将《谢尔曼法》的简略规定予以细化,所以,它对损害赔偿制度给予了更具体的规定:除了有两个条文与《谢尔曼法》完全一样外,① 还增加了一些新的规定:该法第4C条增加了关于州司法长代为提起损害赔偿诉讼的内容,该条规定,州司法长作为政府监护人,代表其州内自然人的利益,可以本州的名义,向对被告有司法管辖权的美国区法院提起民

---

① 即:《谢尔曼法》的第7条与《克莱顿法》第4条相同,《谢尔曼法》第7A条与《克莱顿法》第4A条相同。

事诉讼，以确保其自然人因他人违反《谢尔曼法》所遭受的损害得到金钱救济，这种诉讼同样可以请求损害额的三倍赔偿。此外，《克莱顿法》还详细规定了反托拉斯法损害赔偿的诉讼时效等内容。

(二) 酌定三倍损害赔偿

在反垄断法上规定酌定三倍损害赔偿的，要以我国台湾地区为典型，而且就笔者已经掌握的资料看，这种做法至今还仅存在于我国台湾地区。

在我国台湾地区于1991年颁布的"公平交易法"中，具体规定损害赔偿的主要是该法的第31条和第32条，第33条和第34条则分别对损害赔偿的消灭时效和判决书的登载等问题给予了规定。该法第31条规定，"事业违反本法之规定，致侵害他人权益者，应负损害赔偿责任"，该法第32条规定，"法院因前条被害人之请求，如为事业之故意行为，得依侵害情节，酌定损害额以上之赔偿。但不得超过已证明损害额之三倍。侵害人如因侵害行为受有利益者，被害人得请求专依该项利益计算损害额"。

由以上规定我们可以看出，台湾地区对反垄断法损害赔偿采取了双轨方法：在一般情况下，也即无法证明违法行为人（加害人）存在故意的情形下，仅给予原告单倍损害赔偿，即赔偿原告的实际损害；在特殊情形下，即能够证明违法行为人（加害人）存在故意的情形下，由法官在实际损害额与三倍损害额之间酌定实际赔偿数额。我们可以将后者称为酌定三倍损害赔偿制度，这与美国采行的绝对三倍损害赔偿形成了明显的对比。台湾地区之所以这样立法，根据有的学者的理解，其理由在于：法律既已规定损害赔偿为无过失损害赔偿制度，则以是否具有故意而酌定加重赔偿之倍数。①

(三) 单倍损害赔偿

世界上多数国家的反垄断法在损害赔偿方面选择了单倍损害赔

---

① 刘绍樑：《从意识形态及执行实务看公平交易法》，载《政大法学评论》1991年第44期。

偿，也即仅规定赔偿受害人的实际损害。采纳这种模式的，日本反垄断法可以作为代表。

日本反垄断法的损害赔偿制度规定在《禁止垄断法》第七章，该章即直接以"损害赔偿"为标题，显示对损害赔偿的重视。该章总共两条：第 25 条为实体规定，内容共分两款，第 1 款规定，"实施私人垄断或者不正当交易限制或者使用不公正的交易方法的事业者，对受害人承担损害赔偿责任"，第 2 款规定"事业者证明其无故意或过失的，亦不能免除前款规定的责任"；第 26 条是有关程序和消灭时效方面的规定。

日本关于反垄断法损害赔偿的规定代表了另一种类型：反垄断法损害赔偿一律限制在实际损害范围内，我们可以用"单倍损害赔偿"的名称将它与美国和我国台湾地区的做法相区别。

目前世界上大多数国家(地区)在反垄断法中都只规定单倍损害赔偿，较典型的立法例除日本以外还有德国、法国、俄罗斯及韩国等。

四、反垄断法损害赔偿之构成要件

反垄断法上的损害赔偿从各国法律条文来看，貌似较为简单，不外乎是指因反垄断法违法行为对他人构成了损害，加害人负赔偿责任，实际上并非如此。各国反垄断法对于损害赔偿都是限制在一定的范围之内，也就是说，各国对于反垄断法损害赔偿都规定了严格的构成要件。这些构成要件有的直接体现在立法当中，有的则是来源于司法实践的经验。

例如，在美国，要构成反垄断法上的三倍损害赔偿，一般认为要符合下列要件：(1)原告必须适格(standing to sue)；(2)必须已出现违反"反托拉斯法的事实"；(3)原告的企业或财产必须已受到直接损害；(4)违法行为与损害事实之间存在直接的因果关系；(5)原告所受损害必须事实上能够用金钱来衡量。[1]

---

① 参见高菲：《论美国反托拉斯法及其域外适用》，中山大学出版社 1993 年版，第 29~30 页。

又如日本，要构成反垄断法上损害赔偿必须具备下列要件：(1)必须是事业者存在私人垄断、不正当的交易限制及不公正的交易方法中的任意一条；(2)必须是已发生了损害；(3)必须是进行的私人垄断、或是不正当的交易限制和采用的不公正的交易方法和损害的发生之间存在着相应的因果关系；(4)事业者不能通过证明不存在故意或者过失，而来逃避前项规定的责任；(5)请求权者是被害者。①

由以上两例可以看出，各国反垄断法上的损害赔偿的构成要件不尽相同。下面，我们以一些常见的损害赔偿构成要件为线索，对一些典型国家(地区)的具体做法进行一番比较。

（一）反垄断法损害赔偿的请求权人

反垄断法违法行为造成损害的对象范围是非常广泛的，既可能是同一业务或类似业务的经营者，也可能是相同业务的上下游经营者，还可能是一般消费大众。他们在反垄断法损害赔偿请求权方面的地位较有不同。

一般而言，与违法行为者存在竞争关系的经营者在反垄断法损害赔偿请求权方面的地位是较为明确的，即各国基本上都承认他们享有请求权。各国在立法上较有分歧、而且在实践中也难以把握的是消费者在损害赔偿构成中的地位问题。在这方面，以是否承认消费者的请求权为标准，可以将各国的做法分为两类：肯定型和否定型。

1. 肯定型

在肯定消费者享有反垄断法损害赔偿请求权的国家(地区)当中，日本的做法最为典型。

这种态度并非日本《禁止垄断法》的明文规定，而是通过法院的审判案例表明的。1977年东京高等法院在鹤冈灯油诉讼案件的判决中，已经承认消费者也是《禁止垄断法》第25条规定的损害赔

---

① 参见[日]田中诚二等：《独占禁止法》，劲草书房1981年版，第950页。

偿请求权人。① 该判决认为：在因不公正的交易方法导致商品零售
价格被不当地抬高的情况下，以此抬高的价格购买了商品的消费者
应该是受害者，因为如果不是由于这种不公正的交易方法，他们就
不会蒙受支付超出自由竞争价格的那部分价格的损失；不能因为此
种损害只不过是因不公正的交易方法而形成的事实上的反射性损
害，而否认其获得损害赔偿的权利。所以，根据《禁止垄断法》第
25 条的规定，采用不公正的交易方法的事业者需要给予损害赔偿
的相对人中，也应该包括上述场合的消费者。

日本学者也大多支持给予消费者反垄断法损害赔偿请求权。②

2. 否定型

所谓否定型，是指在反垄断法上不同意给予消费者反垄断法损
害赔偿请求权的做法。坚持这种做法的以美国最为典型。

美国对于消费者在反垄断法上的损害赔偿请求权方面的态度，
也不是由法律直接作出规定，而是由法院的审判实践总结出来的。
对于消费者的反垄断法损害赔偿请求权，美国适用"直接购买者原
则"加以限制，而该原则又是从法院对"转嫁抗辩"的禁止态度上导
出的。

所谓"转嫁抗辩"是指购买商因在价格被固定情况下购买货物，
支付超高价格受到损害而提起的三倍损害赔偿诉讼中，被告抗辩说
原告没有资格起诉和索偿，因为原告支付超高价格的损失已经转嫁
给其客户，因此，原告的财产或企业实际上并没有受到任何损
害。③ 在 Hanover Shoe Co. v. United Shoe Mach. Corp. (1968)一案
中，这种"转嫁抗辩"被最高法院驳回。法院的理由是：确切的非
法的超高价格本身已经构成了可以起诉的损害，无须考虑购买商的

---

① 1977 年 9 月 19 日东京高等法院第三特别部判决，《判例时报》第 863
号第 20 页。

② 参见[日]田中诚二等：《独占禁止法》，劲草书房 1981 年版，第 951
页。

③ 参见高菲：《论美国反托拉斯法及其域外适用》，中山大学出版社
1993 年版，第 31 页。

利润是否同时也被降低。① 美国最高法院认为，根据《克莱顿法》第4条的规定，直接的购买商因托拉斯违法行为而遭致支付超高价格的损失时，有资格提起三倍损害赔偿诉讼，这一权利不因被告提出如下抗辩而有所改变：原告并没有受到损害，因为经过一系列的销售环节，原告支付超高价格的损失已经被转嫁给其他客户。

美国法院拒绝"转嫁抗辩"表明，当原告为直接购买者时，从事反竞争行为的被告不得因原告已将其支付的超高价格转嫁于下游厂商或消费者，而主张应将该超高价格剔除于原告之损害赔偿额之外。法院认为，在这种情况下，原告往往会因支付超高价格而损失若干利润，而且终端消费者往往人数众多，而单个消费者的损害却不高，很难由这些单个消费者一一诉请救济。②

由美国法院拒绝"转嫁抗辩"的态度可以推导出他们坚持"直接购买者原则"的态度，因为这二者在法理上具有相关性：如果原告并非直接购买者，而是消费者，消费者以直接购买者已将超高价格转嫁给自己为由提起三倍损害赔偿诉讼，自然不会受到法院的支持，否则，违法者会因同一行为支付两次损害赔偿。另外，如果要在重重销售环节之中，计算出各环节购买者的个别损害，对于法院来说是无法胜任的艰巨任务，不如专由直接购买者独享全部的损害赔偿请求权，以发挥诉讼诱因。③ 所以，在这种情况下，原告不享有请求权是很自然的事。台湾地区学者认为，美国的这种损害赔偿立场反映的是以吓阻为目的的公共政策，而不是与之相对应的矫治正义的法理。④

---

① Julian O. Von Kalinowski (gerenal editor), World Law of Competition (Vol. 1), Gordon Kaiser, 1979, pp. 3-145.

② Hanover Shoe, Inc. v. United Shoes Machinery Corp., 392 U. S. 481, 491(1968).

③ Illinois Brick Co. v. Illinois, 431 U. S. 720(1977).

④ 刘绍樑：《从意识形态及执行实务看公平交易法》，载《政大法学评论》1991年第44期。

(二)垄断违法行为之发生

存在违反反垄断法的行为是构成反垄断法损害赔偿的前提条件。然而,并非所有违反反垄断法的行为所造成的损害都允许请求损害赔偿。什么样的违法行为可以引起损害赔偿,什么样的违法行为不能引起损害赔偿全由各国反垄断法立法或执法的选择来决定。

日本《禁止垄断法》规定,要构成反垄断法上的损害赔偿,必须是经营者或经营者团体违反关于私人垄断、不当限制交易或者不公正交易方法的规定。① 在《禁止垄断法》中,被禁止或限制的行为的范围很广,而导致损害赔偿责任的,则仅限于违反了第3条及第19条。这是因为考虑到对此三种行为的禁止是禁止垄断法的三根柱子,有必要特别抑制防止。② 对于这种违法行为范围的限制,日本法律界一直存在批评,认为它范围太窄,不利于实现对被害者的保护。许多人主张扩展承认损害赔偿请求权的范围。结果,在2000年对《禁止垄断法》的修改中,终于将第6条(国际的协定·契约)和第8条第1项(事业者团体的行为)追加进了第25条的适用范围。③

在美国,可以引起反垄断法损害赔偿的违法行为没有十分具体的限制,但是对可以引起损害赔偿的法律文件的范围进行了限制。众所周知,美国反垄断法采取的是分散立法的模式,法律文件比较多。这些众多的法律文件中并不是所有的都可以引起损害赔偿。美国关于反垄断法损害赔偿的法律规定中,《谢尔曼法》第6条、第7条以及《克莱顿法》第4、第4A条都规定了能够引起损害赔偿的违法行为范围是"因反托拉斯法禁止的事项",而《克莱顿法》第4C条更是将范围限制在"违反《谢尔曼法》"的范围内。《克莱顿法》第1

① 参见戴龙:《日本反垄断法研究》,中国政法大学出版社2014年版,第70页。

② 参见[日]田中诚二等:《独占禁止法》,劲草书房1981年版,第950页。

③ [日]泉水文雄:《禁止垄断法と损害赔偿》,载[日]《民商法杂志》,第124卷(2001年)第4·5号,第531页。

条对"反托拉斯法"进行了列举式的规定，只列举了包括《谢尔曼法》和《克莱顿法》在内的四种法律，《联邦贸易委员会法》就不包括在内，所以违反《联邦贸易委员会法》的行为是不会引起损害赔偿责任的。

(三)损害之存在

要发生反垄断法上的损害赔偿责任，必须是已发生了损害，这种要求是理所当然的事情。各国立法虽然没有明文规定，但是这应该是题中应有之义。

哪些损害可以被纳入反垄断法损害赔偿的范围呢？各国对这个问题的解答也不太一致。

美国法院在处理反托拉斯法损害赔偿案件时要求原告举证，证明自己因他人的反托拉斯违法行为而受到了"财产或营业损害"。所谓"损害"，法规意图是指：(1)对企业经营带来的损害；以及(2)对财产的有形或无形的损害。根据《克莱顿法》第4条的规定，损害有以下几种：(1)利润损失；(2)商誉损失；(3)企业被破坏；(4)经营企业的机会被剥夺。①

对于雇工因丧失被雇佣的机会所受损害能否提起三倍损害赔偿诉讼的问题，法院一般作出否定的回答。因为这种损害不是《克莱顿法》所意指的对财产或营业的损害。② 因雇主共谋固定工资而受到损害的个体雇员可以提起集团诉讼，以获得三倍损害赔偿。

在美国除了要求对财产或营业造成损害这条标准以外，还进一步要求这种损害必须是直接损害而不能是间接损害。倘若原告所遭受的损害是间接的，无关紧要的，那么原告也不具有请求权。例如，公司的股东们、或债权人因反托拉斯被违反受到损害，就不能起诉，因为他们的损害是间接的，公司才是直接的受害者。合作联

---

① Julian O. Von Kalinowski (gerenal editor) , World Law of Competition (Vol. 1) , Gordon Kaiser , 1979 , pp. 3-144.

② 参见[美]菲利普·阿瑞达、路易斯·卡普洛：《反垄断法精析：难点与案例(第五版)》，中信出版社2003年版，第79页。

合体、贸易联合体也不是适格的原告，因为损害是由组织的成员承受而不是联合体本身承受。同样的道理，被许可人、被特许权人以及承租人因反托拉斯法被违反遭致损害因而导致其许可人、特许人或出租人(指按百分比收受租金的场合)收益降低的事实也不能使这些许可人、特许人或出租人具备提起损害赔偿之诉的资格。①

日本做法与美国不同，构成反垄断法损害赔偿要件的损害不仅包括直接损害，而且也包括间接损害。在东京高等法院灯油损害赔偿事件中，与行为人有间接交易关系的相对人也被认为具有损害赔偿请求权，日本法院认为，即使是受到间接损害也具备日本《禁止垄断法》第25条规定的原告适格性。② 造成这种差别的原因可能是因为美国已经规定了三倍损害赔偿制度，形成了较大的诉讼吸引力，为避免滥诉需要设置一些限制，而日本仅规定单倍损害赔偿制度，形成反垄断法上的滥诉的可能性相对较少，所以在原告适格方面的政策可以相对放宽一些。

(四)过错

过错是否作为反垄断法损害赔偿的构成要件，各国(地区)做法各有不同。归纳起来看，可分为以下四种模式：

1. 日本模式

日本《禁止垄断法》第25条第2款明确规定，"事业者证明其无故意或过失的，亦不能免除前款规定的责任"。这表明，有违法行为的事业者，对其违法行为不能以举证没有故意或过失而不承担赔偿责任。③ 这是通过法律明确规定，反垄断法损害赔偿责任属于无过错责任。日本反垄断法对损害赔偿采行无过失责任立场的基本理由在于，反垄断法着重政策面之考量，希望能加重违法者的民事

---

① 参见高菲：《论美国反托拉斯法及其域外适用》，中山大学出版社1993年版，第32~33页。

② [日]实方谦二：《东京高裁灯油损害赔偿事件》，载[日]《判例评论》第278号，第13页。

③ 参见[日]村上政博：《日本禁止垄断法》，姜姗译，法律出版社2008年版，第77页。

责任，使得自由、公平之竞争秩序得以确保。① 值得注意的是，在日本，也可以依据《民法》第 709 条主张反垄断法损害赔偿，但构成要件与依据《禁止垄断法》主张损害赔偿有所不同，其中的核心区别在于依民法提起反垄断法损害赔偿诉讼，受害人得举证证明加害人存在故意或过失。②

2. 美国模式

美国不管是《谢尔曼法》还是《克莱顿法》，在规定损害赔偿时都没有提及过错问题。这不是立法的疏漏，也不是故意将其模糊。美国认为，反竞争行为几乎完全是故意行为，譬如，如果说卡特尔联合固定价格的协议是在"无故意、无过失、不小心、无意识"的状态下所做的行为，似乎不符合产业经济学的理论与实践，甚至不符合日常经验法则。③ 所以在美国反托拉斯法中，过错不是损害赔偿的构成要件，美国反托拉斯法中的损害赔偿制度实际上以损害结果之发生为关键要件。

3. 台湾地区模式

我国台湾地区"公平交易法"第 32 条规定，"法院因前条被害人之请求，如为故意行为，得依侵害情节，酌定损害额以上之赔偿，但不得超过已证明损害额之三倍。"依该条规定，台湾地区"公平交易法"不是将故意作为反垄断法损害赔偿的构成要件，而是加重条件，也就是说，若无故意情节，则仅能适用单倍损害赔偿，在存在故意的情况下，法院可以根据情节的严重程度在一倍至三倍之间酌情确定赔偿数额。

4. 韩国模式

韩国《垄断规制法》原对反垄断法损害赔偿制度实行无过失责

---

①　参见［日］丹宗昭信、厚谷襄儿：《新版独占禁止の基础》，青林书院新社 1983 年版，第 370 页。

②　参见［日］村上政博著：《日本禁止垄断法》，姜姗译，法律出版社 2008 年版，第 75 页。

③　Richard A. Posner and Frank H. Easterbrook, Antitrust Cases, Economic Notes and Other Materials (2d ed.), St. Paul: West Publishing Company, 1981, p. 580.

任原则，依据《垄断规制法》主张损害赔偿与依据《民法》第750条主张损害赔偿形成了明显的区别，依据后者提起反垄断法损害赔偿诉讼，须遵循一般侵权责任构成的基本法则，须证明违法行为人（加害人）存在故意或过失，而依据《垄断规制法》第57条主张损害赔偿，则实行无过失责任原则，法律认可了两种请求权的可选择性。但是，韩国于2004年对《垄断规制法》进行了修改，规定无过失责任的该法第56条第2项被删除，反垄断立法转变了关于损害赔偿请求权构成要件的立场，从过去的无过失责任原则变成了推定过失责任原则，也即：以《垄断规制法》请求损害赔偿的构成要件中也须包括故意或过失，或曰，故意或过失成为了反垄断法损害赔偿请求权的构成要件之一，只不过，对于故意或过失的构成要件采行推定方法，原告在起诉时可以推定违法行为人存在故意或过失，被告可以举证推翻此种推定。经由此种变更，韩国反垄断法损害赔偿制度实际上被纳入了一般侵权责任制度的轨道，不再具备《民法》上有关损害赔偿请求权关系的特则的意义。①

五、我国反垄断法损害赔偿制度之构造

（一）我国反垄断法损害赔偿制度的现实构造

我国《反垄断法》第50条规定，"经营者实施垄断行为，给他人造成损失的，依法承担民事责任"。这是我国《反垄断法》关于民事责任的基本规定，而且构成《反垄断法》本身关于民事责任规定的全部内容。从该条具体内容看，其规定相当原则，既没有明确列举民事责任的具体形式，更没有给出各种民事责任形式的基本构成要件。因此，该条规定的可实施性是较低的。

为了细化《反垄断法》第50条，建立可实施的反垄断法民事责任制度，最高人民法院于2012年出台了《反垄断司法解释》。其第

---

① ［韩］权五乘：《韩国经济法》，崔吉子译，北京大学出版社2009年版，第282页。

14 条第 1 款规定，"被告实施垄断行为，给原告造成损失的，根据原告的诉讼请求和查明的事实，人民法院可以依法判令被告承担停止侵害、赔偿损失等民事责任"。该条第 2 款规定，"根据原告的请求，人民法院可以将原告因调查、制止垄断行为所支付的合理开支计入损失赔偿范围"。由此可以看出，我国反垄断法允许垄断违法行为的受害人针对加害人主张损害赔偿，并且将原告因调查、制止垄断行为所支付的合理开支计入损失赔偿范围，这实际上借鉴了美国反托拉斯损害赔偿制度的经验，适度扩大了损害赔偿的范围，有助于激励受害人提起反垄断法损害赔偿之诉。

然而，最高人民法院《反垄断司法解释》关于反垄断法损害赔偿制度的规定依然显得粗略，以下问题依然未能得以明确：(1)反垄断法损害赔偿请求权的适格原告为何？(2)可以获得赔偿的损害之范围为何？损害额如何计算？(3)故意或过失是否属于反垄断法损害赔偿请求权之构成要件？或者说，我国反垄断法损害赔偿究竟实行过失责任原则，还是无过失责任原则，抑或是推定过失责任原则？

(二)我国反垄断法损害赔偿制度之改进

我国《反垄断法》实施已届十年，在公共实施方面取得了巨大的成效。与此形成强烈反差的是，在反垄断法私人实施方面，却乏善可陈。尤其是在反垄断法损害赔偿诉讼方面，司法案例数目严重偏低，实际获得赔偿的案例更是少而又少。目前可以查询到的实际获得了反垄断法损害赔偿的司法案例只有一起，即北京锐邦涌和科贸有限公司诉强生(上海)医疗器材有限公司、强生(中国)医疗器材有限公司纵向垄断协议纠纷案。在这个案例中，原告以被告从事维持转售价格行为对其造成损失为由向被告主张反垄断法损害赔偿。一审法院上海市第一中级人民法院认定被告实施垄断行为的事实依据不足，故而判决驳回原告全部诉讼请求。二审法院上海市高级人民法院经审理，认可了原告主张的部分事实和诉讼请求，判决被上诉人强生上海公司、强生中国公司共同赔偿上诉人锐邦公司经济损失人民币 530 000 元。① 在这起案件中，一审法院与二审法院的判决结果迥异，显示我国反垄断法损害赔偿制度具有相当高的模糊性和不确定性。

因此，我国目前的反垄断损害制度尚不足适用，亟待进一步改进完善。首要的任务就是要进一步完善相关规定，建构起具体明确且具较高操作性的制度体系。具体而言，须针对前文指出的种种不明确之处，一一予以明确：

（1）明确反垄断法损害赔偿请求权的适格原告的范围。在这方面，我们建议将适格原告确定为实际受损者，应允许终端消费者提起反垄断法损害赔偿诉讼。

（2）明确可获赔偿的损害范围，并给出损害额的计算方法。我们建议最高人民法院适时修订《反垄断司法解释》，将相关规定进一步具体化。

（3）明确故意或过失与反垄断法损害赔偿请求权之关系。我国应学习日本经验，将故意或过失因素置于反垄断法损害赔偿请求权之构成要件之外，实行无过失责任原则。这样可以减轻反垄断法损害赔偿诉讼原告的举证责任，有利于强化反垄断法损害赔偿诉讼制度对于私人实施的激励效果。

与此同时，我国也有必要考虑加大反垄断法损害赔偿的力度，引入双倍损害赔偿制度。

前文已述，世界各国（地区）反垄断法中存在三种损害赔偿制度模式，即：以美国为代表的绝对三倍损害赔偿制度、以我国台湾地区为典型的酌定三倍损害赔偿制度和日本、韩国等国实行的单倍损害赔偿制度。我国目前也选择了单倍损害赔偿制度，表面上看，与世界上大多数国家的做法保持一致。但从实践效果看，单倍损害赔偿制度的激励效果显然不够，这是导致我国私人实施反垄断法效果欠佳的主要原因。在我国《反垄断法》出台之前，笔者曾经呼吁

---

① 见《北京锐邦涌和科贸有限公司与强生（中国）医疗器材有限公司纵向垄断协议纠纷二审民事判决书》，来源：中国裁判文书网，2018 年 6 月 20 日浏览。

我国反垄断法采行双倍损害赔偿制度，① 而且《反垄断法》在起草过程中，曾经有一稿草案（2005 年 11 月修改稿）也采纳了双倍损害赔偿制度。

　　当前我国有关部门正在酝酿对《反垄断法》进行修订，为此，我们建议将革新反垄断法损害赔偿制度纳入修法范围。其理由有二：

　　第一，已有的三种反垄断法损害赔偿模式都不足取。美国模式的产生具有独特的历史和社会文化背景，美国社会奉行以个人为本位的价值观，极度重视对私人权利的维护，而且对垄断行为一直给予较激烈的伦理批判，价格固定等行为被看作是不道德的，与偷窃没有什么区别。② 与反垄断法上规定较重的刑事责任相适应，反垄断法损害赔偿的规定也比较激烈。此外，美国司法实践还一直坚持实行高额的惩罚性损害赔偿制度。这些背景都是美国特有的。正是因为这个原因，所以绝对三倍损害赔偿制度也是美国反托拉斯法所独有。更何况，绝对三倍损害赔偿制度在美国也已经产生了滥诉的消极后果，不得不由法院在实际施行过程中予以限制。所以，我国反垄断法不应规定绝对三倍损害赔偿制度。

　　我国台湾地区"公平交易法"规定的酌定三倍损害赔偿制度，在一般情况下是适用单倍赔偿，只在存在故意的前提下才适用三倍损害赔偿。台湾已有学者指出，"公平交易法"第 31 条本来就不是基于无过失责任，而必然是以故意为要件，所以第 32 条再以故意为加重赔偿的先决条件，似乎没有多大意义。③ 如此，台湾地区"公平交易法"规定的酌定三倍损害赔偿制度的内涵当中似乎存在一定的逻辑瑕疵，其本身并不完善，所以也不足以为我们所借鉴。

---

　　① 李国海：《反垄断法损害赔偿制度比较研究》，载《法商研究》2004 年第 6 期。

　　② 伍特·威尔斯：《欧洲共同体竞争法中的罚款处罚》，李国海译，载漆多俊主编：《经济法论丛（第 5 卷）》，中国方正出版社 2001 年版，第 281 页。

　　③ 刘绍樑：《从意识形态和执行实务看公平交易法》，载《政大法学评论》1991 年第 44 期。

日本等国以及我国当前实行的单倍损害赔偿制度，其最大的不足乃是不能创造足够的诉讼诱力，这不符合通过规定损害赔偿制度激励私人参与反垄断法实施的初始目标，因此也不应成为我国反垄断法借鉴的对象。

第二，双倍损害赔偿制度更适合我国国情。一方面，双倍赔偿在我国已有先例。我国原《消费者权益保护法》第 49 条规定，"经营者提供商品或者服务有欺诈行为的，应当按照消费者的要求增加赔偿其受到的损失，增加赔偿的金额为消费者购买商品的价款或者接受服务的费用的一倍"。据称，这项规定的立法目的是：强化对消费者的保护；打击、制止生产和销售假冒伪劣产品的行为，尤其是形成一种利益机制，鼓励消费者积极同不诚实的经营行为作斗争，检举、揭发经营者销售假冒伪劣商品的行为。① 当然，《消费者权益保护法》的这条规定还不能完全称为双倍损害赔偿，因为真正属于赔偿性质的只有价款或费用的一倍，而且其计算基础并非损害额，而是价款或费用。但是，在社会大众心理上，至少已经形成了双倍的概念。这完全可以为反垄断立法借助利用。而 2014 年修订后的《消费者权益保护法》更是在双倍赔偿的基础上，进一步加大赔偿力度，引入了"退一赔三"的损害赔偿制度，这就是该法第55 条的规定："经营者提供商品或者服务有欺诈行为的，应当按照消费者的要求增加赔偿其受到的损失，增加赔偿的金额为消费者购买商品的价款或者接受服务的费用的三倍。"从《消费者权益保护法》的修改方向看，我国立法部门趋向于加大惩罚性赔偿力度，这也可以成为反垄断法损害赔偿制度的革新方向。

同时，双倍损害赔偿制度最适合我国反垄断法的立法和实施环境。在立法上，有学者主张我国反垄断立法应走中庸之路，制定一部适中的反垄断法。② 笔者认同这种主张。反垄断法规定双倍损害赔偿，介于三倍损害赔偿与单倍损害赔偿之间，具备典型的中庸属

---

① 参见王利明：《民商法研究（第 5 辑）》，法律出版社 2001 年版，第555~557 页。

② 参见曹士兵：《反垄断法研究》，法律出版社 1996 年版，第 249 页。

性。从执法环境来说，我国地域广、人口多，经济发展迅速，这会导致反垄断法领域内的违法行为数量将维持在较高水平上，对反垄断法公共实施将造成较大压力，需要通过适度的激励机制来发挥私人实施的动能，同时又不能制造过度的私人实施效应，以避免因滥诉对法院形成过大的审判负担。总的来说，反垄断法案件不宜太多，也不宜太少。而双倍损害赔偿将依赖其适度的诉讼诱力，有效地保证反垄断法案件数量处于适中的规模。

【本专题系在以下论文基础上修改补充而成：李国海：《反垄断法损害赔偿制度比较研究》，载《法商研究》2004 年第 6 期。】

专题六
论反垄断法损害赔偿与民法的关系

从普遍意义上讲，法律实施与法律本身之间存在十分密切的关系，而"在反垄断法领域，法律实施对于法律本身具有更特殊的意义"①。在反垄断法实施机制中，损害赔偿制度无疑具有关键意义，它一方面可以激发私人实施的积极性从而在反垄断法私人实施与公共实施之间实现平衡，另一方面可以体现法律的公正和公平，同时还可以给予违法者以必要的制裁。

在立法与实践当中，有关反垄断法损害赔偿的一个重大问题是，反垄断法损害赔偿与民法中的损害赔偿究竟是一种什么样的关系？或者说，如何处理反垄断法损害赔偿与民法之间的关系？对于这个问题，一直存在两种截然相反的答案。其一是主张反垄断法损害赔偿可以与民法中一般损害赔偿相混同，即可以民法（或者更具体地说是民法典）的规定作为主张反垄断法损害赔偿的依据；其二则认为，反垄断法损害赔偿与民法中一般损害赔偿之间存在明显差异，不能以民法的规定作为主张反垄断法损害赔偿的依据，要主张反垄断法损害赔偿，只可以《反垄断法》为依据。这两种主张，孰是孰非，确实值得深究。

与此具有直接联系的是我国《反垄断法》所规定的民事责任制度的实施问题。该法关于民事责任的规定只有第 50 条一个条文："经营者实施垄断行为，给他人造成损失的，依法承担民事责任"。这条规定十分简略，给实施环节留下了较大的发挥空间。鉴于反垄

---

① 李国海：《反垄断法实施机制研究》，中国方正出版社 2006 年版，第 10 页。

断法民事责任的主要形式是损害赔偿，那么，究竟根据何种法律来主张反垄断法上的损害赔偿？究竟是以《反垄断法》本身为依据，还是应以民法的有关规定为依据？这也是实施反垄断法过程中必须回答的问题。

基于以上问题的存在，本专题以认同反垄断法损害赔偿的特殊性为立论基点，试图论证反垄断法损害赔偿与民法之间存在实质的区隔，提出只可依据《反垄断法》的规定主张反垄断法损害赔偿，而不能将民法的规定作为主张反垄断法损害赔偿的依据。

一、反垄断法损害赔偿与民法的关系：实然层面之考察

反垄断法确立损害赔偿制度是当今各国(地区)的通行做法，各国(地区)皆规定，反垄断法损害赔偿应以反垄断法的规定为基本法律依据，但除此之外，是否可以依据民法主张并获得反垄断法损害赔偿呢？对于这个问题，在立法和司法体现出来的实然层面，各国(地区)有不同的做法，可以归纳为以下三种基本模式。

(一)双重依据并行适用模式

有些国家(地区)在立法层面和司法层面均认可民法典关于损害赔偿的条文可以作为反垄断法损害赔偿的法律依据，这样，反垄断法损害赔偿既可依据反垄断法，也可依据民法，这实际上为反垄断法损害赔偿提供了双重且可以并行适用的依据。

在日本，反垄断法损害赔偿既可以依据《禁止垄断法》第25条来主张，也可以依据《民法》第709条来主张。这是对反垄断法损害赔偿采取双重依据模式的典型例证。根据《民法》第709条主张反垄断法损害赔偿，受害人(原告)必须对以下四个方面负举证责任：(1)故意或过失；(2)违法行为(侵权行为)；(3)违法行为与损害的因果关系；(4)损害及损害赔偿金额。《禁止垄断法》第25条规定了一种特别损害赔偿制度，与民法规定的损害赔偿制度存在显著的不同：第一，有违法行为的事业者，对其违法行为不能以举

证没有故意或过失来免除自己的赔偿责任；第二，受害人可以在审决确定之后请求损害赔偿，该损害求偿权的消灭时效，是从审决确定之日起的三年时间；第三，法院可以就损害赔偿额征求公正交易委员会的意见，包括损害额及因果关系等方面；第四，东京高等法院对特别损害赔偿案件有专属诉讼管辖权，而如果依据《民法》提起反垄断法损害赔偿诉讼，则遵循普通的管辖原则来确定管辖法院。可见，《禁止垄断法》规定的损害赔偿制度具有相当程度的特殊性。

日本之所以在《禁止垄断法》中规定特别的损害赔偿制度，是因为考虑到因违反《禁止垄断法》的行为而造成的损害，实际上无法通过《民法》第709条规定得到求偿，在这个前提下制定了特别损害赔偿制度。① 反垄断法上的特别损害赔偿制度给原告提供了巨大的便利，可以实质性地减轻原告的举证责任：由于反垄断法上的特别损害赔偿诉讼的提起，须以公正交易委员会作出审决为前提，因而原告能够满足证明违法行为之存在以及故意过失等要件的举证责任，因为公正交易委员会既已通过审决确认了违法行为之存在，而此种确认结果对法院具有约束力，则原告无须再证明违法行为之存在；同时，公正交易委员会有关损害额的意见陈述也可以成为受害人（原告）的强力证据。当然，特别损害赔偿制度对原告也有一定的限制：一方面，此种诉讼必须向东京高等法院提起，可能对原告造成不便，"对于地方消费者来说，在居住地的地方法院依据《民法》第709条提起诉讼，也许会更方便些"。② 另一方面，由于特别损害赔偿诉讼之提起须以公正交易委员会的审决为前提，若无审决，则不能提起特别损害赔偿诉讼，这对原告提起反垄断法损害赔偿诉讼可能会造成妨碍或限制。也许正是因为这个原因，日本反垄断法的实施实践中，私人依据《禁止垄断法》第25条提起的损害

---

① 参见[日]村上政博：《日本禁止垄断法》，姜珊译，法律出版社2008年版，第78页。

② [日]村上政博：《日本禁止垄断法》，姜珊译，法律出版社2008年版，第78页。

赔偿案例很少，绝大多数的私人诉讼都是依据《民法》第709条提起的民事赔偿诉讼。①

对于日本法院来说，尽管在判例法上明确了不论审决的有无，因违反《禁止垄断法》的行为而造成的损害，均可通过《民法》第709条规定得到求偿这一可能性，但在遇到两类诉讼并存的场合，往往倾向于优先适用特别损害赔偿制度。在有关水表的串通投标案中，地区居民依据《民法》第709条向东京地方法院提起损害赔偿诉讼，东京都政府依据《禁止垄断法》第25条向东京高等法院提起损害赔偿诉讼。结果，东京地方法院依据法官自由裁量权终止了诉讼程序，两个案件均交由东京高等法院审理，被合并在一个诉讼程序中。② 这显示，在法院心目中，《禁止垄断法》规定的特别损害赔偿制度具有优先性。

韩国对于反垄断法损害赔偿也采取双重依据模式。韩国《规制垄断与公平交易法》第56条规定，"经营者或者经营者组织违反本法规定而致使他人受损害的，应对该受害人承担损害赔偿的责任。但是能证明自己无故意或者过失的经营者或者经营者组织除外"。该法原本在第57条第1项有一则但书规定，该法的损害赔偿请求权，并不限制《民法》第750条规定的损害赔偿请求权的行使，明文认定两种请求权的可选择性。③ 韩国2004年对《规制垄断与公平交易法》相关条文进行了修改，规定无过失责任的第56条第2款被删除，关于故意、过失的举证责任转由经营者承担，原《规制垄断与公平交易法》第57条第1款的但书也不再保留。这显示，在韩国，关于反垄断法损害赔偿，继续保留了双重依据，但反垄断法依据与民法依据有所融通，反垄断法损害赔偿制度与民法的区隔度有

---

① 参见戴龙：《日本反垄断法研究》，中国政法大学出版社2014年版，第72页。

② ［日］村上政博：《日本禁止垄断法》，姜珊译，法律出版社2008年版，第78页。

③ 参见［韩］权五乘：《韩国经济法》，崔吉子译，北京大学出版社2009年版，第282页。

所下降，使得反垄断法损害赔偿的法律性质更容易被视为侵权行为责任。① 但是，尽管如此，韩国反垄断法损害赔偿制度仍然保留了较为显著的独特性，集中表现为举证责任的分配，即：故意、过失的举证责任由作为加害人的经营者承担，经营者无法证明其不存在故意、过失的，不免除其损害赔偿责任。

（二）以民法为基本依据的模式

某些国家以民法的相关规定作为反垄断法损害赔偿的基本依据，将反垄断法损害赔偿视为民事侵权责任的一种具体表现。这种做法可以被列为关于反垄断法损害赔偿法律依据的第二种模式。

法国的相关做法可以作为上述模式的典型代表。法国的反垄断立法并没有针对反垄断违法行为导致的损害赔偿作出专门的规定，而是适用侵权法中关于损害赔偿的一般规定。② 具体而言，在法国，提起反垄断法损害赔偿诉讼的基本依据是《法国民法典》第1382条。该条规定："任何行为使他人受损害时，因自己的过失而致行为发生之人对该他人负赔偿的责任。"因此，法国关于反垄断法损害赔偿的构成要件也无多大特殊性，垄断行为的受害者若想获得损害赔偿，须证明以下三个要件：过错、损害以及二者之间的因果关系。法国侵权法采用客观过错说，将过错和违法合二为一，因此，在法国反垄断法上，证明违法即不可反驳地推定了过错的存在。

德国在早期也采用与法国相同的做法，只不过在后来有所修正。具体而言，在1955年以前，在德国提起反垄断法损害赔偿诉讼只能依据《德国民法典》第823条的一般侵权损害赔偿规定，尤其是依据该条第2款规定的违反法定禁止或义务的损害赔偿诉

---

① 参见［韩］权五乘：《韩国经济法》，崔吉子译，北京大学出版社2009年版，第282页。

② 参见戴宾、兰磊：《反垄断法民事救济制度比较研究》，法律出版社2010年版，第95页。

因。① 1955 年，德国《反对限制竞争法》对于违反该法的损害赔偿作了特别规定，主要体现为该法第 33 条，该规定只是对《德国民法典》第 823 条第 2 款的具体化，实质上并没有多少突破之处，其要件与民法典的规定基本相同。直到 2005 年德国第七次修订《反对限制竞争法》，对第 33 条进行了较大的扩充，引入了一些新的专门针对反垄断法损害赔偿的举措：赋予反垄断执法机构作出的违法认定决定在私人诉讼中的约束效力；放弃了保护目的的要求；明确转嫁抗辩的效力以及损害赔偿的计算；等等。这表明，德国逐步从原有立场上退却，在反垄断法损害赔偿的法律依据方面，逐步突出了反垄断法本身的地位，降低了民法的地位。

（三）以反垄断法为基本依据的模式

当今世界上大多数国家（地区）均以反垄断法作为反垄断法损害赔偿的基本依据，只有反垄断法没有规定的，方可适用民法的有关规定。这构成了第三种模式，也是主流模式。

例如，在英国，反垄断立法是反垄断法损害赔偿的基本依据，普通法或衡平法中的民事性内容不起多大作用。英国现代竞争立法在 1948 年已经发端，但在很长一段时间内，都没有引入损害赔偿制度，直到 2002 年《企业法》明确规定损害赔偿制度，英国反垄断法方确立并适用损害赔偿制度。这就说明，在英国，不能依据普通法或衡平法提起损害赔偿诉讼。同时，根据《企业法》的有关规定，尽管英国在反垄断法损害赔偿诉讼的审判机构上实行双轨制，即竞争上诉庭和普通法院均可承担反垄断法损害赔偿案件的审判，但这两家机构均应以竞争法的有关规定为基本依据，法律要求两家审判机构审理损害赔偿案件应保持一定的协调性，即为确保竞争法实施的一致性，一般法院作出的判决应避免与公平贸易局、竞争上诉法

---

① 参见戴宾、兰磊：《反垄断法民事救济制度比较研究》，法律出版社 2010 年版，第 97 页。

庭就同一竞争法案件作出的决定相互冲突。①

又如，在我国台湾地区，"公平交易法"与"民法典"在损害赔偿方面的规定存在巨大差异，采用不同的赔偿原则和要件构成。② "公平交易法"第 31 条第 1 款规定，"事业违反本法之规定，致侵害他人权益者，应负损害赔偿责任"。这似乎是承认民法一般侵权损害赔偿原则在一般情况下可以适用于反垄断法损害赔偿，表面上看并没有对民法侵权损害赔偿制度有所变更，但实际上，为了体现反垄断法保护竞争的特殊目的，该款规定已与民法一般规定有实质区别，很多学者认为其属于无过失责任或推定过失责任。③ 尤其是该法第 32 条"追加二项特殊的损害赔偿制度，借以促进公平法规范原理与目的之实现"。④ 更是与民法关于侵权责任的一般规定存在迥然区隔。由此可见，台湾地区"公平交易法"关于损害赔偿的规定具有突出的个性特质，顺理成章地成为受害人提起反垄断法损害赔偿诉讼的基本依据，民法的相关规定在其中所起作用甚少。因此，从反垄断法的民事赔偿责任而言，其内容应属民事纷争，基本上应以现代之损害赔偿法论为前提，但公平交易法应属特别法，只有在公平交易法没有规定时，方可适用民法一般损害赔偿之规定。⑤

此外，在美国，反托拉斯法三倍损害赔偿的唯一法律依据是反托拉斯立法，而不是普通法。⑥

---

① 参见李国海：《英国竞争法研究》，法律出版社 2008 年版，第 259 页。

② 参见黄铭杰：《公平交易法的理论与实践——不同意见书》，学林文化事业有限公司 2002 年版，第 72 页注［21］。

③ 参见黄铭杰：《公平交易法的理论与实践——不同意见书》，学林文化事业有限公司 2002 年版，第 566 页以下。

④ 参见黄铭杰：《公平交易法的理论与实践——不同意见书》，学林文化事业有限公司 2002 年版，第 566 页。

⑤ 赖源河编审：《公平交易法新论》，中国政法大学出版社、元照出版公司 2002 年版，第 433 页。

⑥ 李国海、李云妹：《论反垄断法损害赔偿制度与民法的关系》，载漆多俊主编：《经济法论丛(第十四卷)》，中国方正出版社 2008 年版，第 142 页。

总之，从各国（地区）反垄断立法和实施的实践看，将反垄断法损害赔偿与民法上的损害赔偿区分开来，将反垄断法作为反垄断法损害赔偿的基本依据，不但是各法域的通行做法，也是当今的一个趋势。① 其中的原由在于，反垄断法与民法属于不同的法律体系，具有不同的价值追求，反垄断法损害赔偿具有自己特殊的目的。因此，必须对反垄断法损害赔偿制度予以特殊设计，相对于民法侵权损害赔偿，反垄断法损害赔偿责任的构成要件须予以简化，以减轻原告的起诉负担，通过减少障碍激励私人起诉，从而实现反垄断法执法和立法目的。

二、反垄断法损害赔偿与民法损害赔偿在目的设置上的分野

（一）理论基点：竞争是法益而非民事权利

1. 竞争非权利

反垄断法保护的对象，固然是多方面的，但其核心部分乃是竞争。这既是各国反垄断法所共同宣示的，也是被人们所普遍承认的。② 反垄断法上的损害，虽然最终体现为受害人财产或营业上的损失，但是些都是因为公正的市场竞争环境遭到了损害造成的，属于衍生性或辐射性的损害。如此，我们可以认为，竞争之遭损害是反垄断法上损害赔偿的肇因，而一般民法上损害赔偿责任乃因民事权利被侵犯而生，两者相互联系，我们就有必要解答这样一个问题：反垄断法上的竞争与民法上的权利是什么关系？

法学界对民事权利的界定尽管很不一致，但是都认可民事权利的核心特征是其法定性，从实质意义上讲，民事权利均来源于法律

---

① 参见戴宾、兰磊：《反垄断法民事救济制度比较研究》，法律出版社2010年版，第103页。

② 参见李国海：《反垄断法实施机制研究》，中国方正出版社2006年版，第239页。

的承认，从形式意义上讲，即"权利不问何种，在法律制度下，必有其称谓，例如所有权、专利权等"①。

那么，反垄断法所保护的竞争，或者说市场上参与竞争的经营者或消费者享有公正自由的竞争的地位，是否属于民事权利的范畴呢？对于这个问题的解答，学界基本上都持否定的态度。如我国台湾地区学者曾世雄认为公平交易秩序对于事业或消费者而言，不能以权利视之，仅能视为法益。他认为，法律保护的对象可以统称为权益，包括权利和法益。法益属于利益的一种，利益是能够为主体享有的某种好处，其中有的不受法律保护，有的受法律保护；不受法律保护的，仅停留在事实上利益的状态，受法律保护的利益，则晋升为法律上之利益，即法益。公平竞争秩序之所以仅为法益而非权利的理由如下：（1）交易秩序并非为特定人所得享有之特定利益，而是为人类经济活动期使公平运作所立之一般性规则，因而尚未创设赋予特定人特定利益之力量；（2）如果认为它是权利，那么它究竟属于何种权利呢？这是难以确定的。将其归属于支配权或形成权，明显不妥，将其归属于请求权，则这种请求权所对应的基础性内容是什么也难以确定。② 日本学者也大致认为，一般消费者享受自由竞争的利益的地位，不被承认是日本《民法典》第709条规定的权利。

我国有学者曾经对法益给予深入研究，并指出，"法益是指根据宪法的基本原则，由法所保护的，客观上可能受到侵害或者威胁的人的生活利益"。③ 法益是存在于法律明确规定的权利之外的具有正当性的利益。从来源而言，它并非来自法律的明确规定，而是根据法律推定或者依据社会的一般观念来肯定其正当性。因此，与权利相比，法益具有不明确性的特点。在反垄断法中同样存在法

---

① 参见［日］田中诚二等：《独占禁止法》，劲草书房1981年版，第949页。

② 曾世雄：《违反公平交易法之损害赔偿》，载《政大法学评论》1991年第44期。

③ 张明楷：《法益初论》，中国政法大学出版社2003年版，第167页。

益，反垄断法法益指的是由反垄断法所保护的人的生活的利益。而竞争是指整体人类经济秩序，是整体的人类经济利益。因此，竞争符合法益的内涵。随着经济的发展，反垄断法的出现，"竞争"内涵的日益丰富，立法者不可能仅以明确性的规范就能准确界定竞争。

2. 对"竞争权"主张的质疑

在我国，有少数学者使用了竞争权的概念①。但实事求是地讲，这些学者都没能令人信服地在竞争与权利之间建立起直接的联系，始终在外围打转。例如，有的学者在界定竞争权概念时提出：（1）竞争权专属于商人，作为商人不可分的初始权利属自然权利；（2）竞争是商品经济下以盈利为目的的企业或其他经济实体的一项权利；（3）竞争权的基本内容与要求是：竞争自由、竞争机会的均等、风险和利益同在等内容；（4）竞争发达的市场经济国家之所以没有出现竞争权的概念，是因为竞争权处于一种不言自明的状态②。上述看法的片面性是显而易见的。首先，将竞争权界定为自然权并没有多大实质意义，自然权在受实在法认可前本身处于法律权利的界限之外，把竞争权归为自然权，使其处于一种不明确的状态；其次，将竞争权仅界定为商人的权利，但竞争所保护的对象不仅仅是商人；再次，竞争权的提出是在对"竞争"这个丰富内涵的限定下所得出的结论，缺乏说服力。最后，对于为什么西方国家不存在竞争权？与其说可能出在不言自明的状态，不如说作为法益概念在宪法中本来就有了反映，且受到了保护。

有的学者依据私法"无救济，无权利"的基本逻辑，推导出"有救济必以权利为依据"的结论，从而提出在竞争法领域"因遭受不正当竞争行为侵害获得民事法律救济，受害经营者必然享有某种民

---

① 例如：王艳林（《竞争权研究引论》，载《国家检察官学院学报》2005年第2期）；邵建东：《竞争法教程》，知识产权出版社2003年版；胡小红：《论正当竞争权》，载《当代法学》2000年第1期等。

② 王艳林：《竞争权研究引论》，载《国家检察官学院学报》2005年第2期。

事权利为前提"，并认为"这种民事权利就是经营者的正当竞争权"①。这种逻辑推导实际上是错误的，因为法益作为法律所保护的对象，受到损害同样会引起救济的出现。

还有学者认为公平竞争权本质上是上市主体的人格权，"公平竞争权是市场主体所享有的，作为一个市场主体被其他先行主体所尊重，并被承诺以公平的方式竞争交易集会的权利。该权利被侵害，当事人既可以请求有关行政机关为具体行政行为予以干预，亦可行使私法上的诉讼权予以救济"②。并提出正是因为公平竞争权是市场主体所享有的，所以当其受到损害时才能有提起损害赔偿的可能。这虽然是通过分析了物权、债权等一般民事权利后得出的结论，但究其实质，公平竞争权的提出，其依据依旧是救济的存在是以权利的存在为前提，因此具有片面性。

总之，目前国内学者提出的"竞争权"尚属含混不明的学术用词，考诸境内外的立法，"竞争权"至今尚未获得实然层面的肯定，从应然角度看，"竞争权"也不能成立，因为设立"竞争权"与竞争法的法权性格不符，有违法律进化的历史路轨，"竞争权"的设定将导致竞争法目标配置的失衡。同时，从操作角度看，设立"竞争权"也是不可能完成的任务，因为"竞争权"的主体、客体和内容都难以确定。因此，我们只可以循"法益"路径而非"权利"逻辑来理解反垄断法的目标。③

(二)民法损害赔偿中的"填补论"对于反垄断法损害赔偿的不相容性

反垄断法所保护的竞争属于法益而并非民事权利，因此反垄断法损害赔偿制度与民法损害赔偿制度在诸多方面不可避免存在差异，这集中体现在二者的目的设置上。

---

① 胡小红：《论正当竞争权》，载《当代法学》2000 年第 1 期。

② 唐兆凡、曹前有：《公平竞争权与科斯定律的潜在前提》，载《现代法学》2005 年第 2 期。

③ 王红霞、李国海：《"竞争权"驳论》，载《法学评论》2012 年第 4 期。

民事责任主要是为了补偿权利人所受损失和恢复民事权利的圆满状态，侧重于补偿，一般不具有惩罚性。① 民事责任的直接目的乃是使受害者因行为人的违法行为而遭受损害的财产利益或人身利益，通过追究违法行为人的民事责任，得到恢复和弥补，从而维护受害者合法、正当的民事权益。遵循民事责任的特性，民事责任的形式反映民事责任的本质，即平等性、补偿性，以此区别于刑事责任与行政责任。损害赔偿是承担民事责任的一种最主要的形式，是指责任人以其一定财产向受害人承担民事责任的形式，它是以填补民事违法行为给受害人造成的实际损害为目标指向的。如德国《民法》第 249 条中规定：损害赔偿，应恢复损害事故未发生下应有之状态。美国法和法国法同样有类似的规定。台湾地区"民法"第 213 条第 1 项规定：负损害赔偿责任者，除法律另有规定或契约另有规定外，应回复他方损害发生前之原状。大陆法系和英美法系国家法律所设计的损害赔偿制度彼此并不一致，但同样尊奉最高指导原则，即损益相抵原则。损害赔偿旨在填补损害，赔偿与损害大小相当一致，不可少也不可多，基于此原则，损害赔偿的结果，受害人不得比没有损害事故发生时更为优越。填补损害是基于公平公正的理念，目的是要使受害人的损害能获得实质、完整、迅速的填补。

一般民事损害赔偿中的填补理论对于反垄断法损害赔偿而言，具有显著的不相容性：

第一，反垄断法损害赔偿的目标始终离不开反垄断法的目标，即维持公平自由的竞争秩序。它与民法损害赔偿所保护的客体存在根本差异，民法损害赔偿要维护的仅仅只是相对人所受的损害赔偿，而反垄断法是特别法，维护的是不确定多数人的利益，反垄断法损害赔偿制度的设立目标不是为了恢复或填补权利的损失，如果我们将填补功能视为反垄断法损害赔偿制度的基本功能，很可能会与反垄断法的目标相背离。

第二，民法损害赔偿是私人利益之间的填补，反垄断法的损害

---

① 参见魏振瀛主编：《民法》，北京大学出版社、高等教育出版社 2010 年版，第 42 页。

赔偿，一方是消费者个人，另一方是大企业，两者在势力对比上存在明显而巨大的差别，如果简单的将民法损害赔偿照搬过来恐怕不能起到应有的效果。

第三，民法损害赔偿只能是发生在相对人之间，民事违法行为人侵害了受害人的权利，受害人就有权就违法行为人提出损害赔偿请求权。而在反垄断法中，消费者作为直接受到损害的主体却未必能拥有损害赔偿请求权。例如，在美国，消费者并不享有反托拉斯法上的损害赔偿请求权。美国在反托拉斯法损害赔偿方面适用"直接购买者原则"，如果消费者不是直接购买者，尽管限制竞争行为的不利结果最终是由消费者承担，但消费者作为原告也是不适格的。

反垄断法具有典型的国家干预性、整体利益本位性、经济政策性等基本特征。① 从各国（地区）反垄断法的立法和实践均可以发现，各国（地区）都将维护和促进竞争作为反垄断法的直接立法目的。反垄断法作为国家调节市场竞争行为的产物，它的公法性质是非常明显的，但同时因为反垄断法调整的竞争关系是经济关系的一种，属于私法的调整对象。因此，整体上来说，反垄断法在性质上也是以公法性质为主，同时兼有某些私法性质。这决定了反垄断法的首要执法目的是通过威慑来预防违法行为的发生。反垄断法损害赔偿制度，作为反垄断法的执法手段之一和反垄断法整体规范的一环，其目的也应该与反垄断法的整体执法目的相一致。反垄断法损害赔偿的主要目的，一是制造一定的威慑效果，阻吓反垄断违法行为的发生；二是制造必要的诱因，激励私人参与反垄断法的实施。② 因此，与民法损害赔偿追求公平正义的基本目标不同，反垄断法损害赔偿具有很强的功利性和工具性色彩。因而，反垄断法损害赔偿不能以"填补论"来予以解释。

---

① 参见周昀：《反垄断法的性质基本特征与地位探析》，载《安徽警官职业学院学报》2006 年第 3 期。

② 参见李国海：《反垄断法实施机制研究》，中国方正出版社 2006 年版，第 206~209 页。

三、反垄断法损害赔偿构成要件的独特性

除了目的设置上的区别外，反垄断法损害赔偿与民法上一般民事损害赔偿在请求权构成要件上也存在明显的区别。一般民事损害赔偿主要是因为侵权行为所导致，或者说一般民事损害赔偿的典型形态为侵权损害赔偿，因此，通过比较反垄断法损害赔偿与民法上一般侵权损害赔偿在构成要件上的区别，我们就可以揭示出反垄断法损害赔偿构成要件的独特性。

(一)民法上侵权损害赔偿的构成要件

各国民法对侵权损害赔偿构成要件的规定有所不同，理论界对其构成要件也是各持己见。整体来说，理论界对民事侵权责任构成要件的争论，主要集中在"违法性"能否成为要件之一上，赞同者认为侵权责任的构成要件应包括：违法行为、过错、损害事实、因果关系，此即为"四要件说"；否认者认为只应包括过错、损害事实和因果关系，此即为"三要件说。"① 为更全面地论述民法上侵权损害赔偿的构成要件，我们特对"四要件说"简单展开论述如下：

1. 行为的违法性

《法国民法典》第 1382 条规定："任何行为使他人受损害时，因自己的过错致损害发生之人对该他人负赔偿责任。"《德国民法典》第 823 条第 1 款规定："因故意或过失不法侵害他人的生命、身体、健康、自由、所有权或其他权利者，对被害人负损害赔偿义务"。不难看出，法国民法不承认违法性为侵权责任的构成要件，而德国民法承认。我国《民法通则》第 106 条第 1 款的规定没有出现"违法"或"不法"的用词，我国《侵权责任法》第六条仅规定："行为人因过错侵害他人民事权益，应当承担侵权责任"，也没有出现"违法"或"不法"的限定词。这表明，我国民事立法并不承认

① 张民安：《作为过错侵权责任构成要件的非法性与过错》，载《甘肃政法学院学报》2007 年第 4 期。

过错与违法性的区分，违法性不是一般侵权责任的构成要件。① 在学术领域，国内学者对此存有争议。以王利明教授为代表的学者认为，区分违法性与过错是没有必要的，真正确定人们行为标准的，应当是法定的权利，而非作为侵害法定权利后果的行为的违法性，因此，不应将违法性列入民事侵权责任的构成要件。② 以张新宝、杨立新教授等为代表的一些学者则认为，区分违法性与过错有其内在合理性，违法性与过错应当并列为侵权责任的构成要件。③

2. 过错

在过错责任领域里，当损害赔偿因侵权行为发生时，过失、过错是其构成要件。过错是对行为人主观心理状态的评价，分为故意与过失。故意，是指行为人明知其行为会发生侵害他人民事权益的后果，仍有意为之的一种主观心理状态。过失，则是指行为人对侵害他人民事权益之结果的发生，应注意、能注意却未注意的一种心理状态。④ 在民法领域，过错行为不限于违法行为，还包括道德规范和社会规范的不当行为，⑤ 因此，在侵权法上，应当采取罪责理论，即不要求行为人认识到其行为的违法性才能构成故意。

3. 损害

无论是过错责任认定的侵权行为，还是无过错责任认定的侵权行为，损害都应是其构成要件，这是由侵权行为的本质和社会功能所决定的。损害是一种事实状态，是指因一定的行为或事件使他人的合法权利遭受不利益的影响。损害事实是侵权责任的构成条件和前提，无损害就无责任。损害作为要件应当有如下特征：（1）损害是侵害合法民事权益所产生的后果；（2）损害具有法律上的补救

---

① 参见程啸：《侵权责任法》，法律出版社 2011 年版，第 191 页。

② 参见王利明：《侵权行为法归责原则研究》，中国政法大学出版社 2003 年版，第 401 页。

③ 参见张新宝：《侵权责任法（第 2 版）》，中国政法大学出版社 2010 年版，第 29 页。

④ 参见程啸：《侵权责任法》，法律出版社 2011 年版，第 188~201 页。

⑤ 参见王利明：《侵权责任法研究（上卷）》，中国人民大学出版社 2010 年版，第 367 页。

性；（3）损害具有客观真实性和确定性。只有同时具备这三个特征才能构成损害事实。

4. 因果关系

因果关系作为侵权行为的构成要件无论在大陆法系还是在英美法系的侵权行为中都是没有争议的。侵权行为法中的因果关系，是指侵权损害原因和结果之间的相互联系，它应当符合普通因果关系的基本原理。侵权因果关系是确定侵权责任的构成要件。

（二）反垄断法损害赔偿的构成要件

各国（地区）反垄断法在制定损害赔偿制度时，同时也规定了反垄断法损害赔偿构成要件。基于社会背景、文化传统、立法目的等方面的差异，各国（地区）反垄断法所规定的损害赔偿构成要件的具体内容并非完全一致，但其大致框架是一致的，主要包括：

1. 反垄断法损害赔偿的请求权人

原则上来说，只要是因为垄断违法行为而受到损害的人，都应该具有起诉资格。因经营者的违法行为受到损害的相关经营者应当属于请求权人。[1] 这种观点得到了各国的普遍认同，但是一般消费者是否有权提起诉讼却仍然值得探讨。理由是，反垄断法所保护的是市场公平，自由的竞争秩序，经营者的违法行为一般都是破坏市场秩序的行为，而消费者往往是间接受害者，其损害性质往往是市场秩序遭到破坏的反射。因此，一般消费者是否拥有损害赔偿请求权，不同的国家有不同的做法。美国采取了否定的立场，而其他国家大多数采取肯定的立场。[2]

2. 垄断违法行为的发生

反垄断法损害赔偿的发生必须以垄断违法行为的存在为前提，但是，并非所有的垄断违法行为都可导致反垄断法损害赔偿。

---

[1] 参见赖源河编审：《公平交易法新论》，中国政法大学出版社、元照出版公司2002年版，第434页。

[2] 参见李国海：《反垄断法实施机制研究》，中国方正出版社2006年版，第217、218页。

在 2000 年 5 月之前，日本《禁止私人垄断和公正交易法》将损害赔偿适用的范围仅限定于三种违法行为：即必须是事业者存在私人垄断、不正当的交易限制及不公正的交易方法中的任意一条。随着司法实践的进展，日本法律界越来越意识到，反垄断法损害赔偿的范围太窄，缺乏对消费者的保护。所以在 2000 年 5 月对《禁止垄断法》的修改中，终于将第 6 条（国际的协定·契约）和第 8 条第 1 项（事业者团体行为）追加进了第 25 条的适用范围。①

美国反垄断法采取的是分散立法的形式，只有在其中的一些法律文件才可引起损害赔偿。《谢尔曼法》第 6 条、第 7 条以及《克莱顿法》第 4、第 4A 条规定了"因反托拉斯法禁止的事项"而引起损害赔偿的违法行为，而《克莱顿法》第 1 条采用列举的方式规定"反托拉斯法"包括《谢尔曼法》和《克莱顿法》在内的四种法律，而《联邦贸易委员会法》不包括在其中。因此，美国并未具体的对反垄断法损害赔偿的违法行为进行限制，但是对可以引起损害赔偿的法律文件进行了限制。

3. 过错

关于过错是否作为反垄断法损害赔偿的构成要件，各国或地区的反垄断立法有不同的规定。日本采取的是无过错要件型模式，该国《禁止垄断法》在 24、25、26 条中规定了无过错损害赔偿制度。而美国采取的是过错非要件型模式，不管是《谢尔曼法》还是《克莱顿法》，在规定损害赔偿时都没有明文规定过错问题。在美国看来，反竞争行为几乎完全是故意行为。我国台湾地区"公平交易法"采取的是混合要件型模式。对于我国台湾地区"公平交易法"第 31 条的规定，有的学者认为是无过失责任，有的学者认为虽不能将其认定为无过失责任，如证明存在违法行为就可以推定有"过失"，甚至不少情形下可以推定有"故意"。而第 32 条的规定"法院因前条被害人之请求，如为故意行为，得依侵害情节，酌定损害额

---

① Richard A. Posner and Frank H. Easterbrook, Antitrust Cases, Economic Notes and Other Materials (2d ed.), St. Paul: West Publishing Company, 1981, p. 580.

以上之赔偿，但不得超过已证明损害额之三倍"。根据该条规定如果被害人能证明有加害的故意的前提下，法院有权根据情节程度做出一倍至三倍之间酌情确定赔偿数额。因此有学者认为第32条加重赔偿的标准，不应在行为是否故意，而应在于目的、手段等情节。① 有的学者认为第32条中的"故意"不是构成要件，而是加重情节。②

4. 以因果关系为基础的损害存在

构成反垄断法上的损害赔偿责任，必须是违反行为与被害人所主张的事实存在因果关系，且这种损害在其国家反垄断法所要保护的范围内。不同的国家对与损害的范围的认定存在一定的差异，但是对于因果关系的要求都是不可缺少的。

(三)反垄断法损害赔偿构成要件与民法损害赔偿构成要件的差异

通过上文对反垄断法损害赔偿与民法损害赔偿的构成要件的分析，不难看出，尽管二者之间存在一定程度的共通性，但也存在较大的差异。从基本框架看，反垄断法损害赔偿的构成要件的具体项目与民法损害赔偿就有所不同。反垄断法损害赔偿颇为注重对请求权适格主体的界定，而民法损害赔偿基本上可以不考虑这个问题。其中的原因在于反垄断法与民法在保护对象上存在根本差别。民法中的侵权责任法要保护的对象一般来说是实际受害人，享有损害赔偿请求权的主体一般都是实际受害人；而反垄断法所保护的对象是竞争，因竞争内涵的丰富性，而且不同国家反垄断法的立法目的有所不同，使得反垄断法损害赔偿所维护的利益并不一定是实际的受损害人的利益，反垄断法损害赔偿请求权的主体并不一定是直接受害人。反垄断法在确定损害赔偿请求权主体时表现出较为强烈的功

---

① 刘绍樑：《从意识形态和执行实务看公平交易法》，载《政大法学评论》第44期(1991年)。

② 参见李国海：《论反垄断法损害赔偿构成要件》，载《中南大学学报(社会科学版)》2006年第4期。

利主义色彩，为了使反垄断法损害赔偿制度之基本功能（激励私人实施）得以发挥，某些国家（如美国）将反垄断法损害赔偿请求权赋予了非实际受害人。因此，在反垄断法损害赔偿中，如何确定请求权主体是一个颇费思量的问题，既不能像民法那样简单处理，各国（地区）的具体做法也存在较大差异。

此外，即使是同样被纳入构成要件范围的过错、违法性以及损害等因素，在反垄断法损害赔偿中都具有不同于民法侵权损害赔偿的内容。

1. 过错在构成要件中的地位不同

民法损害赔偿的构成要件中必然包括过错，但反垄断法损害赔偿则不然，某些国家反垄断法损害赔偿的构成要件中并未纳入过错，而是以违法行为本身吸纳过错这个要件，或者从违法行为之发生推定行为人存在过错。另外，民法中考虑过错这个构成要件较为复杂，包括了故意、过失两种过错形态，同时还存在过错责任原则、无过错责任原则、推定过错责任原则以及公平责任原则等不同做法，在不同的侵权情形下以及在民法不同的发展阶段对归责原则有不同的选择，对归责的意思状态的理解同样存在差异，且在不同的案件中的运用也是不相同的。总之，基于民法损害赔偿的填补功能兼顾平等主体间利益并衡原则，民法损害赔偿归责原则的运用上呈现多元化的趋势。反垄断法损害赔偿在对待过错这个构成要件上要简单得多。各国（地区）反垄断法一旦确定在损害赔偿制度中适用某种归责原则，那么这种归责原则将适用于所有的反垄断法损害赔偿案件，不会因不同的案件而适用不同的归责原则。

2. 违法性在损害赔偿构成要件中的地位不同

如前文所述，民法上损害赔偿构成要件不一定包括违法性，也即违法性并不必然成为民法损害赔偿的构成要件，民法损害赔偿重视过错这个构成要件，可以用过错要件吸收违法性，而且民法损害赔偿也并非都由违法行为所导致。与之相反，反垄断法损害赔偿重视违法性，违法行为之存在是构成反垄断法损害赔偿的前提和关键性要件。可以说，在反垄断法中，有违法行为才会有损害赔偿，无违法行为则无损害赔偿。而且，在反垄断法中，有违法行为不一定有损害赔偿，因为各国反垄断法只将部分违法行为与损害赔偿直接关联，某些行为即使违法了反垄断法，给某些主体造成了损失，也并不一定会导致损害赔偿责任,① 而民法中的违法行为只要给他人造成了损失，一般都会导致损害赔偿责任。

3. 损害的认定不同

在损害的范围认定上，反垄断法与民法的区别同样是明显的：第一，二者认定损害的方法不同；第二，两者在损害认定的范围上同样存在差异②，反垄断法上的损害，都是财产或营业上的损失，不包含人身权受到损害的情形，而在民事损害赔偿中，不仅包含着财产上的损害，还包括人身损害，在独特的场合中，还会出现精神损害赔偿；第三，因为两者在保护对象上存在差异，民法所保护的是权利的受损，而反垄断法所保护的是法益的受损，这也决定两者在受到损害后，损害数额的认定必须与两者的保护的对象的特征相关，因此两者在损害数额的认定上同样存在差异。

四、反垄断法损害赔偿在实施上的独特性

(一)审判机构的独特性

损害赔偿一般均须通过法院审判得以确定并执行。民法上损害赔偿案件一般由普通法院承担审判职责，但反垄断法损害赔偿案件则有所不同，有些国家设立专门法院或法庭受理反垄断法损害赔偿案件。

例如，在英国竞争法框架内设立了独立的竞争上诉庭，负责审理反垄断案件，包括反垄断法损害赔偿案件。因违反《竞争法》相关禁止规定的行为遭受损失或损害的人可以向竞争上诉法庭提起诉

---

① 参见李国海：《反垄断法实施机制研究》，中国方正出版社 2006 年版，第 221 页。

② 郑鹏程：《美国反垄断法三倍损害赔偿制度研究》，载《环球法律评论》2006 年第 2 期。

讼，并且将该种诉讼与竞争执法机构的相关决定建立起直接联系。即：根据《竞争法》第 47A 条的规定，在相关决定作出之前，受害人不能向竞争上诉庭提起损害赔偿诉讼。所谓相关决定是指公平贸易局或欧盟委员会作出的认为存在违反《竞争法》"第一章禁止"或"第二章禁止"，或《欧盟运行条约》第 101 条或第 102 条的行为的决定。而且，竞争上诉法庭在作出相关判决的时候必须受到上述相关决定的制约。在上述规定基础上，新的条款进一步规定，在针对上述决定的上诉期限内，或针对竞争上诉法庭的判决的上诉期限内，不能提出损害赔偿诉讼。此种制度设计有利于减轻原告的举证负担，从而鼓励受害人提起损害赔偿诉讼。① 因为，作为私人原告，要证明加害人存在违法行为往往是比较困难的，如果反垄断法损害赔偿诉讼能够以行政执法机构的相关决定作为基础，则私人原告无须承担证明加害人存在违法行为的举证责任，只须证明损害之存在及因果关系这两个构成要件就行。当然，受害人（原告）也可以向一般法院提起诉讼。但是，竞争上诉法庭与一般法院在审理损害赔偿案件方面存在一项显著的差别，一般法院受理与竞争法有关的损害赔偿诉讼不需要以存在相关决定为前提，但原告得承担全部的举证责任，包括证明违法行为与过错之存在。很显然，一般法院受理反垄断法损害赔偿案件，原告的举证责任较重，往往难以满足举证要求。

再如日本，《禁止垄断法》第 85 条规定，有关第 25 条规定的损害赔偿的诉讼第一审的管辖权属于东京高等法院，在东京高等法院设立了处理有关《禁止垄断法》第 85 条诉讼事件及第 86 条的非诉讼事件的特别合议庭。

其他国家（地区）大多不设立特别法院或法庭审理反垄断法损害赔偿案件，但也与一般民事损害赔偿案件不同，反垄断法更倾向于将反垄断法损害赔偿案件视为一般的反垄断法案件进行管辖。原因在于反垄断法本身的复杂性、隐蔽性及其独特性决定了反垄断法

① Mark Furse, Competition and the Enterprise Act 2002, Bristol: Jordan Publishing Limited, 2003, p. 159.

损害赔偿制度的管辖法院具有专属性，因此在一定范围内限制了当事人的选择权。同样基于反垄断法的独特性，损害赔偿诉讼的管辖有必要与一般的违反反垄断法的案件的管辖区别开来。

（二）执法机构对反垄断法损害赔偿案件有介入空间

民法损害赔偿的目的是平衡平等主体之间的利益，因此，对于一般民事损害赔偿案件，公权力机关必须保持中立性。反垄断法则不一样，它的目的不单单是为了维护受损主体的利益，更重要的是整体的社会利益。因为垄断行为对社会公共利益与市场竞争秩序的影响往往超越了一般的受害人权益损害范围，证明和制止垄断行为的成本对于单个的受害人来说负担较为沉重，因此，即使在反垄断法损害赔偿案件中，也需要公权力机关的适当介入，对受害人给予一定支持。虽然不同国家的反垄断执法机构在反垄断法损害赔偿诉讼过程中的参与方式不同，但很多国家（地区）反垄断执法机构都参与了其实现的过程。例如，日本对反垄断法损害赔偿实行审决前置主义，《禁止垄断法》第25条规定的无过失损害赔偿请求权应当以公正交易委员会的确定审决的存在为前提，在确定损害额时，法院也要依据公平交易委员会的意见来作出决定。[1] 此外，公正交易委员会还在一定范围内减轻原告的举证的负担，特别是在损害额和因果关系等的举证中，公正交易委员会的意见和资料阅览权也会给原告很大的帮助。[2]

在美国，公权力机关对于反垄断法损害赔偿案件的介入，主要表现为两个方面，一是司法部长代为诉讼，二是在举证方面对私人主体的支持。在司法部长代为诉讼方面，美国《克莱顿》第4C条（a）规定，州司法长作为政府监护人，代表其州内自然人的利益，可以本州的名义，向对被告有司法管辖权的美国区法院提起民事诉

---

[1]　王玉辉：《日本反垄断法损害赔偿制度研究》，载《现代财经》2005年第7期。

[2]　参见（日）伊从宽：《反垄断法的理论与实践》，青林书院2000年版，第423页。

讼，以确保其自然人因他人违反《谢尔曼法》所遭受的损失得以救济。不过，美国最高法院指出，司法部长代为诉讼只能是代替那些直接因固定价格的原因而付出超额费用的购买者（消费者）提出，而不能代替通过中间人的间接购买者提出①。在证据支持方面，美国反托拉斯执法机构对私人请求反垄断法损害赔偿的协助，主要体现为《克莱顿法》第 5 条的规定：政府指控被告的诉讼程序的最终判决或裁定，可以作为私人针对相同主体就同种垄断行为提起损害赔偿诉讼的最初证据。

总之，民法上的损害赔偿仅涉及私人间利益之填补，行政机关传统上均不愿介入且唯恐避之不及，但涉及反垄断法的损害赔偿则有所不同，对抗的双方，一方多是大企业，另一方则多是消费者个人，两者在财力、社会影响力、证据掌握能力等方面存在显著差异，为使二者在诉讼中取得立足点的平等，行政机关需要适度介入，让普通民众更容易参与反垄断法的实施。②

（三）诉讼时效的差异

反垄断法损害赔偿中的诉讼时效问题在各国都有规定。日本在《禁止垄断法》第 26 条第 2 款中规定："前款的请求权，自同款的审决确定之日起满 3 年，因时效而消灭"，韩国《规制竞争和公平交易法》第 57 条第 2 款规定："本条第一款所定损害所赔偿权自其能行使之日起，一年内有效"。

反垄断法损害赔偿的诉讼时效与民事损害赔偿诉讼时效的差异，主要在于诉讼时效届满后的法律效果的不同。对于民事损害赔偿而言，诉讼时效届满导致的法律效果在不同国家有不同的规定：一是实体权消灭主义，即将诉讼时效完成的效力规定为直接消灭实体权。如《日本民法典》第 167 条规定："债权因 10 年间不行使而

———————

① 参见高菲：《论美国反托拉斯法及其域外适用》，中山大学出版社1993 年版，第 33 页。

② 参见赖源河编审：《公平交易法新论》，中国政法大学出版社、元照出版公司 2002 年版，第 434 页。

消灭，债权和所有权以外的财产权因 20 年间不行使而消灭"；二是诉权消灭主义，即诉讼时效完成后，权利本身仍然存在，只是诉权归于消灭。如《法国民法典》第 2262 条规定："一切物权或债权的诉权，均经 30 年的时效而消灭。"三是抗辩权发生主义，即时效完成后，义务人因而取得拒绝履行的抗辩权，如义务人自动履行的，视为抛弃其抗辩权，该履行应为有效。如《德国民法典》第 222 条例第 1 款规定："消灭时效完成后，义务人有拒绝给付的权利。"我国民法主要受前《苏俄民法典》与《德国民法典》的影响，并有自己的独创，提出了把诉权分为起诉权与胜诉权，采用了胜诉权消灭主义。也就是诉讼时效期间的届满时，权利人消灭的不是实体民事权利，也不是起诉权，而是胜诉权。

但是，在反垄断法损害赔偿请求权诉讼时效届满后的效力各国的规定却是一样的：消灭的不仅仅是胜诉权，而是起诉权。其理由在于：

（1）如上文所分析的那样，反垄断法所保护的竞争并非是一种权利，而是法益。法益的特性具有不明确性。因此，当法益受到损害而提起损害赔偿请求权，必须要由法院来确认，而不是当事人自己能判断的，也就是说，在反垄断法中请求权只能是向法院的请求权而没有除通过法院之外的其他途径，即排除了如同一般损害赔偿那样，受害的当事人拥有直接向加害当事人请求的权利。

（2）垄断和限制竞争行为通常具有隐蔽性，也就是说，反垄断法中的违法行为较一般的侵权行为来说要复杂的多。对案件的调查必须在短的时间内完成，只有这样才能收集到真正的信息。规定反垄断法中的诉讼时效的意义将有利于减轻法院的工作量。从而，更有效的、更准确的审理反垄断法损害赔偿案件。

（3）与民法相比，反垄断法具有较强的变动性，随着经济的发展，反垄断法的具体规制内容有可能发生变化，有些行为可能由违法变成不违法，而有些行为则有可能由不违法变成违法，如果反垄断法规定的诉讼时效的意义不在于起诉权的话，这将可能出现，随着经济、意识形态的发展，可能在一段时间内被认为是违法的行为，在此后不再被认为是违法行为时，当事人仍然享有起诉权，这对被起诉者将是不公平的，对于经济的发展可能会起到阻碍作用。

五、反垄断法损害赔偿与民法之区隔：实践中的两个特殊问题

(一)反垄断法损害赔偿与民法上的惩罚性损害赔偿

惩罚性损害赔偿，也被称为示范性的赔偿或报复性的赔偿。一般认为，惩罚性赔偿是指由法庭所作出的赔偿数额超出了实际的损害数额的赔偿，它具有补偿受害人遭受的损失、惩罚和遏制不法行为等多重功能。① 该制度原本发源于英美，现在也主要是在美国法中采用，正如美国最高法院曾在一个案件中表示的，该制度已经成为了美国固有的制度。但是，惩罚性赔偿制度绝不是美国法中所独有的，其影响已经到达了其他英美法系国家，甚至一些大陆法系国家也开始受到了它的影响。②

虽然，从惩罚性损害赔偿的功能来看，它糅合了民事赔偿与刑事惩罚的功能，是一个介于民事与刑事的混合制度，但学者们还是普遍承认，它是一种民事责任制度，是"民法问题"而非"刑事问题"。③

在反垄断法损害赔偿上，不论是美国采用的绝对三倍损害赔偿制度还是我国台湾地区所采纳的酌定三倍损害赔偿制度，都可算作是一种惩罚性损害赔偿。那么，反垄断法上的多倍赔偿与民法上的惩罚性损害赔偿的关系如何呢？我们认为，它们之间既具有相似性，也具有显著的区别，不可将二者简单等同。

---

① 参见王利明：《民商法研究(第5辑)》，法律出版社2001年版，第525页。

② Ernet C. Stiefel, "U. S. Punitive Damage Awards in Germany", 39 The American Journal of Comparative Law(1991), p. 784.

③ 王立峰：《论惩罚性损害赔偿》，载梁慧星主编：《民商法论丛(第15卷)》，法律出版社2000年版，第83~86页。

1. 功能的相似性

反垄断法上的多倍损害赔偿在功能定位上应该是与民法上的惩罚性损害赔偿的功能定位具有高度的近似性。

根据美国学者 Dorsey Ellis 教授的观点，惩罚性赔偿金制度具有以下七方面的功能：(1)惩罚被告；(2)特别威慑，即防止被告再为相同违法行为；(3)一般威慑，即防止其他人实施类似违法行为；(4)保障和平，即防止私人间的报复行为；(5)诱导私人执行法律；(6)对受害人无法填补之损害予以赔偿；(7)支付原告律师之诉讼费。①

对于上述七项功能，我们可以将其综合成以下四个主要的方面给予论述：

第一，惩罚被告。从侵权行为的道德观点出发，人与人之间的关系应符合社会和平、团结以及社会成员完全、平等参与社会生活的要求。尊重他人权利，应是实现这种目标的必然要求。任何故意而且有意识地侵害他人权利的行为，应当受到惩罚。这种惩罚固然可以由国家通过刑罚实现，但国家的刑罚权未必能及于所有侵权的场合，赋予社会成员个人寻求惩罚性损害赔偿对于补充刑罚的缺位是有必要的。

第二，威慑作用。惩罚性损害赔偿的威慑作用包括特别威慑和一般威慑，前者在于阻止被告再犯相同的过错，后者表现为设立一项先例，使一般人不敢从事与被告类似的不法行为。

第三，赔偿功能。加害人的不法行为可能造成被害人非经济损失，包括精神上痛苦及生活享受的丧失、人格尊严的侵害以及人与人依赖关系的破坏。这些非财产损害，或其他难以证明的损害，不一定能被侵权行为法所涵盖，被害人将无法以填补性损害赔偿获得足够补偿，因而以惩罚性损害赔偿进行填补就成为必要。

第四，激发原告起诉的积极性。在许多场合，当被告因其行为所获利益大于填补性损害赔偿时，即便造成巨大社会成本，但被害

---

① Dorsey D. Ellis, "Fairness and Efficiency in the Law of Punitive Damages", 56 S. Cal. L. Rev(1982), p. 1, p. 3.

人仍可能因需负担高额诉讼费用而不愿兴讼。此时，只能借助惩罚性赔偿金，以可能获得高于填补性赔偿的金额，鼓励原告及其律师从事昂贵的调查论证研究，以揭发不法行为。①

我们在前文已经论述过，反垄断法上的多倍损害赔偿制度同样具有上述功能。

2. 核心区别

成文化程度与自由裁量权不同。反垄断法上的多倍损害赔偿与民法上惩罚性损害赔偿的区别主要在于：民法上惩罚性损害赔偿一般并无成文法加以规范，其数额多寡及与补偿性赔偿的倍数关系不受成文法限制，全由法院自由裁量，而反垄断法上的多倍损害赔偿却是直接来自于反垄断成文法的规定，不论是绝对三倍损害赔偿还是酌定三倍损害赔偿都受成文法制约，法院的自由裁量权空间相对要少得多，尤其是在绝对三倍损害赔偿的前提下更是如此。

民法上惩罚性损害赔偿的任意性及法院的自由裁量特征可以从以下案例中得以显现：

1996 年，北美洲的 BMW 公司与原告发生纠纷。原告从阿拉巴马州一个零售商处购买了一辆新 BMW 轿车，该车由德国运到北美，在运送途中因酸雨或下雪缘故车体受损，卖方将车重新烤漆后当成新车卖给原告。BMW 公司对此亦不隐瞒。陪审团裁以 4000 美元的补偿性赔偿以补汽车车体损害，另外认为厂商共售出 4000 辆车，应赔偿 400 万美元的惩罚性赔偿金。阿拉巴马州最高法院判决为 200 万美元，理由是惩罚性赔偿金要判多少，只能考虑被告在阿拉巴马州出售几辆车。但美国最高法院认为这种惩罚性赔偿仍然太过分，阿拉巴马州最高法院最后将惩罚性赔偿金减为 5 万美元。②

民法上惩罚性损害赔偿的任意性引起了美国社会广泛的关注。连前副总统奎尔都在 1992 年发表题为《民事责任制度改革》的文

---

① Dan B. Dobbs, "Ending punishment in 'punitive' Damages: Deterrence-Measured Remedies", 40 Ala. l. Rev. (1989), p. 848.

② 王立峰：《论惩罚性损害赔偿》，载梁慧星主编：《民商法论丛(第 15 卷)》，法律出版社 2000 年版，第 99 页。

章，表示惩罚性赔偿制度正继续以恣意、多变的方式，给予原告不成比例的高额赔偿金，而急需进行改革。奎尔认为，对惩罚性赔偿金予以额度限制，是制约该制度所不可或缺的方法。①

与上述状况形成鲜明对比的是，反垄断法上的多倍损害赔偿要受到成文法规定的最高倍数额的限制。美国《谢尔曼法》和《克莱顿法》都明确规定反托拉斯法的私人损害赔偿是损害额的三倍及诉讼费和合理的律师费，而我国台湾地区"公平交易法"也规定，只有在存在故意的场合，才可判给不超过损害额的三倍的赔偿。

反垄断法上的多倍损害赔偿之所以要明确作出最高倍数限制，其主要原因是在于，反垄断法上的违法行为不具有民法上一般违法行为那样的确定性，如果损害赔偿不受限制，将会遏制市场竞争者的进取精神，这显然是不符合公共利益的要求的。②

(二)反垄断共同损害赔偿与民法连带损害赔偿之区别

如果垄断违法行为是由多家企业共同作出的，例如：联合固定价格行为；联合抵制行为；以及集体性的滥用市场支配的地位行为；等等，此时，反垄断法损害赔偿责任应该如何确定？究竟是根据责任大小按比例分担损害赔偿责任？还是由共同责任人承担连带责任？或者仅仅由其中一人承担损害赔偿责任？

对于这个问题，境外学者有两种主张：一是主张由共同责任人按照责任大小按照比例分担；二是不主张分担，而是由任一责任人向受害人承担赔偿责任。

主张前种观点的人认为，允许分担符合公平原则，因为如果不允许分担，次要的同谋者势必要支付全部的赔偿；同时，允许分担并不会减损威慑的效果，因为责任人依然要承担各自的损害赔偿责任，而且，这样做还会促进案件的迅速解决，因为允许分担将会对

① 陈聪富：《美国惩罚性赔偿金的发展趋势》，载《台大法学论丛》第27卷第1期。

② 参见李国海：《反垄断法实施机制研究》，中国方正出版社2006年版，第245页。

原告产生调解的压力，为了经济原因考虑，原告将会以较低的要价与主要的或有罪的被告进行调解，以避免被告通过分担减少赔偿额的支付。另外，这样做也可以减少缠讼现象的发生。持相反观点的人则认为，被要求承担其他共谋者造成的损失将会提高对反托拉斯违法行为的威慑力，并且鼓励调解的达成，从而不管案件的最后处理如何，原告都会得到补偿，如果达成调解的被告能够在揭发其他共谋者方面给予合作，则法官也将进一步获益。①

在美国，有关的判例表明，后一种主张得到了认可。在 Texas Industries 一案中，最高法院的法官主张，参与违反《谢尔曼法》第一条的价格固定同谋而需承担损害赔偿责任的当事人不能要求其同伙分担这种赔偿。理由是，反托拉斯法本身没有规定这种分担，最告法院的法官一致认为联邦法院无权创造一项关于在反托拉斯违法者之间分担损害赔偿责任的联邦普通法规则。最高法院承认存在支持分担的意见，但是却坚持认为政策问题需要国会而不是法院来解决。②

美国学者认为，如果竞争法的目的在追求消费者福利，采取禁止分担原则更符合反垄断法的立法目的。因为，在从事违法行为之前，每一企业都应知道它可能要负担全部损害赔偿责任（包括再追加两倍的惩罚性赔偿），而在被提起损害赔偿诉讼之后，每一家参与违法行为的企业都有尽快和解的诱因，否则任何被告都必须负赔偿全部损害责任的风险。③ 这样，可以节约执行成本。同时，这种机制还有另外一种诱因：使企业尽早退出卡特尔，从而造成卡特尔的自动瓦解。因为，越大的企业越有可能被提起损害赔偿诉讼，对于它们而言，解脱这种困境的唯一办法是尽快退出。

在我国台湾地区，占主导地位的观点也是认为，在"公平交易

---

① 参见［美］菲利普·阿瑞达、路易斯·卡普洛：《反垄断法精析（第五版，影印本）》，中信出版社 2003 年版，第 75 页。

② Texas Industries, Inc. v. Radcliff Materials Inc., 451 U. S. 630(1981).

③ F. Easterbrook, W. Landes & R. Posner, "Contribution Among Antitrust Defendants：A Legal and Economic Analysis", 23 J. L. &Econ. (1980), p.331.

法"中，复数赔偿义务人的赔偿责任不可能连带，只能为非真正连带，即：复数赔偿义务人各负全部赔偿之义务，且每一赔偿义务人所作之赔偿给付，均为终局之给付，不再有求偿或代位之可能。原因在于，台湾地区"公平交易法"只有第 21 条明文规定了连带赔偿责任，除此之外，其他有关法律责任的条款均未再规定连带责任。① 对此，也存在不同看法，有学者认为，"公平交易法"第 21 条主要是为了加重广告代理业或广告媒体的责任，属于对特定情形的规定，"公平交易法"对其他情形是否适用连带责任原则，并未明确规定，既未明文肯定，也未明文否定，因此，对于反垄断法共同侵权的复数事业，应可适用"民法"第一八五条规定的连带责任法则。②

我们认为，反垄断法损害赔偿制度应为反垄断法的立法目的服务，应选择有利于反垄断法实施的制度设计。在存在复数的共同违法者的场合，不允许分担损害赔偿责任更有利于产生威慑效应，更有利于受害者通过提起损害赔偿诉讼获得损害赔偿。从实际操作看，共同违法者的责任大小很难划分，受害人更是难以事先确定，允许受害人针对任一违法者提出损害赔偿主张，更为妥当。同时，从法理上看，连带责任之成立必须以法律的明文规定为前提，各国(地区)民法均不会对反垄断法损害赔偿作出具体规定，是否适用连带责任原则应由反垄断法本身作出规定，而各国(地区)反垄断法基本上不存在连带责任规定，因此，在反垄断法损害赔偿领域，是不存在连带责任的法律依据的。故而，在反垄断法中，在存在多个共同违法者的场合，应由单个违法者承担全部的损害赔偿责任，而且不允许实际承担损害赔偿责任的违法者向其他违法者追偿。

---

① 曾世雄：《违反公平交易法之损害赔偿》，载《政大法学评论》1991 年第 44 期。

② 参见赖源河编审：《公平交易法新论》，中国政法大学出版社、元照出版公司 2002 年版，第 439 页。

六、反垄断法损害赔偿与民法损害赔偿能否竞合：理论争鸣与应然选择

(一)竞合论与非竞合论

对于反垄断法损害赔偿与民法的关系，不仅在实践层面存在不同的模式，而且在理论层面也存在分歧，基本上存在两种相互对立的观点：一种观点认为反垄断法损害赔偿可以与民法中一般损害赔偿相混同，即可以根据民法(或者更具体地说是民法典)的规定主张反垄断法损害赔偿；另一种观点则认为，反垄断法损害赔偿与民法中一般损害赔偿之间存在明显差异，不能以民法的规定作为主张反垄断法损害赔偿的依据，要主张反垄断法损害赔偿，只可以反垄断法为依据，或者以反垄断法为基本依据，仅在反垄断法没有规定时方可补充性地适用民法的规定。前者可被称为竞合论，后者则可被称为非竞合论。①

1. 竞合论

在日本，有一种看法认为，反垄断法上的损害赔偿请求权和民法上的损害赔偿请求权可以同时存在，即有可能产生请求权的竞合。在被害人既拥有禁止垄断法上的损害赔偿请求权又拥有民法上的损害赔偿请求权的情况时，被害人可以选择行使任何一种请求权，随着其中一种请求权的行使，另一种就失效。② 韩国的权五乘教授也赞同竞合论主张。他认为，反垄断法上损害赔偿责任的法律

---

① 在反垄断法损害赔偿语境下使用"竞合"这个词，也曾出现在其他反垄断法学者的著作中。如韩国权五乘教授就曾指出，"如果将《垄断规制法》上的损害赔偿界定为侵权行为责任，则存在侵权行为责任的竞合问题。这关系到是否认可两者的竞合"。见[韩]权五乘：《韩国经济法》，崔吉子译，北京大学出版社 2009 年版，第 281 页。

② 参见[日]田中诚二等：《独占禁止法》，劲草书房 1981 年版，第 953页。

性质为侵权行为责任，其成立要件与民法的损害赔偿责任基本
一致。①

　　竞合论在日、韩等国出现，与这些国家反垄断法关于损害赔偿
的规定有直接联系。以日本为例，《禁止垄断法》对反垄断法损害
赔偿一方面实行无过错原则，另一方面却实行审决前置主义。前者
有利于损害赔偿的实现，后者却阻碍损害赔偿的实现。日本《禁止
垄断法》第26条规定，"前条规定的损害赔偿请求权，非于第48
条第4款(劝告审决)、第53条之三(同意审决)或者第54条(审判
审决)规定的审决确定后，或者在没有根据这些规定作出审决的情
形下，非于第54条之二第1款(责令缴纳课征金的审决)规定的审
决确定后，不能对此主张诉讼上的权利"。这项法条内容也即日本
通常所称"审决前置主义"的来源。顾名思义，审决前置主义是指
将公平交易委员会的审决作为损害赔偿诉讼的前提来适用。由于实
行审决前置主义，使反垄断法损害赔偿的实现多了一个前提，限制
了相关主体通过诉讼获得损害赔偿的行为空间。由于日本《禁止垄
断法》规定单倍损害赔偿，加上日本固有的"向法院寻求民事救济
方面表现出来的消极的国民性和法律土壤"，② 使得反垄断法民事
责任制度的实施效果不很理想。为鼓励人们积极适用反垄断法民事
责任制度，在《禁止垄断法》中的审决前置主义仍然保留的前提下，
适用民法的规定能够有效地绕开审决前置主义所造成的阻碍效应。
总之，竞合论在日本之所以受到认可和重视，是因为日本反垄断法
损害赔偿制度有其特定背景。

2. 非竞合论

　　很多学者认同非竞合论，主张只能根据反垄断立法来请求反垄
断法损害赔偿，或者至少将反垄断法本身作为反垄断法损害赔偿的
基本依据。在日本，有不少学者也主张，在承认《禁止垄断法》上

---

　　① 参见［韩］权五乘：《韩国经济法》，崔吉子译，北京大学出版社2009
年版，第282页。
　　② 参见［日］栗田诚：《反垄断法的民事救济制度》，载漆多俊主编《经
济法论丛(第六卷)》，中国方正出版社2002年版，第32页。

的损害赔偿请求权的范围内，一般私法上的损害赔偿请求权的相关规定就不适用了，也即在反垄断法范围内不能承认基于《民法》第709条的损害赔偿请求权。① 在我国台湾地区，也有学者反对竞合论，认同非竞合论。例如，有学者指出，对反垄断法损害赔偿，以侵权行为来看待是行不通的。②

我们认为，反垄断法损害赔偿请求权不能与一般的民事损害赔偿请求权竞合，因为反垄断法的性质与民法的性质具有本质的分野，反垄断法的民事责任制度与民法上的民事责任制度所要保护的利益以及所要达到的目标也存在本质的区别，因此，不能以民法关于民事责任的规定作为追究反垄断法民事责任的法律依据。如果反垄断法损害赔偿依据民法提起，这就忽视了反垄断法的个性，导致反垄断法独特的立法目的以及反垄断法损害赔偿制度的独特功能无法实现或发挥。所以，除非反垄断法明确规定，可以依据民法来追究反垄断法损害赔偿责任，否则，反垄断法违法行为的受害人不能依据民法来主张反垄断法损害赔偿。

当然，损害赔偿毕竟是民事责任的一种形式，与民法上的损害赔偿还是具有一定的血缘关系，当反垄断法本身关于损害赔偿的某些方面没有具体规定时，自然可以借用民法的一些规定。但这种借用应维持在补充层面，不能以民法的规定取代或冲击反垄断法的规定。

(二)非竞合论的具体展开

基于对非竞合论的认同，我们认为，在构建反垄断法损害赔偿制度时，应坚持以下两点：

1. 反垄断立法应是反垄断法损害赔偿的唯一依据或基本依据

从反垄断法的保护对象的性质来看，反垄断法所保护的对象是竞争，其性质是属于法益而并非民事权利，而民法所保护的对象是

---

① 参见李国海：《反垄断法实施机制研究》，中国方正出版社2006年版，第241页。

② 参见曾世雄的研讨发言，载《政大法学评论》1991年第44期。

民事权利。法律所保护的对象包括法益和权利，它们是两个不同的概念，并不存在包含关系。也就是说权利不能等同于法益。如果反垄断法损害赔偿提出的依据是民法，这很有可能使本来应当属于反垄断法所保护的权益未能得到保护而因此丧失救济机会。

反垄断法素有"经济宪法"之称，其目的是保护市场竞争，维护市场竞争秩序，充分发挥市场配置资源基础性作用。反垄断法损害赔偿的功能在于：一方面可以激发私人实施的积极性从而在反垄断法私人实施与公共实施之间实现平衡；另一方面可以体现法律的公正和公平，同时还可以给予违法者以必要的制裁。而民法的主要功能是填补受害人的损害，即调整平等主体的权利与义务的关系。两者在功能上存在巨大的差异，反垄断法损害赔偿请求权的提起如果只能依据民法提起，反垄断法独特功能将不能实现。

反垄断法是对市场主体之间竞争关系的调整，对垄断行为的规制，实质上是公权对私权的主动介入。这种介入的出发点是为了社会整体利益而限制私人权利。因此，在反垄断法中公权力机关起着主要的作用，但是，公共实施机制同样存在弊端。反垄断法损害赔偿制度的引入在某种程度上讲有利于克服公共机构的弊端。而反垄断法中的损害赔偿制度通过激发私人诉讼积极性，为反垄断法的实施注入了新鲜的血液。但是反垄断法本身所具有的复杂性与技术性，受害人提起垄断损害赔偿诉讼的举证难度，远远高于民事一般侵权损害，胜诉的希望很小。而且由于反垄断诉讼所需的成本远高于民事侵权损害，而具备起诉财力的受害人较少，这就势必要求在反垄断法中应该有相应的激励机制来维护弱者利益。因此出现了以美国为代表的绝对三倍损害赔偿制度、我国台湾地区的酌定三倍赔偿制度。而民法损害赔偿的主要功能是填补受害者所受损失，一般不允许受害人通过行使损害赔偿请求权而获利。

总之，反垄断法损害赔偿与民法损害赔偿是两个不同的制度，它们分别属于不同的部门法，两者的目的、功能、价值等都有所不同。如果将反垄断法损害赔偿的请求权归于民法中，反垄断法所具有的特质将无从体现。因此，我们认为，反垄断法损害赔偿请求权的核心依据只能是反垄断法而不能是民法。

2. 反垄断法应当对反垄断法损害赔偿的构成要件作出特殊规定

如上文所分析的那样，我们认为反垄断法损害赔偿与民法损害赔偿不能竞合，也不能依据民法主张反垄断法损害赔偿请求权，那么对于反垄断法损害赔偿的构成要件是否可以依照其他的法律来确定呢？我们认为反垄断法损害赔偿构成要件的特殊部分应由反垄断法加以规定，反垄断法没有特殊规定的，方可借用民法的规定。

前文已述，反垄断法损害赔偿与一般民事损害赔偿在请求权人、违法行为的认定、损害的认定、归责原则等方面都存在较大的区别，如果反垄断法的损害赔偿的构成要件不是按照反垄断法来确定，而是根据民法来确定，将抹杀二者之间的差异，混淆二者的功能。

反垄断法损害赔偿构成要件在反垄断法中确定，这意味着反垄断法损害赔偿的构成要件是整个反垄断法的一个组成部分，这就意味着反垄断法损害赔偿的构成要件可以体现出反垄断法的目的、特征。

反垄断法损害赔偿构成要件由反垄断法确定，其处于同一法律部门，这也有利于执法者与司法者在适用反垄断法时保持协调和一致，也有利于私人主体更好地理解和遵守反垄断法。

七、我国反垄断法损害赔偿与民法关系之再造

(一)我国反垄断法损害赔偿的基本法律依据应是《反垄断法》而不是民法

我国《反垄断法》第 50 条规定："经营者实施垄断行为，给他人造成损失的，依法承担民事责任。"该条规定含糊使用"依法承担民事责任"的用语，没有具体规定"依法"究竟应依何种法律，这就很容易使人们产生疑惑和分歧：如果我国认可反垄断法损害赔偿，那么，反垄断法损害赔偿之确定究竟应依《反垄断法》本身，还是应依据民法？鉴于《反垄断法》没有具体规定民事责任的构成要件，

这很容易使人们反垄断法民事责任与一般民事责任混同，将反垄断法民事责任的法源引向民法。

最高人民法院"反垄断司法解释"的相关规定进一步增加了产生上述混同的可能性：第一，"反垄断司法解释"将与反垄断法民事责任有关的案件定位为"民事纠纷案件"；第二，"反垄断司法解释"引言部分列举的法律依据中明确包括了《合同法》《侵权责任法》等民事法律；第三，与《反垄断法》一样，"反垄断司法解释"也没有体现反垄断法损害赔偿案件的特殊性，尤其是没有对反垄断法损害赔偿的构成要件作特殊规定，基本上将其与普通侵权案件作相同对待。

因此，在我国当前的立法或司法文件中，实际上隐含着一种判断：反垄断法损害赔偿没有多少特质性，可以与一般民事损害赔偿同等处理。

我们认为，上述做法是有问题的。因为，这种做法漠视了反垄断法损害赔偿在构成要件等方面的特殊性，混淆了反垄断法损害赔偿与一般侵权损害赔偿，这既与境外国家（地区）的通行做法不同，也不符合反垄断法损害赔偿的基本法理，不利于发挥反垄断法损害赔偿制度的基本功能，也不利于实现反垄断法的立法目标。我国反垄断法损害赔偿制度之所以运作效果不佳，主要就是因为立法和司法部门对反垄断法损害赔偿的定位有失妥当。

我们主张，应将《反垄断法》列为反垄断法损害赔偿的基本法律依据，应在立法文件或司法解释文件中突出反垄断法损害赔偿的特殊性，在反垄断法损害赔偿与民法之间建立较高程度的区隔。反垄断法损害赔偿的直接依据和主要依据应当是《反垄断法》本身，《反垄断法》应规定反垄断法损害赔偿的特殊性，只有共性的问题方可适用民法的有关规定。

因此，我们建议，立法机关在修订《反垄断法》时，有必要重点考虑扩展《反垄断法》第50条的问题，尤其是列明反垄断法损害赔偿的特殊性，并增强其可操作性。

(二)我国应强化反垄断法损害赔偿的特殊性

反垄断法民事责任的承担需要满足一定的条件，要能使《反垄断法》成为反垄断法民事责任的法律依据，就必须在《反垄断法》的框架内使反垄断法民事责任的构成条件达到某种程度的具体化，对于停止侵害这种责任形式是如此，对于损害赔偿更是如此。对于反垄断法损害赔偿而言，需要对下列诸多方面事先作出规定：(1)如何确定享有请求权的主体的范围？(2)如何认定损害的范围及其数额？(3)如何确定赔偿责任的范围？(4)故意或过失是否列为损害赔偿的构成要件？(5)如何规定反垄断法损害赔偿案件的诉讼时效？等等。

在上述操作过程中，我国应借鉴其他国家或地区的共同经验，并考虑我国的国情，结合我国《反垄断法》的立法目标，对反垄断法损害赔偿予以特殊考虑，在反垄断法损害赔偿与民法之间建立某种程度的区隔，以便能更好地发挥反垄断法损害赔偿制度的功能。

【本文系在以下论文基础上修改补充而成：李国海、李云妹：《论反垄断法损害赔偿制度与民法的关系》，载漆多俊主编：《经济法论丛(第十四卷)》，中国方正出版社 2008 年版。】

第四单元

反垄断法刑事责任研究

专题七
反垄断法刑事制裁研究

一、反垄断法引入刑事制裁的典型立法例

首先有必要指出，在反垄断法中，并非所有国家都规定了刑事制裁。德国《反限制竞争法》没有规定刑事制裁，① 比利时 1991 年《保护经济竞争法》以及丹麦 1990 年《竞争法》等都没有规定刑事制裁。② 因此，在反垄断法领域内引入刑事制裁在世界反垄断法立法中不是普遍现象。在反垄断法中规定有刑事制裁的国家(地区)主要有美国、日本、英国、韩国、俄罗斯以及我国台湾地区等，其中美国、日本、英国以及我国台湾地区的立法较为典型。

(一)美国反托拉斯法中的刑事制裁

美国开反垄断法引入刑事制裁之先河，其有关反托拉斯刑事制裁的规定在世界上较为典型。美国规定有刑事制裁的反托拉斯立法主要包括：

1.《谢尔曼法》第 1、2、3 条

该法第 1 条规定，"任何契约，以托拉斯形式或其它形式的联合、共谋，用来限制州际间或与外国间的贸易或商业，是非法的，

① Frank Wamser, Enforcement of Antitrust Law, Frankfurt: Peter Lang Publishing Company, 1994, p. 10.

② Julian Maitland-Walker(edited), Competition Laws of Europe, London: Butterworths, 1995, p. 81, 106.

任何人签订上述契约或从事上述联合或共谋，是严重犯罪。如果参与人是公司，将处以不超过 100 万美元的罚款；如果参与人是个人，将处以 10 万美元以下罚款，或 3 年以下监禁，或由法院酌情并用两种处罚"。该法第 2 条规定"任何人垄断或企图垄断，或与他人联合、共谋垄断州际间或与外国间的商业和贸易，是严重犯罪"，并规定给予这种犯罪与第 1 条规定相同的刑事制裁。该法第 3 条规定，"任何契约，以托拉斯形式或其他形式的联合、共谋，用来限制美国准州内、哥伦比亚区内，准州之间、准州与各州之间，准州与哥伦比亚区之间，哥伦比亚区同各州间，准州、州、哥伦比亚区与外国间的贸易或商业，是非法的，任何人签定上述契约或从事上述联合或共谋，是严重犯罪"，对这种犯罪行为也要处以与第 1 条规定相同的刑事制裁。

《谢尔曼法》的刑事条款自 1890 年制定以来曾历经三次较大修改。在 1955 年，国会增加了罚金的最高额，把对公司和个人的可处罚金最高限额从 5 000 美元提高到 5 万美元。1974 年通过的《反托拉斯程序和惩罚法》规定，对公司的罚金从 5 万美元又增加到了 100 万美元，监禁刑也从 1 年提至 3 年。2004 年，美国国会通过了《提高和改革反托拉斯刑事制裁法》，将对公司罚金的最高限额提高到了 1 亿美元，将对自然人罚金的最高限额，提高到了 100 万美元，且对自然人的刑事监禁最高期限，从 3 年提高到了 10 年。

2. 其他反托拉斯法中的犯罪条款

除了《谢尔曼法》以外，美国其他的反托拉斯立法也规定有刑事制裁。

(1)《克莱顿法》第 13 条。《克莱顿法》的制定很有意义地扩大了联邦反托拉斯法的适用范围，但只有第 14 条是刑事条款。该条规定，"当公司违反反托拉斯法的刑事规定时，整体上或部分上授权、命令、直接参加违反反托拉斯法的公司经理、行政官员或代理人，也是违法的，犯有轻罪，将处以 5 000 美元以下罚金，或 1 年以下监禁或由法院酌情两者并用"。

(2)《威尔逊关税法》第 1 条。《威尔逊关税法》制定于 1894 年。它禁止某些在进口贸易中的反竞争行为，并规定了刑罚。该法第 1

条规定，"公司间、个人间或公司与个人间旨在限制合法贸易或合法贸易及商业中的自由竞争，或者是增加进口商品或将要进口商品的价格，凡是上述目的的联合、共谋、托拉斯、合同、协议，是违背公共政策的，是非法的、无效的。任何进口商违反上述规定，或联合共谋违反，将判为轻罪处以100~5 000美元的罚金，并由法院酌情处以3~6个月的监禁"。

(3)《罗宾逊-帕特曼法》第2条。该法是对1930年代经济萧条时期出现的跨地区的连锁商店作出的政治反应。很久以来，美国专业界一致认为，《鲁宾逊-帕特曼法》是一种内部贸易保护主义的民众性措施，其目的是为了保护中小型商业的利益。该法第2条规定对从事法律禁止的价格歧视行为可以处以刑事制裁：不超过5 000美元的罚金，或不超过1年的监禁，或两者并用。

比较其他国家(地区)的相关立法及实践，美国反托拉斯法中的刑事制裁具有以下特点：

(1)关于刑事制裁的条文分散在多个法律文件中，但其核心是《谢尔曼法》的规定。美国反托拉斯法有关刑事制裁的条文表面上分布在四个法律文件中，但是起作用的只有《谢尔曼法》。这不是因为《谢尔曼法》最早出现，而是因为其他的条文在实践中基本上不起作用。《克莱顿法》第13条在反托拉斯法的刑事指控中，从来没有起到有意义的作用。自1890年《谢尔曼法》制定以来，对公司职员的反托拉斯刑事指控依据的是《谢尔曼法》的条款。《谢尔曼法》自制定以来已两次修改刑罚量，并提升为重罪，而《克莱顿法》依然如故。在1962年的美国诉魏思案中，最高法院拒绝认为《克莱顿法》是对《谢尔曼法》第1条的限制。① 这无疑使《克莱顿法》第14条更无足轻重。《威尔逊关税法》的规定更被认为只具有历史意义。因为，第一，尽管该法特别强调了进口贸易，但在范围上并没有超过《谢尔曼法》；第二，《威尔逊关税法》被认为并没有取代《谢尔曼法》；第三，它所规定的犯罪为轻罪，而《谢尔曼法》已将所规定的

_____

① 参见周密主编：《美国经济犯罪和经济刑法研究》，北京大学出版社1993年版，第102页。

犯罪提升为重罪。总之，法院很少适用该法来制裁违反《反托拉斯法》的行为。至于《罗宾逊-帕特曼法》第 2 条，主要是作为备用的刑事法规。该法是对 30 年代经济萧条时期出现的跨地区的连锁商店作出的政治反映。很久以来，美国专业界一致认为，《罗宾逊-帕特曼法》是一种内部贸易保护主义的民众性措施，其目的是为了保护中小型商业的利益。这种措施违背了反托拉斯法的一般宗旨，联邦贸易委员会曾经有连续三任主席公开表示，该法应予以废除。

(2)反托拉斯法上的犯罪行为有重罪与轻罪之分。其刑罚标准也大不相同。假如是重罪，如果参与人是公司，将处以不超过 1 亿美元的罚款；如果参与人是个人，将处以 100 万美元以下罚款，或 10 年以下监禁。或由法院酌情并用两种处罚。假如是轻罪，其刑罚标准一般较轻，罚金都在 5 000 美元以下，监禁则在 1 年以下。

(二)日本反垄断法中的刑事制裁

1. 法律条文的简单概括

日本《禁止垄断法》关于刑事制裁的规定，集中规定在该法第十章中，主要是第 89 条、第 90 条、第 91 条、第 91 条之二、第 92 条、第 92 条之二、第 93 条、第 94 条、第 94 条之二、第 95 条、第 95 条之二、第 95 条之三等。其中，前四条是对于违反《禁止垄断法》实体规定的行为的制裁，从第 92 条之二到第 94 条之二是关于对违反《禁止垄断法》程序规定的行为的制裁，违反其规定者实践中被认为是轻罪，后三条是关于两罚规定的内容。

《禁止垄断法》实体法部分所禁止的行为大多数被列入了刑事处罚的范围，但是也有几种行为没有被包含进来，它们主要是：

(1)采用不公正的交易方法(第 19 条)及将不公正的交易方法作为禁止要件的其他行为。在行为的这个阶段，尚无给予刑事处罚的必要。

(2)违反关于限制合并的规定。由于关于公司的合并规定采用呈报主义，呈报之前或呈报受理之后的一段时期内不会合并。关于不呈报或提交有虚假记载呈报书的行为已经存在罚则的规定，则对合并本身只要采取一些排除措施让它发挥基准的作用就足够了，所以没有必要引入刑事制裁。

2. 日本反垄断法关于刑事制裁的特点

日本反垄断法立法和实践在适用刑事制裁方面体现出下列特点：

（1）严格限制适用刑事制裁的违反行为的范围。日本《禁止垄断法》规定了三种核心的禁止行为，即私人垄断、不当限制交易和不公正的交易方法。在这三种禁止行为中，直接构成犯罪的是私人垄断和不当限制交易，如前所述，不公正交易方法本身不构成犯罪，不能直接处罚。实际上，实践中作为刑事案件来处理的只有不当限制交易罪，而且，在实践中不当限制交易罪被刑事起诉的也仅仅限于价格固定和串通投标两种行为。[①]

（2）明确规定某些未遂行为也受处罚。与美国反托拉斯法不同，日本《禁止垄断法》第89条第2款明确规定某些违反该法的行为即使未遂，也受处罚。该项规定仅适用于第89条第1款规定的场合，总共有三种情形：实施私人垄断的；实施不正当交易限制的；事业者团体从事实质性限制一定交易领域竞争的行为的。

笔者认为，日本《禁止垄断法》规定未遂罪，反映了日本反垄断法中深深的预防观念，这与前文所述日本反垄断法制裁体系中以行政排除为主的做法的根源同出一脉。在刑法理论上，本来就有实害犯、具体危险犯和抽象危险犯的区分，用来制裁诸如违反反垄断法行为的经济刑法近年来本来就有抽象危险犯型式多于具体危险犯、且少有实害犯的立法趋势。[②] 日本《禁止垄断法》不仅反映了这种趋势，而且更为激烈。

（3）扩大两罚原则的适用范围。各国（地区）反垄断法大多规定两罚原则。所谓两罚原则是指对于从事反垄断违法行为的企业，刑事制裁不仅及于该企业，而且也及于该企业的实际行为人。不过一

---

① 参见［日］芝原邦尔：《经济刑法》，金光旭译，法律出版社2002年版，第76页。

② 参见赖源河编审：《公平交易法新论》，中国政法大学出版社、元照出版公司2002年版，第480页。

般情况下，两罚原则仅适用于法人型企业的场合。而日本则不同，该法明确规定，两罚原则不仅适用于法人型企业的场合，也适用于非法人型企业的场合（第95条第2款）。这条规定并非仅限于事业者团体，但是其来源却是接受旧事业者团体法第14条第3款、第4款的规定基于以事业者团体为主的想法制定的。①

（4）特殊情况下适用三罚规定。公司总经理（法人代表）等企业的最高负责人，除非自己亲自实施了犯罪行为，或者对部下的犯罪行为构成共谋共同正犯、教唆犯或帮助犯，否则原则上不被追究刑事责任，即使对犯罪适用两罚规定的场合也不例外。然而，有时候也会出现对公司、实际行为人以及公司法人代表三者同时加以处罚的情形，对于这种情形的规定就叫做三罚规定。有三罚规定的法律极为少见，日本《禁止垄断法》是一例子。

日本《禁止垄断法》第95条之二规定，"在发生第89条第1款第1项、第90条第1项或者第91条的违法行为时，对明知其违法计划而不采取必要防止措施或者明知其违法行为而不采取必要纠正措施的该法人的代表人处以各本条规定的罚金刑"。本规定并不是像两罚规定那样处罚选任或监督过失行为的规定，因为条文中明确写明，法人代表必须"明知违反行为的计划"或"明知违法行为正在实施"。如果法人代表仅仅是在选任或监督上有过失的话，即使适用三罚规定也不能对其处罚。只有当认识到了违反行为却没有采取阻止或纠正措施的场合，即只有在故意犯成立的场合，才能适用三罚规定进行处罚。②

三罚规定是日本《禁止垄断法》的特色，在其他国家（地区）的反垄断法的刑事制裁规定中很少见。

（5）规定特殊的附加刑。日本《禁止垄断法》中的刑事制裁除了引入监禁和罚金这两种通用的刑罚以外，还规定了若干种特殊的附

---

①　参见［日］今村成和：《独占禁止法（新版）》，有斐阁1978年版，第232页。

②　参见［日］芝原邦尔：《经济刑法》，金光旭译，法律出版社2002年版，第116~117页。

加制裁，或者叫做特别制裁。

在特别制裁中，最引人注目的是宣布解散事业者团体。根据《禁止垄断法》第54条之四的规定，在《禁止垄断法》涉及事业者团体的刑事诉讼中，法院认为有充足的理由时，在作出第89条第1款第2项或第90条规定的刑罚的判决同时，可以宣告事业者团体解散。日本学者认为，这是附加刑的一种，虽然也是产生解散的结果，但是与行政性的解散命令的性质是不同的。①

此外，还有其他的特别制裁，例如，在第89条及第90条的场合，法院在宣告刑罚的同时，还可作如下宣告：①用于违反行为的专利权、专利发明的专用实施权或一般专利实施权应予取消；②判决确定后在6个月以上3年以下的期间内，不能与政府签订契约。

不过，根据来自日本的资料，"这些特别制裁迄今为止还没有被适用过"。②

(三) 英国反垄断法中的刑事制裁：卡特尔犯罪制度

1. 英国反垄断法刑事制裁制度的发展历程

英国不使用"反垄断法"的概念，而是使用"竞争法"这个概念，反垄断法被包含在竞争法之中。英国的竞争立法采用分散立法的立法模式，诸多的竞争立法文件既包含有反垄断的内容，也包含有反不正当竞争的内容。不过，核心的立法文件，如1998年《竞争法》和2002年《企业法》则主要是关于反垄断的规定。

英国在很长一段时期内，其竞争法并未包含刑事制裁。不仅较早的1948年《垄断与限制性行为法》、1973年《公平贸易法》等立法没有规定刑事制裁，而且较近的1998年《竞争法》仍然没有引入刑事制裁。早期的立法以禁止令作为基本规制手段，1998年《竞争法》以罚款作为核心制裁手段。

自1998年《竞争法》生效后，在实践中，对违反竞争法的企业

---

① 参见[日]今村成和：《独占禁止法》，有斐阁1978年版，第232页。

② [日]芝原邦尔著：《经济刑法》，金光旭译，法律出版社2002年版，第76页。

的罚款数额日益增加。2003 年 2 月，Argos 公司由于固定价格行为被公平贸易局处以 1728 万英镑的罚款，创下英国罚款历史最高纪录①。随着罚款制裁的频繁使用以及罚款数额的不断增加，英国感受到了罚款制裁在制造威慑力方面的局限性。英国政府认为，一个因实施卡特尔行为而受到罚款处罚的公司可能会选择进入破产清算程序，这可能导致不良的经济与社会后果；而对个人施加刑事处罚，才算是抓住了合适的人②。在进一步改革竞争法的讨论中，贸工部也提出，设置竞争法的刑事制裁能使企业，特别是其决策人更好地遵守竞争法，有利于英国竞争政策的实现。立法部门最终采纳了贸工部的意见，在 2002 年《企业法》中引入刑事制裁。

2002 年《企业法》规定的刑事制裁是指对卡特尔犯罪（the Cartel offence）的制裁，集中体现为 2002 年《企业法》第六编的专门规定。

2. 英国竞争法刑事制裁的适用范围

英国竞争法仅认可"卡特尔犯罪"，顾名思义，刑事制裁仅仅对卡特尔行为适用，或者说，在英国竞争法中，仅有卡特尔行为有可能构成犯罪。而且，更具体地说，自由同一水平供应链的企业之间的协议，即横向协议才有可能构成卡特尔犯罪，纵向协议不会构成犯罪行为。有可能遭受刑事指控的卡特尔行为包括：固定价格、限制生产或供应、市场分割、串通投标。这些卡特尔行为均属于核心卡特尔行为，是英国竞争法的重点打击对象。固定价格包括直接和间接固定价格，间接固定价格包括但不限于相对价格标准或者说定价范围、回扣、折扣、价格变化指数、运费或者报价方法；市场分割从消费者的角度来定义是指单个或多个消费者的分割。协议应该要求所有参与者均应按照协议的要求去采取一致行动，如果协议仅要求一个参与者去固定价格或者限制生产或供应，那么不构成犯罪。

---

① 王健：《2002 年企业法与英国竞争法的新发展》，载《环球法律评论》2005 年第 2 期。

② Tim Frazer, Susan Hinchliffe, Kyla George, Enterprise Act 2002, The Law Society, 2003, P. 46.

3. 对卡特尔犯罪行为的制裁

在考虑制裁标准时，英国参照了相似犯罪如内幕交易和欺诈性获得财产犯罪的制裁标准，同时也参照了其他国家对于卡特尔犯罪的处罚方法。例如在加拿大和日本，涉及卡特尔犯罪可以判处 5 年监禁，在美国，最高可以判处 3 年监禁①。

而英国卡特尔犯罪的刑事制裁的标准根据审判机构的不同确定。《企业法》规定，卡特尔犯罪可以在地方法院接受审判(简易审判)，或者由陪审团来审讯。在地方法院，如果指控成立，罪犯可能被判处 6 个月的监禁和/或法定最高额的罚金；在陪审团审讯的案件中，如果指控成立，罪犯将可能被判处最高 5 年的监禁和/或不受限制的罚金②。

4. 英国竞争法中刑事制裁的特点

前文所述英国竞争法有关刑事制裁适用范围的规定可被列为其主要特点。除此之外，还有以下几方面特点：

(1)只有自然人可成为卡特尔犯罪的主体，从而受到刑事制裁。各国反垄断法在刑事责任上大多坚持两罚原则，首先是企业或企业团体要承担刑事责任，其次是相关的个人也要承担刑事责任。在这个方面英国竞争法体现出了自己的特色：英国竞争法中的卡特尔犯罪制度只对自然人适用，而不适用于企业或企业团体。

英国之所以作如此选择，是因为在英国立法者看来，卡特尔犯罪制度是辅助性的，只是用来弥补已有的竞争法制裁手段的缺陷。以罚款为核心的已有制裁手段已经能够对企业等单位违法主体形成足够的威慑力，从而保证竞争法目标的实现；已有制裁手段的缺陷主要存在于对自然人的威慑力不足方面，只要加强对自然人的制裁，便可使竞争法制裁手段臻于完善。而加强对自然人的制裁，最有效的手段乃是刑事制裁。卡特尔犯罪制度就是在这种思路的基础

---

① Tim Frazer, Susan Hinchliffe, Kyla George, Enterprise Act 2002, The Law Society, 2003，P49.

② Office of Fair Trading, Overview of the Enterprise Act 2002(OFT518, 2003)，para. 6. 7.

上被设计出来的，它只适用于自然人也是与这种思路相协调的。

英国 2002 年《企业法》对于卡特尔犯罪制度所适用的自然人的范围没有明确的规定。一般来讲，首先应是直接从事卡特尔行为的自然人，与卡特尔行为的发生只存在间接关系的自然人是否应受刑事制裁，则须根据具体情况给予具体分析。考虑到英国竞争法对于刑事制裁的慎重态度，卡特尔犯罪制度适用于后一种情况应会受到严格限制。

（2）对卡特尔犯罪引入"宽恕函"制度。为了鼓励违法企业的雇员向反垄断执法机构报告相关信息并与执法机构展开合作，英国 2002 年《企业法》第 190 条第 4 款规定了一种特别的宽恕制度，即宽恕函（no-action letters）制度。

《企业法》规定，只要一个人提供了一项卡特尔活动的证据，就可以免于刑事指控。在英格兰，这种豁免通常以"宽恕函"的方式来获得。但卡特尔的主要领导者和煽动者没有权利获得"宽恕函"①。

（四）我国台湾地区"反垄断法"中的刑事制裁

我国台湾地区"公平交易法"制定于 1991 年，并于 1999 年给予修正。它的第六章集中规定刑事制裁措施，鉴于该法采取合并立法体例，这些有关刑事制裁的条文当然既适用于对垄断与限制竞争行为也适用于对不正当竞争行为的规制。台湾地区"公平交易法"有关对垄断与限制竞争行为给予刑事制裁的规定的最主要的特点就是采取"先行政后司法"的原则。也即，对于垄断与限制竞争行为，首先由行政主管机关即公平交易委员会依法命令违法者限期停止、改正其行为或采取必要更正措施，若违法者遵命执行，则不给予刑事制裁；若"逾期未停止、改正其行为或采取必要更正措施，或停止后再为相同或类似违反行为"，则由法院判决给予刑事制裁。台湾地区最初制定"公平交易法"时实行的是"行政司法并行"原则，

---

① Susan Hinchcliffe, "The Enterprise Act 2002: the New Law on Mergers, Cartels and Market Investigations", Business Law Review, July 2003, p. 163.

经过七年实践后于 1999 年修正该法时改行"先行政后司法"原则。

台湾地区"公平交易法"之所以采取该种原则，据学者分析，是基于以下几个方面的原因：①

（1）对违法行为的制裁，如有许多措施可以行使时，宜先用轻刑，只有在轻刑未能达到有效遏阻目的时，始能动用重刑，而刑罚应当是对付不法行为的最后且最重的制裁手段。

（2）"公平交易法"为经济法，应当配合整体经济环境，做最佳的管理。原有条文对于滥用市场独占力量等行为直接处以刑罚的规定，实施后业者反映过于严苛，学者专家也多次建议对经济秩序行为的管理，宜以行政管理为优先。而对于联合行为处以刑事制裁，一直受到产业界的质疑，认为有过于严苛之虞，尤其应当先有行政权的介入，以为预警。

（3）鉴于"公平交易法"为经济法，其规范对象事业在决定经营策略从事商业行为时，往往经过成本效益分析违法的代价和获利，若经评估不值得冒险，便可有效遏止违法动机，所以对于这些违法行为，应着重给予经济处罚，达到"穷化违法者"的目的。

二、垄断罪的构成要件

反垄断法刑事制裁的适用对象是因从事反垄断违法行为构成犯罪的人，因此，要适用反垄断法刑事制裁，首先必须判断某种行为是否构成反垄断法上的犯罪。在反垄断法上，犯罪行为可以区分为两种类型：其一是经营者因妨碍反垄断执法机构的调查，构成犯罪，或者反垄断执法机构的工作人员因滥用权力构成犯罪；其二是经营者因从事垄断行为构成犯罪，我们可以将其简称为垄断罪。前者与其它法域中类似犯罪的构成要件差别不大，不需要在反垄断法视野下专门讨论，而后者与反垄断法的实施关系甚密，而且具有显著的特质性，值得深入研究。

---

① 参见赖源河编审：《公平交易法新论》，中国政法大学出版社、元照出版公司 2002 年版，第 467 页。

探讨一行为是否构成犯罪，最简单的方法就是分析其是否符合某种犯罪的构成要件。然而，犯罪构成本身是个颇受争议的概念，不仅国外的理论与我国的理论不一致，就是我国国内刑法学界对犯罪构成的理解也不一样。① 由于本文讨论反垄断法上的犯罪主要是以域外素材为基础，为使语境更为协调，笔者不准备使用国内的犯罪构成理论，而是选取日本刑法学家野村稔在其著作《刑法总论》中的犯罪构成要素作为论述的基础。野村稔指出，犯罪构成要素包含一般的构成要素和个别的构成要素，所谓犯罪的个别构成要素是指刑法条文对犯罪的特别构成要素的规定，根据其性质，可以分为客观的要素、主观的要素、记述的要素和规范的要素。其中客观的要素包括主体、客体、行为、行为状况、行为与结果之间的因果关系和结果等；而主观要素则是指犯罪的主观的心理的要素，又可以分为一般的主观的违法要素和特别的主观的违法要素，前者主要是指故意或过失，后者则主要指目的犯的目的、倾向犯的主观倾向以及表现犯的内心状态和记忆等。② 下面根据上述理论对垄断罪的主要构成要素给予简单探讨。

(一) 垄断罪的犯罪主体

各国(地区)反垄断法规定的垄断罪的犯罪主体即是反垄断法的适用对象，这种适用对象在各国(地区)反垄断法中有不同的规定。日本和我国台湾地区反垄断法的适用对象是事业者和事业者团体；德国《反限制竞争法》则将"企业和企业联合组织"作为适用对象；美国反垄断法则用"person(人)"来表示其适用对象，不过根据《谢尔曼法》第8条的规定，此处的"人"既包括个人，也包括依据美国联邦法律、州法、准州法或外国法律成立的，经上述法律授权的现存公司及联合会；欧共体则使用"undertakings"来称谓反垄断

① 参见马克昌主编：《犯罪通论》，武汉大学出版社1999年版，第59页。

② 参见[日]野村稔：《刑法总论》，全理其、何力译，邓又天审校，法律出版社2001年版，第91页。

法的适用对象。当然，我们可以将上述称谓统称为"企业"。①

上述企业有法人型企业和非法人型企业之分，美国《谢尔曼法》第1、2、3条规定的犯罪主体在企业的场合一律指公司，指的是法人型企业，根据其立法原意，对非法人型企业犯罪的处罚最终将落到具体个人的头上。日本的这种做法被称为业务主处罚规定，意指当从业者违反有关此业务的法令时，对作为其业务主的法人或自然人予以处罚。在日本刑法理论上，还存在一种转嫁罚规定，即一般对于从业者的违法行为只处罚业务主。关于对法人处以刑事制裁的理由，有无过失责任说、过失责任说及推定过失责任说三种理论。② 而所谓法人的过错，一般认为是基于"组织过错"或"团体内部失控"原理，法人因其员工的违法行为获利而不制止，属于内部监督失控，应当负责。③ 反垄断法对法人适用刑事制裁，只能是罚金。

有的国家反垄断法规定，不具有法人地位的企业团体也应承担反垄断法上的刑事责任。采这种规定者以日本为典型。日本《禁止垄断法》第89条和第90条明确规定对于事业者团体也适用刑事制裁。但是我国台湾地区的规定没有规定非法人型企业的刑事责任问题。一方面，该法第2条将"事业"的概念拓宽及于非法人企业或企业团体，如，独资或合伙之工商行号、同业公会以及其他提供商品或服务从事交易之人或团体，另一方面，该法却仅规定了法人和行为人承担刑事责任的情形，对于非法人的"事业"是否应承担法律责任，一字不提。对此，有学者认为"似系立法之漏洞"。④

各国反垄断法在刑事责任上大多坚持两罚原则，这就是说，不仅企业或企业团体要承担刑事责任，而且相关的个人也要承担刑事

① 参见曹士兵：《反垄断法研究》，法律出版社1996年版，第3页。

② 参见[日]野村稔：《刑法总论》，全理其、何力译，邓又天审校，法律出版社2001年版，第96~97页。

③ 参见赖源河编审：《公平交易法新论》，中国政法大学出版社、元照出版公司2002年版，第479页。

④ 参见赖源河编审：《公平交易法新论》，中国政法大学出版社、元照出版公司2002年版，第478页。

责任。只不过，承担刑事责任的个人的范围各不相同：美国《谢尔曼法》用的是"参与人"的概念，《克莱顿法》第 13 条将其范围伸展为"整体上或部分上授权、命令、直接参与违反反托拉斯法的公司经理、行政官员、代理人"，按照最高法院的解释，第 13 条规定是用来"重新肯定《谢尔曼法》的刑罚条款和授权公诉人将所有有关责任人员提交审判"，① 因此，可以根据该条来确定《谢尔曼法》所称的"参与人"的范围。日本《禁止垄断法》规定的承担刑事责任的个人的范围最广，这在前面已经论述了，此处略过。

(二) 垄断罪的犯罪客体

在刑法理论上区分行为客体和保护客体，前者是指构成要件中规定的外部行为的对象，而且根据自然的、因果的存在进行考察后能够认识的、具有外部的、物的对象性质并同时成为构成要件的要素，保护客体作为并非作为构成要件的要素而包含于其中，而是作为具有价值的客体的性质，而作为规范的保护对象成为犯罪的侵害客体，以杀人罪为例，行为客体指的是被杀的人，而保护客体则是人的生命。②

反垄断法违法行为不管是垄断还是限制竞争行为，一般是针对不特定对象。至于各国(地区)反垄断法规定的犯罪行为就更是如此，考察美、日和我国台湾地区反垄断法刑事条文，没有一种行为是针对特定企业或者个人的，所以，几乎都没有规定行为客体。至于保护客体，则任何一种垄断罪都存在。垄断罪构成要件中的保护客体与反垄断法所要保护的对象有密切的联系。理论界对反垄断法保护对象的认识极不一致，诸如公平竞争、消费者利益、中小企业、竞争环境等都被纳入反垄断法的保护对象的范围，③ 然而，事

① 参见高菲：《论美国反托拉斯法及其域外适用》，中山大学出版社 1993 年版，第 23 页。

② 参见[日]野村稔：《刑法总论》，全理其、何力译，邓又天审校，法律出版社 2001 年版，第 100~101 页。

③ 参见赖源河编审：《公平交易法新论》，中国政法大学出版社、元照出版公司 2002 年版，第 457~458 页。

实上，反垄断法保护的对象中最重要、最终极的还是公平竞争，或曰有效竞争。理由有以下两方面：一是尽管不同的人对反垄断法的保护对象有不同的归纳，但是大多数的主张都承认竞争是反垄断法的保护对象(之一)；二是各国(地区)反垄断法立法大多直接宣示竞争是其保护对象。①

(三)垄断罪的犯罪行为及结果

这方面的内容大致等同于我国刑法学界所主张的犯罪构成中的犯罪客观方面，它是犯罪活动的客观外在表现，特指侵犯某种客体的危害行为、危害结果以及危害行为实施的各种客观条件。②

各国(地区)反垄断法规定的犯罪行为各不相同。这其中的原因在于：一方面各国(地区)反垄断法的规制对象并不完全相同，导致反垄断违法行为的范围存在国(地区)别差异；另一方面，采行垄断行为入罪立场的国家(地区)并不将垄断违法行为与垄断犯罪行为直接等同，各国(地区)只是将较为严重的垄断违法行为入罪并予以刑事制裁，对于一些危害较轻的垄断违法行为，并不适用刑事制裁。

日本《禁止垄断法》的规制对象包括不当地限制交易(垄断协议)、私人垄断(滥用市场支配地位)、不公正交易方法以及经营者集中等，能够构成垄断罪的只有不当地限制交易、私人垄断两种行为，而不公正的交易方法以及包括企业合并、企业分割等在内的经营者集中行为是不能构成垄断罪的。不公正的交易方法之所以不被纳入构成犯罪的行为范围，是因为违法程度相对比较轻微，一般不被认为是需要进行刑事制裁的恶性犯罪，经营者集中不被入罪是因为采取事前规制，很难判断其在何种程度上构成犯罪。③

---

① 参见曹士兵：《反垄断法研究》，法律出版社1996年版，第24页。

② 参见马克昌主编：《犯罪通论》，武汉大学出版社1999年版，第135页。

③ 参见戴龙：《日本反垄断法研究》，中国政法大学出版社2014年版，第73页。

　　英国竞争法规制的垄断与限制竞争行为至少包括三类：限制竞争协议；滥用市场支配地位；合并。这些行为都有可能构成违法行为，但是能够入罪的行为只有卡特尔行为，所以英国反垄断法上的犯罪被称为卡特尔犯罪。即使是限制竞争协议，也并不是所有的行为都能够构成犯罪，而是存在进一步的严格限制。具体而言，卡特尔犯罪仅适用于同一水平供应链的企业之间的协议，即横向协议。纵向协议或曰垂直协议不属于卡特尔犯罪的适用范围。可能遭受刑事指控的卡特尔行为也主要是一些核心卡特尔，如价格固定、限制生产或供应、市场分割、串通投标等。①

　　美国作为在反垄断法领域引入刑事制裁的鼻祖，也仅仅规定部分垄断行为可以入罪。例如，企业合并即使违法，也不会导致刑事责任。能够导致刑事责任的垄断行为主要体现为《谢尔曼法》第1条和第2条的规定。以其中的第一条为例，要构成垄断犯罪行为，须符合以下几方面的要求：（1）合谋。其具体形式包括契约、以托拉斯形式或其他形式的联合、共谋。《谢尔曼法》第1条惩治的是犯罪合谋。要证实犯罪合谋存在，不必使用直接证据，因为共同目的和计划是否存在能够从周围环境情况及其发展过程中推断出来。只要存在犯罪合谋以及被告明知自己是合谋中的一员，不必有正式的协议，就有理由认定犯罪合谋成立，从而作出有罪判决。（2）限制贸易。根据"合理原则"，《谢尔曼法》只禁止"不合理地"限制贸易或商业的行为，合理与不合理的区别标准无法用法律的语言来精确界定，只能由具体判例根据具体情况加以解释。② （3）跨州或对外的贸易或商业。根据《美国宪法》，美国联邦法院管辖的只能是涉及州际或对外贸易中的违法犯罪行为。实践中，需要证明的是该行为涉及"贸易"，而不必证明该贸易受到了影响。

　　至于反垄断法上的犯罪构成要素中的结果要素，则更应对不同

---

　　① 参见李国海：《英国竞争法研究》，法律出版社2008年版，第265页。

　　② 参见周密主编：《美国经济犯罪和经济刑法研究》，北京大学出版社1993年版，第97页。

犯罪给予具体分析。根据对结果要件的要求不同，刑法理论上本来就将犯罪行为分为实害犯、具体危险犯和抽象危险犯三类。以我国台湾地区"公平交易法"为例，有属于具体危险犯的犯罪行为，例如，第19条"有妨碍公平竞争之虞者"；也有属于抽象危险犯的犯罪行为，如第10条规定的"独占事业不得为之行为"；但是没有实害犯的行为，而且抽象危险犯的型式还多于具体危险犯。据台湾学者指出，这是近来经济刑法常见的立法例，与传统的刑法不大一样，因为传统刑法以处罚实害犯为原则，危险犯为例外。① 这是由反垄断法规制违法行为的要求的特殊性决定的。实害犯犯罪行为必须造成客观可见的实害结果才构成犯罪既遂，如果在反垄断法上对犯罪采取实害犯的构成要件，则需要等待该违法行为造成实际后果如使对手竞争者丧失生存空间倒闭关门才可以处罚，这时已经对竞争和整体经济秩序造成了难以回复的破坏。而且，实害犯的损害与行为间必须存在因果关系才构成犯罪，这也使检控机关的举证难度加大，很可能使刑事处罚流于形式。因此，偏重实害犯的传统立法对反垄断法并不适应。所以，垄断犯罪的构成要件并不要求实际的损害结果，在少数属于具体危险犯的情况下，只要求举证危险的存在，在采取抽象危险犯的多数情形下，甚至连危险都不需要举证，只要有特定的行为方式出现，即满足犯罪的行为及结果等客观方面的要件。前述美国《谢尔曼法》第1条规定的合谋犯罪就属于此种类型，所以只考虑行为的存在，而不需要考虑是否存在结果或危险。

(四) 垄断罪的主观要素

由于法人或非法人企业本身不存在心理状态，所以反垄断法上的犯罪的主观要素指的是具体行为人的主观心理状态。至于个人承担刑事责任的场合，则应分析各人在具体情形下的主观心理。

美国反托拉斯立法对于反托拉斯犯罪的主观要素没有明确规

---

① 参见赖源河编审：《公平交易法新论》，中国政法大学出版社、元照出版公司2000年版，第480页。

定，但是在实践中，最高法院认为，被告的主观状态或目的是构成托拉斯犯罪行为的必要要件。① 一般认为，在美国要构成托拉斯犯罪，行为人须得有故意的主观状态。②

在英国竞争法中，要构成卡特尔犯罪，必须具备主观要素。因为，根据 2002 年《企业法》的规定，只有不诚实的自然人才构成犯罪。关于不诚实的评估标准，英国竞争立法没有作出具体规定。但我们可以从英国法院以前的案例中找到基本的线索。英国上诉法院在 *R v. Ghosh*［1982］一案中指出，陪审团在决定一个人所做的事情是否不诚实时，应根据理性的、诚实的人的一般标准来衡量。在这种标准上再考察被告是否应该意识到他所做的行为是不诚实的。如果应该意识到，则构成犯罪。③

我国台湾地区"公平交易法"没有对垄断犯罪的主观要素作出具体规定。其原因在于，该法追究反垄断法的违法者的刑事责任奉行"先规制后制裁的原则"，凡是形成反垄断法意义上的犯罪行为的场合，都是因为不遵守行政主管机关的规制性命令，其心理状态可以肯定是属于故意。所以，台湾地区"公平交易法"并非对反垄断法犯罪的主观方面有意模糊，而是在该法的立法逻辑上已无规定的必要。

日本《禁止垄断法》对于反垄断法上的犯罪的主观方面没有明确的规定。

三、反垄断法刑事制裁的方式

(一)反垄断法刑事制裁的基本方式

从各国(地区)反垄断法适用刑事制裁的实践看，反垄断法刑

---

① 参见周密主编：《美国经济犯罪和经济刑法研究》，北京大学出版社 1993 年版，第 98 页。

② Frank Wamser, Enforcement of Antitrust Law, Frankfurt: Peter Lang Publishing Company, 1994, p. 32.

③ 王健：《2002 年〈企业法〉与英国竞争法的新发展》，载《环球法律评论》2005 年第 2 期。

事制裁可以使用两种基本方式：一是罚金；二是监禁。罚金是指对垄断犯罪主体处以刑罚意义上的金钱制裁；监禁是指对垄断犯罪主体处以剥夺人身自由的制裁。

罚金与罚款均属于反垄断法上的金钱制裁，但二者的性质和适用效果存在显著的不同。罚金属于刑事制裁的性质，罚款却属于行政制裁的范围。尽管从表面上，二者都导致了被制裁者财产的减少，但它们的效果是不一样的。对被制裁者处以罚金制裁，意味着被制裁者构成了犯罪，这会引起社会对该企业或个人的评价的降低。所以，行政罚款与刑事罚金即使数额相同，它们的威慑作用也是不同的。

各国(地区)反垄断法对于刑事制裁方式的选用均较为谨慎，排除了死刑、无期徒刑的适用。之所以这样，是因为垄断犯罪侵害的法益，皆属于经济性法益，没有侵害他人的生命、健康与人身自由，死刑、无期徒刑与垄断犯罪之间不存在等价对应性。另外，从罪刑相适应的角度看，也不应对垄断犯罪处以死刑或无期徒刑，垄断犯罪的社会危害性并没有大到需要适用死刑或无期徒刑的程度。①

(二)反垄断法刑事制裁方式的适用

有人认为，反垄断法在适用刑事制裁方式时，应以自由刑为中心，以罚金刑为补充，也就是说，反垄断法应优先适用监禁这种制裁。② 这其实是值得商榷的。

在反垄断法上，对于制裁形式的最佳选择，通常金钱制裁要优先于监禁，因为监禁的执行比罚款的收取成本要高得多。③ 美国法学家沙维尔指出，"我基本上认为，金钱制裁比监禁制裁的成本要

---

① 参见胡剑波：《垄断犯罪立法研究》，中国社会科学出版社 2013 年版，第 116 页。

② 参见胡剑波：《垄断犯罪立法研究》，中国社会科学出版社 2013 年版，第 116 页。

③ ［美］理查德·A. 波斯纳：《反托拉斯法(第二版)》，孙秋宁译，中国政法大学出版社 2003 年版，第 318 页。

低。施以金钱制裁并不是毫无成本，但它本质上只意味着购买力的转移，是对资源控制的变化，而不是实际耗费资源。与此相反，监禁需要耗费资源，因为建造和运营监狱所费不低，同时，被监禁的人也不能再从事生产活动"。①

监禁只有在下面几种情形下才值得考虑：第一，违法者的财产不多，没有承担罚金制裁的能力，有可能使罚金制裁落空；第二，违法行为人通过违法行为获取了巨额的利益，通过罚金制裁不能剥夺其全部非法所得，这样有可能导致其从违法行为中获益，这会降低罚金制裁的威慑效果；第三，反垄断执法机构发现并制裁违法行为的概率很低，使得罚金不足以产生有效的威慑效果。② 在实践中，上述几种情况都不常见。从事垄断行为的主体常常是一些大型企业，有足够的财力承担罚金制裁；立法者可以通过提高罚金的最高限额来制造必要的威慑效果，因罚金数额过低不足以制裁违法行为人的情形也不会发生；各国反垄断执法机构的执法能力持续提高，发现和制裁垄断违法行为的概率逐步提高，通过罚金已经能够保证制裁的威慑力。对此，波斯纳曾经有明确的论述："当违法者不能履行判决时，社会别无他法，只能诉诸监禁或者其他形式的非财产处罚，尽管罚金刑有经济上的优势。但是在反托拉斯领域中，很少出现无力履行判决的问题。"③

也许还有人认为，反垄断法对自然人处以罚金制裁，如果自然人掌控了所在公司，他们有可能用公司财产支付罚金，或者，公司如果认为某个自然人对公司十分重要，想留住这样的人才，公司也会主动代替自然人支付罚金。普林斯盖和沙维尔曾经提到，职员可

---

① Steven Shavell, "The Optimal Structure of Law Enforcement", 36 Journal of Law & Economics(1993), p. 258.

② S. Shavell, "Criminal Law and the Optimal Use of Nonmonetary Sanctions as a Deterrent", 85 Columbia Law Review (1985), p. 1232；以及 J. Waldfogel, "Are Fines and Prison Terms Used Efficiently? Evidence on Federal Fraud Offenders", 38 Journal of Law and Economics(1995), p. 107.

③ 参见[美]理查德·A. 波斯纳著：《反托拉斯法(第二版)》，孙秋宁译，中国政法大学出版社 2003 年版，第 319 页。

以被解雇，但是解雇的效用受到了存在潜在就业机会的限制，公司对其职员的诉讼威胁也受到了其资产被这些职员掌控处在危险之中的限制。所以，只能依靠国家通过立法来对公司职员制造更强的压力，引入监禁这种制裁手段来使他们受到可信的威胁。① 如果自然人的罚金由公司代为缴纳，这样，罚金对于自然人而言，仅剩下社会评价降低这种损失，这确实不足以对自然人产生威慑效果。但是，这种情况也是无须担心的。因为，现代企业，尤其是大型企业，内部会计制度十分规范，由公司代替违法的自然人缴纳罚金的情形是不符合会计法则的，因此，并不会经常发生。

总而言之，在反垄断法上，对于监禁和罚金这两种制裁方式，在具体适用时，应以罚金为主，以监禁为辅。

四、反垄断法刑事制裁与刑法的关系

在规定犯罪和刑事制裁方面，反垄断法与刑法（典）之间的联系非常紧密。具体而言，在各国立法和法律实施过程中，反垄断法与刑法在规定犯罪和刑事制裁方面存在以下几个方面的联系：

（一）特别法与普通法之间的关系

在规定犯罪和刑罚方面，反垄断法与刑法之间的关系在本质上是特别法与普通法之间的关系。反垄断法有关犯罪和刑罚的规定要遵从刑法的基本精神和基本原则，不得与刑法相冲突。反垄断法有具体规定的，应首先适用反垄断法；反垄断法没有规定的，则要适用刑法的规定。有时候，适用刑法的某些规定还可以造成修正反垄断法的效果。例如，在美国，除了《谢尔曼法》规定的具体的刑事处罚以外，其他的普通联邦刑事法律制裁也可以适用于违反《谢尔曼法》的行为。美国 1984 年《综合犯罪控制法》允许对犯罪者处以

---

① A. M. Plinsky and S. Shavell, "Should Employees be Subject to Fines and Imprisonment Given the Existence of Corporate Liability", 13 International Review of Law and Economics(1993), p. 239.

两倍于其在犯罪行为中所获得的总的金钱收益或受害者因违法行为受到的损失的罚金，以此来取代《谢尔曼法》规定的罚金的最高额。这样可以使政府能够要求法院对牵涉到巨大的商业数额的案件处以很高的罚金。1995 年，世界上最大的商用炸药生产商 Dyno Nobel 公司因其共谋固定价格被认定构成犯罪，支付了 1500 万美元的罚金，这是历史上第一次超过了《谢尔曼法》最高限额的罚金。①

反垄断法在规定犯罪和刑罚方面相对于普通刑法的特殊性，也可以从某些国家为反垄断法规定的特殊程序上体现出来。例如，日本《禁止垄断法》规定，反垄断法犯罪行为的告发权专属于公正交易委员会。关于私人垄断、不正当交易限制的禁止、事业者团体的禁止行为、国际性协定等的限制、确定审决、股份持有等的限制的第 89 条至第 91 条的罪刑，要在经过公正交易委员会的揭发后才可处罚。亦即，以公正交易委员会的揭发为诉讼条件，无此则不能提起公诉。但是，提出公诉后不能撤消揭发。另外，在日本，违反《禁止垄断法》犯罪的第一审审判权在东京高等法院，而一般的刑事案件的第一审判权在各地方法院，而且一般法院的合议庭由三名法官组成，而审理反垄断法刑事案件的合议庭则由五名法官组成。因此造成的后果是违反反垄断法犯罪的审判采取二审终审制，而一般的案件采取的是三审终审制。对于这种特殊性，存在不少非议，有人甚至指责这种做法违反了宪法。但是最高法院认为，在反垄断法领域，构成审判对象的行为是涉及国民经济根本的重大行为，从其性质来看，需要统一的判断和迅速的审判，所以，即使采取二审终审制并赋予东京高等法院专属管辖权，并不违反宪法。②

(二) 刑法作为制裁垄断行为的直接依据

有些国家的反垄断法本身没有规定刑事制裁，这并不意味着反

---

① Clifford A. Jones, Private enforcement of antitrust law in the EU, UK and USA, Oxford: Oxford university press, 1999, p.9.

② 参见［日］芝原邦尔:《经济刑法》，金光旭译，法律出版社 2002 年版，第 78~79 页。

垄断法领域的任何违法行为都不会受到刑事制裁，对于一些严重的违法行为可以直接适用刑法的规定进行处罚。例如，德国《反限制竞争法》本身没有规定真正的专门的反垄断法犯罪。但是，反垄断法违法行为不仅可以引起民事制裁和行政罚款，而且可以构成德国刑法典规定的一般的犯罪。例如，串通投标行为可以构成刑法典第263条规定的犯罪。①

我国《反垄断法》也没有规定垄断犯罪，但是，这并不是说，在我国，所有的垄断行为都不会导致刑事责任。串通投标行为尽管没有被《反垄断法》具体列举，但它本质上属于价格固定行为。我国《刑法》第223条规定："投标人相互串通投标报价，损害招标人或者其他投标人利益，情节严重的，处三年以下有期徒刑或者拘役，并处或者单处罚金。"《刑法》关于"串通投标罪"的规定，事实上使得串通投标这种垄断行为有可能导致刑事制裁。在这种情形下，我国《刑法》实际上成为了制裁串通投标这种垄断行为的直接依据。

---

① Clifford A. Jones, Private enforcement of antitrust law in the EU, UK and USA, Oxford: Oxford university press, 1999, p. 10.

专题八
论反垄断法中的慎刑原则

尽管刑事制裁不是反垄断法中最重要的制裁手段，但它仍可称得上是反垄断法制裁手段体系中的重要构成。然而，考察各国（地区）反垄断立法和实践，我们却也发现，反垄断法对于刑事制裁的运用是比较谨慎的，可以说，在反垄断法领域存在一项共通的慎刑原则，或者说各国（地区）在反垄断立法和法律适用过程中，对于刑事制裁基本上持谨慎立场。

在我国《反垄断法》制定过程中，关于我国是否为反垄断法配备刑事制裁手段的问题引起了广泛而激烈的争论，支持者与反对者意见分明。尽管立法结果显示，我国《反垄断法》对于刑事制裁也采纳了慎重立场，没有为垄断违法行为引入刑事制裁，但相关争论并没有完全停息，在这部法律实施以来的十年时间里，一直有人继续主张和呼吁我国应该在修订《反垄断法》时引入刑事制裁手段。

因此，我们有必要深入研究反垄断法适用刑事制裁的基本趋向，通过严谨的事实考察和法理阐释，明确我国反垄断立法与刑事制裁的应然关联。

一、慎刑：各国（地区）反垄断法的基本立场

通过考察域外各国（地区）反垄断法对待刑事制裁的态度，我们可以很容易得出下列结论：各国（地区）反垄断法对待刑事制裁是十分谨慎的。我们可以将此种实然趋势归纳为反垄断法上的"慎刑原则"。慎刑原则既表现在各国（地区）反垄断立法上，也表现在各国（地区）反垄断法的实施中。

(一)慎刑原则在反垄断立法上的表现

各国(地区)反垄断法无不规定有各种制裁手段,但是,对于刑事制裁手段,很多国家(地区)的反垄断法表现出明显的慎刑原则。这种原则主要通过以下几种模式体现出来:

1. 反垄断法不规定刑事制裁

虽然,有很多国家(地区)的反垄断法规定有刑事制裁,但也有部分国家(地区)的反垄断法根本就没有规定刑事制裁。

应当承认,国内也有学者认为"现今世界越来越多的国家(地区)采用了刑罚手段来规制垄断行为。换言之,垄断行为刑事化已经成为一种世界性的趋势"。[1] 其实这是一种基于并不严谨的统计数字得出的夸大化的结论。有一种统计结论说,世界上已有80多个国家(地区)制定了"竞争法",其中对垄断行为有刑罚规定的约占80%。[2] 这种统计数字是不足为据的。首先,其中使用的计算基数是"竞争法",而不是反垄断法,竞争法包括反垄断法和反不正当竞争法,反不正当竞争法基本上都会引入刑事制裁,而反垄断法与反不正当竞争法的法律责任体系构成存在较大差异,"竞争法"与刑事制裁的关系不能直接等同于反垄断法与刑事制裁的关系。其次,上述比例赖以成立的计算基数,即世界上已有80多个国家(地区)制定了竞争法,这是不准确的。单是以反垄断法论之,国内出版于2001年的一部反垄断法著作就已载明,"已有将近100个国家制定了反垄断法"。[3] 最后,这个比例在计算过程中没有严格区分反垄断法本身所引入的刑罚与其他法律为垄断行为规定的刑罚,也没有严格区分反垄断法中对垄断行为适用的刑罚与对阻碍执法机构执法的行为适用的刑罚,我们这里讨论的反垄断法中的刑事

---

　　① 胡剑波:《垄断犯罪立法研究》,中国社会科学出版社2013年版,第35页。

　　② 参见张平:《反竞争犯罪研究》,法律出版社2008年版,"序文二"第1页。

　　③ 参见孔祥俊:《反垄断法原理》,中国法制出版社2001年版,曹建明所作之"序"第1页。

制裁仅仅指反垄断法本身对垄断行为适用的刑事制裁，只有在这层意义上讨论反垄断法的刑事制裁才具有定向性。有的学者在论述中明确提到，"在国际上，无论是采取反垄断刑事法律责任制度的国家还是不采取反垄断刑事法律责任制度的国家，普遍将严重垄断行为作为犯罪追究其刑事责任，这基本上已达成共识"。① 这里的论述就是不适当地将其他法律对垄断行为适用刑事制裁的情形与反垄断法刑事化情形混为一谈，而不是严格地将讨论主题限定在专门的反垄断立法文件内，很显然，此种论述所针对的研究场域已经被不恰当地扩大处理了，以此为基础得出的统计结论不能作为证明各国反垄断法对待刑事制裁的基本态度的证据。

因此，关于域外各国（地区）反垄断法引入刑事制裁的比例情况，或者说各国（地区）反垄断法对待刑事制裁的主流趋势，学界存在一种夸大事实的误解。事实上，20世纪末只有为数不多的国家对垄断行为设置了刑事责任制度，至2003年还只有十几个国家对垄断行为实行了刑事处罚制度。② 因此，从比例上看，对垄断行为引入刑事制裁的国家（地区）并没有处于明显的优势，对垄断行为不适用刑事制裁的国家（地区）也占据着相当高的比例。

例如，德国《反限制竞争法》就没有规定刑事制裁。在德国《反限制竞争法》中没有规定专门的反垄断犯罪行为，因此也就谈不上刑事制裁。只不过，反垄断违法行为有可能构成《德国刑法典》中规定的一些犯罪，从而根据《德国刑法典》的规定受到刑事制裁。例如，操纵投标行为就有可能根据《德国刑法典》第263条受到刑事制裁。③

此外，丹麦、比利时等国的反垄断立法没有规定刑事制裁。比利时1991年《保护经济竞争法》以及丹麦1990年《竞争法》等都没

---

① 丁国峰：《反垄断法律责任制度研究》，法律出版社2012年版，第235页。

② 参见丁国峰：《反垄断法律责任制度研究》，法律出版社2012年版，第235页。

③ Frank Wamser, Enforcement of Antitrust Law, Frankfurt：Peter Lang Publishing Company, 1994, p. 10.

有规定刑事制裁。①

2. 严格限制刑事制裁的适用范围

即使是在反垄断立法中采行了刑事制裁制度的国家(地区)当中，也有很多在立法层面上就限缩了刑事制裁的适用范围，刑事制裁仅仅适用于少数恶性的垄断违法行为，而不是覆盖所有的垄断违法行为。各国(地区)反垄断法的规制对象大致可以划分为行为和状态两种。在这当中，单纯的垄断状态并不构成犯罪，因此不受刑事制裁。即使是行为，也并非全都被纳入了刑事制裁的范围，只有一些最为核心的危害最烈的行为才受刑事处罚。同时，反垄断法还有可能在适用主体和适用条件等方面对刑事制裁之适用作出严格限制。

英国反垄断立法对于刑事制裁的规定就是其中的典型代表。英国反垄断立法被统合在竞争立法中，竞争立法主要是规制垄断与限制竞争行为，也就是说英国竞争立法的主要内容是反垄断法。英国在很长一段时期内，其竞争法并未包含刑事制裁。不仅较早的1948年《垄断与限制性行为法》、1973年《公平贸易法》等立法没有规定刑事制裁，而且较近的1998年《竞争法》仍然没有引入刑事制裁。早期的立法以禁止令作为基本规制手段，1998年《竞争法》以罚款作为核心制裁手段。这表明英国反垄断立法长期坚持慎刑态度。直到英国2002年出台《企业法》，才第一次针对垄断行为引入刑事制裁。2002年《企业法》规定的刑事制裁是指对卡特尔犯罪的制裁，集中体现为2002年《企业法》第六编的专门规定。即使在英国2002年《企业法》规定有刑事制裁之后，其适用仍然受到严格限制：第一，严格限定了可适用刑事制裁的垄断行为范围，具体而言，英国反垄断法刑事制裁仅适用于卡特尔犯罪，而不适用于其他限制竞争行为；第二，严格限定了反垄断法刑事制裁可适用的主体范围，英国反垄断法对卡特尔犯罪的制裁仅适用于自然人，而不适用于单位；第三，其适用条件十分严格，必须是不诚实地从事了卡

---

① Julian Maitland-Walker(edited), Competition Laws of Europe, London: Butterworths, 1995, p. 81, 106.

特尔行为，才可受到刑事制裁；第四，规定有较大的宽免空间，在英国竞争法的宽免政策框架下，从事卡特尔行为的个人可以通过举报卡特尔免除刑事制裁。①

日本在反垄断立法中规定了刑事制裁制度，但也严格限定了适用范围。日本《禁止垄断法》规定了三种核心的禁止行为，即私人垄断、不当限制交易和不公正的交易方法。在这三种禁止行为中，能够构成犯罪的只有私人垄断和不当限制交易行为。不公正交易方法本身不构成犯罪，不能直接处罚。

3. 实行"先行政处罚后刑事制裁"的原则

这是我国台湾地区的"公平交易法"实行的原则，体现了反垄断立法文件本身对于适用刑事制裁的限制。"先行政处罚后刑事制裁"的原则，又可称为"先行政后司法"原则，还被称为"先规制后制裁"原则，意思是指，对于垄断与限制竞争行为首先由行政主管机关即公平交易委员会依法命令违法者限期停止、改正其行为或采取必要更正措施，若违法者遵命执行，则不给予刑事制裁；若"逾期未停止、改正其行为或采取必要更正措施，或停止后再为相同或类似违反行为"，则由法院判决给予刑事制裁。本来，1991 年制定的"公平交易法"是采取"行政司法并行"的原则，经过七年实践后于 1999 年修正该法时改为"先行政后司法"。②

(二)慎刑原则在反垄断法实施中的表现

有的国家(地区)的反垄断法虽然在立法上规定有刑事制裁，但是在实施中却采取了谨慎态度，实际上是通过反垄断法实施过程对反垄断立法规定的刑事制裁给予了限缩，从而体现出慎刑原则。在这方面，美国和日本最为典型。

1. 美国

美国的反托拉斯立法规定了较重的刑事制裁，但是，在实施上

① 参见李国海：《英国竞争法研究》，法律出版社 2008 年版，第 262 页。

② 参见赖源河编审：《公平交易法新论》，中国政法大学出版社、元照出版公司 2002 年版，第 464 页。

对违反反托拉斯法行为追究刑事责任是慎重的，而且对犯罪行为的惩罚也偏轻，尤其在判处监禁方面。据统计，在 1955 年至 1993 年间，由美国司法部提起的刑事案件中，共有 1 036 件对公司处以了罚金，有 520 件对个人处以了罚金，有 372 件对个人处以了期限不等的监禁。① 平均每年对公司处以罚金的案件数是 27 件左右，对个人处以罚金的案件数每年不到 14 件，对个人处以监禁的案件数就更少，平均每年不到 10 件。以对个人服刑的期间来说也可以看出这种偏轻的倾向。在 1890 年至 1970 年间，有 19 个人在监狱里的总服刑期为 28 个月，② 平均每人的实际服刑期才 90 天左右。1970 年以后，判处监禁的案件也是十分稀少的，这可以从表 1 的统计数字中看出。

表1　**1970—1999 年美国联邦反托拉斯案件中判处的监禁数据表③**

立案时期	判处监禁的案件总数	判处 1 年以下监禁的案件数量	判处 1 年或 1 年以上监禁的案件数量	判处 1 年至 2 年监禁的案件数量	判处 2 年至 3 年监禁的案件数量
1970—1979	25	24	0	0	1
1980—1989	196	183	3	7	3
1990—1999	61	47	0	9	2

　　事实上，负责反托拉斯法刑事起诉的美国司法部反托拉斯局曾于 1977 年制定政策，在实际指控中将违反《谢尔曼法》的犯罪行为的最高三年监禁改为一般只要求判处最高为 18 个月的监禁。而且，

① J. C. Gallo, K. G. Dau-Schmidt, J. L. Caycraft, and C. J. Parker, "Criminal Penalties Under the Sherman Act: A Study of Law and Economics", 16 Research in Law and Economics(1994), pp. 25-42.

② 参见周密主编：《美国经济犯罪和经济刑法研究》，北京大学出版社 1993 年版，第 98 页。

③ 资料来源：[美] 理查德·A. 波斯纳：《反托拉斯法(第二版)》，孙秋宁译，中国政法大学出版社 2003 年版，第 52 页。

公认的是，服三分之一的刑期后即可假释。①

自 20 世纪末期开始，美国反托拉斯实践中刑事制裁的适用力度有所加强，法院实际判决的罚金数额和监禁时间有所提高，但到达刑罚制裁顶峰之后，又出现了缓慢减少、下降的趋势，再一次进入谨慎用刑时期。我们选取美国自 1995 年至 2004 年十年间反托拉斯案件适用监禁制裁的具体数据，可以发现美国反托拉斯刑事法律责任的适用依然是谨慎、适中的。② 如表 2 所示：③

表 2　　　　1995—2004 年美国联邦反托拉斯案件中判处
监禁人数和实际监禁总天数表

监禁	1995	1996	1997	1998	1999	2000	2001	2002	2003	2004
宣判人数	27	19	17	16	54	47	24	36	30	28
处监禁人数	16	5	3	5	28	18	11	19	15	20
实际监禁天数	3 902	2 431	789	1 301	6 662	5 584	4 800	10 501	9 341	7 334

2. 日本

日本《禁止垄断法》在制定时受到美国占领当局的影响，规定有较严厉的刑事制裁，但是在实践中却很少适用。

首先，日本在反垄断法实践中严格限制了刑事制裁适用的范围。实践中作为刑事案件来处理的只有不当限制交易罪，而且，在不当限制交易罪中，在实践中被刑事起诉的也仅仅限于价格固定和

---

① 参见高菲：《论美国反托拉斯法及其域外适用》，中山大学出版社1993 年版，第 22 页。

② 参见丁国峰：《反垄断法律责任制度研究》，法律出版社 2012 年版，第 242 页。

③ 资料来源：郑鹏程：《反垄断法专题研究》，法律出版社 2008 年版，第 248 页。

串通投标两种行为。①

其次，从实际执行情况来看，日本在反垄断法领域适用刑事制裁也是十分慎重的。从《禁止垄断法》制定到 1980 年代初期，仅仅是违反《禁止垄断法》第 3 条的案件就有 200 件以上，但是，公正交易委员会告发的刑事案件只有一件，即 1974 年的石油卡特尔事件。② 1974 年 2 月 15 日公正交易委员会以违反《禁止垄断法》第 3 条后段及第 8 条第 1 款第 1 项的罪名向检察总长提出刑事告发，指控各石油公司约定提高石油产品价格，以及石油联盟限制炼油量。③ 对于后种指控，东京高等法院经过判决宣告无罪；针对前种指控，一直争讼到最高法院，1984 年 2 月 24 日作出最终判决，除两家公司以外，其他公司以及董事和职员被判有罪。④

进入 1980 年代后半期以后，日美两国为协调日益严重的经济冲突，举行了日美经济结构协商，在协商过程中，美方强烈要求日本加强对违反《禁止垄断法》的行为的制裁。在这种背景下，日方决定在提高课征金金额的同时，强化对违反《禁止垄断法》行为的刑事制裁。因此，进入 1990 年代以后，日本对于反垄断法刑事制裁的运用有所增加。即使如此，实际出现的案件也不多，迄今为止，除上述石油价格卡特尔案件外，另外仅有很少的几件：(1)保鲜膜价格固定案件：公正交易委员会 1991 年 11 月揭发，东京高等法院 1993 年 5 月判决有罪；(2)封印纸串通投标案件：公正交易委员会 1993 年 2 月揭发，东京高等法院 1993 年 12 月判决有罪；(3)日本下水道事业团串通投标案件：公正交易委员会 1995 年 3 月揭发，东京高等法院 1996 年 5 月判决有罪；(4)在东京都定购

---

① 参见［日］芝原邦尔：《经济刑法》，金光旭译，法律出版社 2002 年版，第 76 页。

② 参见［日］丹宗昭信、厚谷襄儿编：《现代经济法入门》，谢次昌译，群众出版社 1985 年版，第 162 页。

③ 参见［日］今村成和：《独占禁止法（新版）》，有斐阁，1978 年，第 233 页。

④ 参见［日］芝原邦尔：《经济刑法》，金光旭译，法律出版社 2002 年版，第 80 页。

自来水管测量仪器时发生的串通投标案件：公正交易委员会 1997 年 2 月揭发，东京高等法院 1997 年 12 月判决有罪；（5）在日本防卫厅定购石油产品时发生的串通招投标案件：公正交易委员会 1999 年 10 月揭发；（6）在东京都定购自来水管测量仪器时发生的串通招投标案件：公正交易委员会 2003 年 7 月揭发。①

日本在反垄断法实施层面上的慎刑倾向与公正交易委员会有很密切的关系。日本《禁止垄断法》赋予公正交易委员会专属的刑事告发权，但该委员会并不经常行使告发权，实际上揭发的案例很少。其中的原因之一是因为关于公正交易委员会的专属告发权的规定一般被理解为训示规定，并认为对于告发与否应授予公正交易委员会以自由裁量权。② 其次是因为公正交易委员会并不拘于刑罚规定的存在，对于独占禁止法违反行为的犯罪意识比较淡薄，而且在公正交易委员会方面存在很强的一种思潮，即只要采取行政排除措施就足够了。③

二、反垄断法实行慎刑原则的原因

各国（地区）反垄断法之所以纷纷实行慎刑原则，是有其原因的。

（一）慎刑原则是刑法谦抑性原则在反垄断法上的具体反映

刑法的谦抑性原则，是指刑法在介入社会生活时，应当尽可能地控制其介入的广度和深度，合理规定刑事处罚范围与处罚程度。谦抑性原则是刑法领域的一项重要原则，极受刑法理

① 参见［日］铃木满：《日本反垄断法解说》，武晋伟、王玉辉译，河南大学出版社 2004 年版，第 9~10 页。
② 参见［日］丹宗昭信、厚谷襄儿编：《现代经济法入门》，谢次昌译，群众出版社 1985 年版，第 162 页。
③ 参见［日］今村成和：《独占禁止法（新版）》，有斐阁，1978 年，第 232 页。

论界的重视。① 根据刑法的谦抑性原则，刑法介入社会生活的广度应受到严格限制，刑事立法时不应将社会上可能存在的危害行为全部列入其调控范围。具体而言，只有在具备以下两个条件时才可以运用刑法手段解决冲突：其一，危害行为必须具有相当严重程度的社会危害性；其二，作为对危害行为的反应，刑罚应当具有无可避免性，包括可替代性。②

依照上述精神，笔者认为，要想在反垄断法领域遵守刑法谦抑性原则，就必须采取慎刑原则。这是因为：

第一，垄断与限制竞争行为的社会危害性并不如一般刑事违法行为那样明确肯定。对于垄断与限制竞争行为，不同的社会存在不同的的伦理评价。在西欧和美国，虽然同属于资本主义社会，但是对垄断和限制竞争行为的伦理评价就截然不同。

在美国社会中，价格固定这样的限制竞争行为，被看作是不道德的，与偷窃没有什么区别。有人曾经指出，"纯粹的价格固定相当于同时从一大群人手里盗窃财物，我不理解，为什么一个从千百万人手里盗窃财物的人所受的制裁比从一个人手里盗窃财物的人还要明显地轻？"③正因为如此，在美国"反托拉斯在公众中是流行语汇"，"具有强烈的思想上的吸引力"，"竞争的理念一直得到美国大众的广泛支持"。④

但是，在欧洲的历史和文化中，反垄断法就不具有这样的地位。⑤

---

① 这在英国法学家边沁所著《立法理论——刑法典原理》，中国人民公安大学出版社 1993 年版和我国台湾地区学者林山田所著《刑罚学》，台湾商务印书馆 1985 年版中都有权威论述，本处不再赘述。

② 陈兴良：《刑法哲学（修订本）》，中国政法大学出版社 1997 年版，第 7 页。

③ Jerrold G. Van Cise, William T. Lifland, Understanding the Antitrust laws(Eighth Edition), 1980, p. 209.

④ R. B. Rreich, "The Antitrust Industry", 68 Georgetown Law Journal (1980), pp. 1035-1054.

⑤ 参见[荷兰]伍特·威尔斯，《欧洲共同体竞争法中的罚款处罚》，李国海译，载漆多俊主编：《经济法论丛（第 5 卷）》，中国方正出版社 2002 年版。

人们认为，反垄断法应该是中性的。① 正因为如此，各国（地区）对于反垄断法是否规定刑事制裁也采取不同态度，例如德国《反限制竞争法》就没有规定刑事制裁手段。

第二，反垄断法上的刑事制裁具有高度的可替代性。反垄断法刑事制裁一般包括两种具体的刑罚，即罚金和监禁。罚金既可以针对违法企业，也可以针对个人违法者。但是监禁只能用于个人违法者。对于罚金，其可替代性最为明显，完全可以用罚款来代替。事实上，各国（地区）也是这样做的，这也是造成各国（地区）反垄断法上的罚款迅猛攀升的一个原因。

对于监禁，其可替代性特征更为明显。首先，我们应该认识到，在反垄断法上依赖监禁这种特殊的刑事处罚是令人质疑的，一方面，把一个金钱的数目（比方说，一个特定的固定价格共谋的成本）转化成多少年、多少个月、多少个星期或者多少天的监禁这样一个非金钱的成本是很困难的；另一方面，与收缴罚金相比，监禁对社会来说是一种执行成本比较大的处罚。② 其次，监禁的主要目的是对个人违法者形成威慑。这种威慑完全可以通过对违法企业的高额罚款来达到。因为，反垄断法上的违法行为与其他性质的违法行为的主要不同在于，反垄断法违法行为的动机百分之百是为了经济利益。只要精心运用罚款技术，加大企业违反反垄断法的的成本，则完全可以遏制这种违法行为：考虑到违法行为的严重经济后果，企业内部自会制定规则，控制所属人员从事反垄断违法行为。

（二）慎刑原则是反垄断法本身的特性决定的

慎刑原则的存在与反垄断法本身的特性密切相关，这集中表现在以下三个方面：

第一，反垄断法的模糊性特征决定反垄断法应实行慎刑原则。

---

① Frank Wamser, Enforcement of Antitrust Law, Frankfurt: Peter Lang Publishing Company, 1994, p. 13, 160.

② 参见［美］理查德·A. 波斯纳:《反托拉斯法（第二版）》，孙秋宁译，中国政法大学出版社 2003 年版，第 318 页。

相对于其他法律，反垄断法的模糊性是十分突出的。① 以美国《谢尔曼法》为例，连提出该议案的参议员谢尔曼本人也承认其模糊性。他说，"在合法与非法之间的界限用法律语言加以精确定义是困难的，这只能由法院在具体案件中加以决定。我们作为立法者所能做的全部事情只是宣布一般原则，我们也确信各法院一定会按该法的本意予以适用"。②

反垄断法的模糊性使得对于某种行为是否构成犯罪的判断不能完全确定化。实践中，也确实有被告以法律的模糊性为辩护理由。按照法治的要求，在刑事制裁上，应当实行严格的"法无明文规定不为罪"的原则，所以在反垄断法上规定犯罪和刑事制裁的合理性很值得怀疑。

同时，也正是由于反垄断法的模糊性特征，使得我们在是否非难某项竞争行为、是否对某项竞争行为施以刑事制裁方面要谨慎从事。因为，一不小心，我们有可能走过了头，从而对人们在经济领域的创造精神的发挥产生抑制效果。

第二，反垄断法领域的违法行为的隐蔽性会减损刑事处罚的威慑力。支持刑事处罚的人们的主要理由是刑事处罚会造成受罚人社会评价的降低，"看到一个商业经理人被判处监禁时所受到的奇耻大辱，更不用说因为判刑可能导致的现在和未来的收入损失，对反托拉斯违法行为施以刑事处罚的支持者就推测，这样一种刑罚的结果一定是巨大的威慑作用"。③ 其实，这种判断在反垄断法领域未必适用。因为，一个理性的个人在决定要不要从事犯罪行为时，影响他的是惩罚的概率和惩罚的轻重。如果这种概率很小，那么即使处罚严厉，威慑作用也会非常有限。反垄断法领域的违法行为比其他领域的违法行为具有更高的隐蔽性，公共实施机构获得违法行为

---

① 也即某些学者所称"反垄断法的不确定性"。参见沈敏荣：《法律的不确定性——反垄断法规则分析》，法律出版社 2001 年版。

② 参见周密主编：《美国经济犯罪与美国刑法研究》，北京大学出版社 1993 年版，第 95 页。

③ 参见［美］理查德·A. 波斯纳：《反托拉斯法(第二版)》，孙秋宁译，中国政法大学出版社 2003 年版，第 318 页。

的证据十分不容易，因此，在反垄断法领域施行刑事处罚的概率很小，其实际的威慑效果并没有人们想象的那样好。所以，在反垄断法上，与其将制造威慑效应的希望放在刑事制裁上，还不如将希望放在民事和行政制裁上。这也是造成反垄断法慎刑效果的直接动因。

第三，如果对垄断行为处以刑事制裁，则对于垄断犯罪的构成要件尤其是主观要件难以把握。刑事制裁都是针对犯罪行为而适用，而犯罪之构成必须具备一定的要件。要构成垄断犯罪，也必须具备一定的构成要件。基于垄断行为的特性，遵循刑法上关于犯罪构成的一般理论，厘清垄断犯罪的构成要件是很困难的。其中的难点在于主观因素或曰犯罪主观方面之确定。

犯罪主观方面，是指犯罪主体对自己的行为及其危害社会的结果所抱的心理态度，包括罪过（即犯罪的故意或者犯罪的过失）以及犯罪的目的和动机这几种因素。其中，行为人的罪过是一切犯罪构成都必须具备的主观要件之要素，行为虽然在客观上造成了损害结果，但不是出于故意或者过失心理态度的，就不构成犯罪。在司法实践中，犯罪主观方面存在客观性，而且通过犯罪行为得以客观化外化，国家公诉机关要对行为人定罪，必须以客观证据证明其犯罪主观方面。[①] 国家公诉机关要对垄断行为定罪，也必须以客观证据证明行为人存在犯罪的主观构成要件，尤其是其中的罪过。但是，垄断行为对社会的危害主要表现为限制竞争，而限制竞争是有程度差异的，任何一种垄断行为都具有限制竞争的危害，但究竟达到何种程度才会进入刑法的视野并与犯罪认定建立直接的关联？这是很难把握的。垄断行为人也许知道其行为具有限制竞争的社会危害，但他们并不一定知道其行为所具有的限制竞争效果已经构成严重的社会危害，连专业的反垄断执法机构往往都困惑于认定垄断行为的危害性，要求一个对反垄断法并不专业的经营者或者经营者的具体人员在事前对于其所为的任何一项经营行为是否具有限制竞争

---

① 参见高铭暄、马克昌主编：《刑法学（第八版）》，北京大学出版社、高等教育出版社 2017 年版，第 104~106 页。

的效果，是否构成严重的社会危害性作出准确地判断，这是过于严苛的要求。既然行为人对其垄断行为的社会危害性并不能在事先作出准确判断，也就不能确定行为人是否对此种社会危害性存在故意或过失，因此就很难客观地确定行为人的罪过。

如果采取行为列举的方式，通过立法事先确定某类行为具有严重的社会危害性，以行为之发生推导出行为人存在故意或过失，这就陷入了客观归责主义的泥潭，不符合刑法上关于犯罪构成认定的基本法则。而且，这样做还具有另外的负面效果。反垄断法关于严重危害社会行为的列举不可能达到完全确定的程度，总是存在一定的弹性空间，在反垄断法上，此行为与彼行为之间并不总是泾渭分明，一些表面上看起来具有社会危害的行为事实上却具有正面效应，如果采取列举的方式来规定哪些限制竞争行为属于犯罪行为，必然导致寒蝉效应，使得某些具有创新性的、可能对社会产生正面效应的行为也会被遏止。

事实上，在反垄断法中规定了刑事制裁的国家（地区）在确定某种行为是否构成犯罪时，始终纠结于行为人主观因素的确定，在反垄断立法层面上难以作出规定，在法律实施层面也难以作出认定。美国反托拉斯立法对于反托拉斯犯罪的主观要素没有明确规定，在实践中，司法机构仅能明确，被告的主观状态或目的是构成托拉斯犯罪行为的必要要件，要构成托拉斯犯罪，行为人须得有故意的主观状态，但如何从客观上证明行为人存在故意的主观状态，司法机构就很难给出明确的指引。在英国竞争法中，要构成卡特尔犯罪，也必须具备主观要素。由于难以认定行为人是否存在故意或过失，2002 年《企业法》只好将"故意或过失"替代为"不诚实"，规定只有不诚实的自然人才构成犯罪。关于不诚实的评估标准，英国竞争立法没有作出具体规定，司法部门也没有作出明确的回答。我国台湾地区感受到此中的难处，索性采纳"先行政处罚后刑事制裁"的原则，先以行政处罚方式明确行为的违法性和危害性，行为人在受到行政处罚之后仍然从事同种行为的，才有可能被认定为犯罪并受到刑事制裁，这实际上是一种无奈的变通之举。此种安排本身，就凸显了在对垄断行为追究刑责时认定行为人主观状态的困难。

三、为我国《反垄断法》的非刑事化立场辩护

(一)关于我国反垄断法应否引入刑事制裁的争鸣

我国《反垄断法》对垄断行为只规定了行政责任和民事责任，没有规定刑事责任，这说明我国立法部门对反垄断立法采行了非刑事化立场。这是值得肯定的，因为这种立场体现了高度的立法理性。

但是，在学术界，围绕反垄断法应否规定刑事责任的问题，一直存在激烈的争论。在《反垄断法》出台之前，已经存在正反两种意见。以邵建东教授为代表的一些学者主张我国反垄断法应引入刑事制裁，提出的主要理由包括：垄断行为具有"应刑罚性"；绝大多数国家和地区在反垄断法法律责任制度中都规定了刑事责任，这说明刑事责任是有效制止垄断行为、维护正常的市场竞争秩序、保护社会公共利益以及经营者和消费者合法权益的必不可少的法律手段。① 也有学者在一定程度上认同反垄断法上的慎刑原则，主张我国反垄断立法应有限度地引入刑事制裁，应明确规定追究本身违法的核心卡特尔行为和行政垄断行为的刑事责任，对于滥用市场支配地位行为则不适用刑事制裁。② 以笔者为代表的一派学者则一直主张我国反垄断立法实行非刑事化立场。③

我国《反垄断法》在起草过程中，曾经有一份《修订稿》(2005年9月出台)规定了刑事责任，其中的第54条规定："违反本规定的行为，构成犯罪的，依法追究刑事责任。"可贵的是，最终出台

---

① 邵建东：《我国反垄断法应当设置刑事制裁制度》，载《南京大学学报(哲学社会科学版)》2004年第4期。

② 王健：《威慑理念下的反垄断法刑事制裁制度——兼评《中华人民共和国反垄断法(修改稿)》的相关规定》，载《法商研究》2006年第1期。

③ 李国海：《论反垄断法中的慎刑原则——兼论我国反垄断立法的非刑事化》，载《法商研究》2006年第1期。

的《反垄断法》立法文本取消了该条规定，这与笔者的主张和呼吁相吻合，可见，主张我国反垄断法实行非刑事化立场的意见得到了立法机关的采纳，这也使得相反的意见暂时得以消退，但并不意味着相关争论完全停息了。仍然有学者继续呼吁我国《反垄断法》应当引入刑事制裁。[①]

鉴于此种背景，我们有必要继续为我国《反垄断法》的非刑事化立场辩护。

(二)我国《反垄断法》采行非刑事化立场的基本理据

笔者坚持认为，我国《反垄断法》实行非刑事化立场既符合当今世界反垄断立法的基本趋势，也符合反垄断法的基本特性，应当坚持。在修订《反垄断法》时，这一立场不应更改。我们还要进一步着重指出，反垄断立法的非刑事化也是符合我国国情的。

1. 发展经济的迫切性决定我国的反垄断法不能走严苛道路

我国目前还是发展中国家，当前的主要目标是发展经济，赶超先进国家，为了使这个目标得以实现，反垄断法的压力不宜太大。垄断和竞争是相对的，竞争的积极作用是不言而喻的，但是竞争也有其消极性，垄断并非在任何情况下都可以遭到否定，也有其积极的一面。这就使得反垄断法本身也具有双重职能，即在保护自由、公平竞争的同时也要利用一定的规模经济效益和维护某些方面的公共利益。[②] 而在当前，我国企业规模普遍偏小，市场集中度低，急需发展适度的规模经济。[③] 在这种情况下，反垄断法的制裁如果太过严厉，会约束国内企业的进取精神，不利于我国经济的发展。

---

① 参见丁国峰：《反垄断法律责任制度研究》，法律出版社 2012 年版，第 260 页；以及胡剑波：《垄断犯罪立法研究》，中国社会科学出版社 2013 年版，第 53 页。

② 参见王先林、唐大森：《从垄断与竞争的相对性看反垄断法的职能》，载《中央政法管理干部学院学报》1995 年第 6 期。

③ 参见王永治：《深化改革　促进竞争　反对垄断》，载王晓晔编，《反垄断法与市场经济》，法律出版社 1998 年版，第 37 页。

2. 我国社会对垄断行为持宽容态度

在很长一段时间里，理论界对于应否制定反垄断法这样最起码的问题都存在争议。二十多年前就曾有人拿中国企业的规模与美国通用汽车公司的规模相比，得出了中国当时不需要反垄断法的结论。① 十几年前还有人撰文主张，反垄断是市场经济充分发育后的任务，而中国当前经济力量过度集中的问题基本不存在，中国企业的规模还普遍偏小，与世界排名的大企业相比就更小，因此中国当前应当鼓励企业集中，而不是要反垄断。② 而在同意制定反垄断法的学者当中也有不少人主张我国应制定"温和型"或"中庸型"的反垄断法。③ 笔者认为，这不是单纯的学术意见不统一的问题，而是反映了我国社会中存在一股强大的主张对垄断与限制竞争行为采取宽容态度的思潮。在这种背景下，对反垄断违法行为给予刑事处罚缺乏必要的社会认同，因此，反垄断违法行为的应受刑事制裁性是有限的。在反垄断法中不规定刑事制裁并非对落后意见的迁就，而是对社会思潮的回应。

当今时代，"网络经济"以及"人工智能"等成为推动经济发展的重要因素，也是国际竞争中的重要领域。在这些领域，企业规模越大，在国际市场上的竞争力越强，垄断在其中具有较为正面的作用。近来虽然有国际人士提出应否拆分谷歌、亚马逊和FACEBOOK等科技巨头的问题，但应者寥寥，相反，有人为这些科技巨头辩护，认为它们与早年的标准石油公司等垄断巨头不同，

---

① 参见中国企业评价中心：《1987 年中国 100 家最大工业企业及 9 大行业评价》，载《管理世界》1989 年第 2 期。

② 李常青、马红梅：《反垄断法应暂缓制定》，载《法制日报》2002 年 3 月 6 日，第五版。

③ 例如，曹士兵主张以"中庸"作为我国反垄断立法的定位，参见曹士兵：《反垄断法研究》，法律出版社 1996 年版，第 249 页；朱慈蕴认为我国应建立温和型反垄断制度，参见朱慈蕴：《反思反垄断法：我国应建立温和型的反垄断法》，载《清华大学学报（哲学社会科学版）》2003 年第 2 期。

这些新时代的科技巨头为用户提供免费服务，具有正面效应。① 我国的企业必须参与这场网络与科技的竞争，这事关我国的整体竞争力。而在网络与科技领域，竞争行为显得更为复杂，其正当性与非正当性的边界更为模糊。我国《反垄断法》应当对这些领域的经营者及其经营行为保持必要的宽容，否则会压抑企业的创新精神，降损我国企业的国际竞争力。

近年来，我国执政党和政府积极倡导创新，中共十八大明确提出实施创新驱动发展战略，中共中央和国务院还于 2016 年出台了《国家创新驱动发展战略纲要》，鼓励创新成为了时代的主旋律。鼓励创新就是要鼓励创新精神，鼓励社会大众积极探索和尝试各种新技术方案、新的管理和经营模式，创新的过程中难免会涉及到限制竞争。《反垄断法》对此应继续保持"温和"、"中庸"立场，而不应过度规制。如果《反垄断法》引入刑事制裁，很可能会使得企业界人士在创新过程中背上一副沉重的枷锁，因为他们要时时考虑其具有创新性的经营行为是否会遭致刑事责任。如果《反垄断法》维持目前的法律责任体系构造，企业界人士即使因其创新行为违反了《反垄断法》，也仅仅是承担经济损失，而不会构成犯罪，不会给他们带来牢狱之灾，也不会承担罚金这种具有严重的社会声誉贬损性的制裁。如果我们要加大《反垄断法》的威慑力度，可以通过提高罚款制裁数额的方式实现，并不是非得实行刑事化不可。

总之，我国《反垄断法》实行非刑事化原则，是合理的，也是必要的，是符合中国国情的，应当受到肯定，予以维持。

【本专题系以下列论文为基础修改补充而成：李国海：《论反垄断法中的慎刑原则》，载《法商研究》2006 年第 1 期。】

---

① 《科技巨头那么强大　是否要开始要强迫它们分拆?》，http://www.sohu.com/a/217535788_464025. 2018 年 6 月 15 日访问。

第五单元

反垄断法律责任之实现

专题九
反垄断法宽免政策：
制度框架、效用及我国的实践

一、反垄断法宽免政策的含义及制度沿革

(一)反垄断法宽免政策的含义

反垄断法上的宽免政策，又叫宽免制度，或叫宽恕政策，其英文对应用词是"Leniency Programs"，或"Leniency Policy"，它的基本含义是：参与垄断协议(或曰联合限制竞争行为)的经营者，在该行为尚未被发现，或执法机关虽已对该行为展开调查但尚未掌握充分证据之前，主动向执法机关报告关于该行为的具体内容，执法机关因此部分或全部免除该经营者因从事垄断协议所应负的刑事或行政责任。①

反垄断法宽免政策与豁免制度字面相近，但内容显著不同。豁免制度所表示的是某种对象属于反垄断法规制的范围，而且该对象本来也该被禁止和制裁，但是因为它能带来显著的积极效应，足够补偿其造成的限制竞争的消极后果，因此不受禁止和制裁。② 而宽

---

① 参见王晓晔主编：《中华人民共和国反垄断法详解》，知识产权出版社 2007 年版，第 243 页。

② 参见李国海：《英国竞争法研究》，法律出版社 2008 年版，第 138 页。

免政策的主旨乃是指经营者因从事某种垄断协议行为，本已违反反垄断法，应受禁止，也应承担一定的法律责任，只是因为经营者以积极行为配合或协助执法机关调查该垄断协议行为，执法机关基于执法便利考量，也基于法律规定，给予该经营者减轻或免除一定的法律责任的优惠对待。很显然，在豁免制度适用的情形下，经营者的行为不会被认定为违法，故无须承担法律责任，实际上是一种整体上免除责任的安排，覆盖所有的法律责任，而宽免政策适用的情形下，经营者的行为会被认定为违法，也应承担法律责任，仅仅因为经营者采取了符合法律规定的特定积极行为，对执法主体有配合或协助之功，从而受到优待，被免除一定的法律责任，在实践中，多数国家仅仅覆盖行政责任，尤其是以行政罚款体现的行政责任，少数国家会覆盖刑事责任，一般不会覆盖民事责任。豁免制度要实现的是宏观上的公共利益，采取的思考方式是宏观上的积极效应与消极效应的比对，属于一种大局意义上的整体利益考量，而宽免政策仅仅是为了追求执法便利，实际上是给了执法机构一种微观上的执法武器。

反垄断法宽免政策与反垄断法适用除外也显著不同。适用除外意味着某项协议或行为根本就不属于反垄断法的规制范围，它所表示的是某种对象不被列入反垄断法的规制范围，也就是说，反垄断法不适用于某种对象，故该行为不会进入反垄断法执法流程，执法机关根本就不会对该行为展开调查，更不会将其认定为违反反垄断法。所以，在适用除外制度适用的情形下，某种行为根本上会脱离反垄断法的管辖范围，其直接效果也表现为该种行为的行为人无须承担反垄断法法律责任。

除上述通过与豁免制度及适用除外制度进行比较表现出来的特征外，反垄断法宽免政策还具有以下诸项特征：

第一，反垄断法宽免政策的目标是鼓励违法者自首或告密，方便执法主体发现和制裁垄断协议行为。垄断协议行为通常具有突出的隐蔽性，其成员的自我保护意识和反侦察能力也日益提高，因而很难被成员以外的主体觉察。执法机关获得该种行为的证据难度较大，这会降低反垄断执法的效率，减损反垄断法对垄断协议行为的威慑力度。宽免政策正是针对这种情况而特别设计，其目的是为了从垄断协议行为的内部寻找突破口。通过宽免政策，对主动报告者提供优待，激励行为内部成员向执法机关自首或供述违法内情，充当揭发其他违法主体的告密者，并充分配合执法机关的调查，从而促进对垄断协议行为的发现及破除。因此，反垄断法宽免政策也被称为"窝里反"政策①。

第二，反垄断法宽免政策仅适用于少数参与垄断协议行为的经营者。众所周知，反垄断法所规制的垄断行为有多种，各国反垄断法通常规制的行为包括垄断协议行为、滥用市场支配地位行为、经营者集中等，垄断协议行为只是其中之一。反垄断法宽免政策并不适用于上述所有行为，仅仅针对垄断协议行为而设计，是为参与垄断协议行为的经营者量身定制，对于滥用市场支配地位行为和经营者集中行为，反垄断法宽免政策并不适用。即使是在垄断协议行为范围内，也仅仅有个别符合条件的参与者能够享受宽免政策的优待，具体而言，只有首位或前几位主动向执法机关报告的参与者，方可获得宽免。如参与者主动报告的次序在政策规定的次序之后，则即便是垄断协议参与者主动向执法机关报告，也不能被减免责任。

第三，反垄断法宽免政策以免除或减轻部分法律责任为实施诱因。该政策用以激励垄断协议行为参与者主动报告的利益，是免除或减轻其相当部分的法律责任，也即用法律责任作为垄断协议行为参与者告密的对价。同时，能够被免除的法律责任也是有所限制的，这种责任多是行政责任或刑事责任，民事责任一般不予减免。

（二）反垄断法宽免政策的历史沿革

1. 美国反托拉斯法宽免政策的构建历程

反垄断法宽免政策首先起源于美国。美国之所以在其反托拉斯法中引入宽免政策，首要原因是执法机关感受到了查处垄断协议行

---

① 王铭勇：《联合行为宽恕减免责任条款之研究》，载《公平交易季刊》2006 年第 14 卷第 1 期。

为的困难。虽然美国通过出台《谢尔曼法》《克莱顿法》以及《联邦贸易委员会法》等法律，建构起了规制垄断协议行为的完整法律框架，但联邦司法部反托拉斯局及联邦贸易委员会等反托拉斯执法机关对垄断协议行为的发现和调查却一直成效欠佳。学者 Hay 和 Kelley 曾专门对 1963 年至 1972 年 10 年间所有的价格固定案件进行过统计，发现在相关的 49 例案件中，只有 2 件是反托拉斯执法部门自己发现的，其余则都是通过私人举报或与其他国家权力机关的信息交流而发现①。其原由，正是垄断协议行为的高度隐蔽性。作为反托拉斯的专职机构，对这项工作的力不从心让美国司法部反托拉斯局一直处于尴尬和苦恼的境地。

面对此种困难，美国经济学界自 20 世纪 70 年代推出的博弈论、信息经济学等新的分析工具受到了反托拉斯执法部门的重视，他们经研究发现，这些分析工具不仅可以用于立法行为，也可以用来帮助执法活动。很快，司法部反托拉斯局就通过对博弈论运用制定出一项执行政策，也即反托拉斯法领域的宽免政策，于 1978 年 10 月 4 日，由当时的首席检察官助理 John H. Shenefield 代表司法部向社会进行了公布②。这就是世界范围内现代反垄断法宽免政策的开端。

该政策的具体内容是：如果参与垄断协议行为的企业在反托拉斯部门开始调查前主动报告其违法行为，并与反托拉斯部门全面合作，控诉其他违法行为者，反托拉斯部门可酌情不再对其指控。但该企业应尽可能地向被害人履行赔偿义务③。这一政策一经推出，

---

① Joseph E. Harrington, Corporate leniency programs and the role of the antitrust authority in detecting collusion, http：//www. econ. jhu. edu/People/Harrington/Tokyo. pdf, 2008 年 4 月 12 日.

② Donald C. Klawiter, US Corporate Leniency After the Blockbuster Cartels：Are We Entering a New Era? http：//www. iue. it/RSCAS/Research/Competition/2006(pdf)/200610-COMPed-Klawiter. pdf, 2008 年 4 月 12 日.

③ Donald C. Klawiter, US Corporate Leniency After the Blockbuster Cartels：Are We Entering a New Era? http：//www. iue. it/RSCAS/Research/Competition/2006(pdf)/200610-COMPed-Klawiter. pdf, 2008 年 4 月 12 日.

立即取得了成效，有效地造成了垄断协议行为参与者内部的不稳定，使得反托拉斯执法部门能够成功指控一些重要的反托拉斯刑事案件。

不过，其后不久，申请适用反托拉斯宽免政策的案件数量就逐渐减少。在1978年至1993年间，向美国司法部反托拉斯局提出该申请的案件每年不到一件。随着20世纪80年代美国总体反托拉斯政策的宽松，反托拉斯法宽免政策得以适用的案件更是凤毛麟角。反垄断法宽免政策犹如昙花一现，在此后的十几年几乎被束之高阁。①

进入20世纪90年代后，美国反托拉斯法的实施力度有所加强，并且，反托拉斯执法部门开始以发现和查处国际卡特尔为工作重心。在这种背景下，反托拉斯法宽免政策被重新重视起来。美国反托拉斯执法部门总结前期的实施状况后认为，1978年出台的宽免政策在后期之所以失效，原因在于政策制定过于简单和模糊，司法部反托拉斯局的自由裁量权较大，企业能否获得宽免具有不确定性，因而，企业主动申报的积极性并没有因此被显著地提升起来。据此，1993年，美国司法部反托拉斯局对宽免政策进行了一次全面修订，并出台了新的文件——《合作宽恕政策》。其核心内容包括：第一，在反托拉斯局开始调查前，主动申报的企业可以自动地免受刑事指控；第二，在开始调查前获得免除刑事指控的企业，其员工也可以被免除刑事指控；第三，即使在反托拉斯局开始调查后，符合一定条件者，也可以减免刑事追诉。同时，这次修订还详细列出了企业获得宽免的条件。紧接着，在1994年8月10日，美国司法部反托拉斯局还公布了《适用于个人的宽免政策》，规定：在参与垄断协议行为的企业没有以法人行为主动报告的情况下，这些企业的员工若以个人名义向反托拉斯局进行报告，反托拉斯局也将给予该个人以责任减免。

可见，这次修订主要是对宽免的条件进行了扩充和细化，消减

---

① 参见董沛：《反垄断法宽免政策研究》，中南大学2009年硕士学位论文，第11页。

了不确定因素，提高了企业的可预期性，同时通过对企业员工责任的一并免除增加了企业员工主动申报的诱因。

在 1994 年后，美国还推出了一些新的举措，以完善反托拉斯法宽免政策。这些举措主要包括：（1）规定第二个及以后的申请者在进行有罪辩护之后提供相关违法行为信息的，按照其对调查的协助程度，可以根据《量刑指导方针》的相关规定获得刑事罚金数额的适当减少；（2）1999 年美国在反托拉斯法中引入了附加宽免制度，规定：如果正处于垄断协议调查中的当事人或公司就他们所参加的未被执法机关掌握的其他垄断协议进行揭发并予以协作调查的，该当事人或公司不但可以获得第二个尚未被执法机关掌握的垄断协议的刑事责任的免除，同时，还可以获得第一个、执法机关已予调查的垄断协议的刑事责任的适当减免；（3）2004 年《改革和增加反托拉斯刑事罚金法案》规定，如果申请宽免的公司配合受害方从其他垄断协议成员处获得索赔，该申请公司可以被免去三倍民事损害赔偿责任。①

2. 欧盟竞争法宽免政策的引入和发展

反垄断法宽免政策在美国的实践很快引起了世界其他国家（地区）的关注，欧盟首先予以跟进。主要原因是，美国的反托拉斯法宽免政策常适用于跨国的垄断协议行为，对欧盟切身利益有直接的影响。欧盟自 1994 年开始讨论在其竞争法体系下引入宽免政策的可行性。1996 年 7 月 18 日，欧盟委员会公布《关于卡特尔案件罚金减轻或免除公告》，正式引进了该制度。欧盟委员会针对三种不同的情形给予不同的减免待遇：第一种情形是欧盟委员会对垄断协议开始调查前主动报告并提出关于卡特尔存在的决定性证据；第二种情形是欧盟委员会对垄断协议开始调查后主动报告并提出关于卡特尔存在的决定性证据；第三种情形是在欧盟委员会违法行为告知书送达前提供决定性证据或收到违法行为告知书后不提出质疑。与美国反托拉斯法可以减免刑事责任和行政责任不同，欧盟竞争法仅

① 参见王玉辉著：《垄断协议规制制度》，法律出版社 2010 年版，第 290 页。

可减免行政责任，具体而言就是减免行政罚款。

欧盟 1996 年《关于卡特尔案件罚金减轻或免除公告》在实施过程中遇到了一些问题，主要是由于该公告中关于"决定性证据"、"重要角色"或"煽动者"等用词的定义不明确，企业对于主动报告究竟要达到什么程度并没有明确的指引，同时，欧盟委员会在适用宽免政策方面享有相当大的自由裁量权，这些缺陷都减损了宽免政策的实施效果。① 为此，欧盟委员会于 2002 年对其竞争法领域的宽免政策进行了修订，发布了新的公告——《关于卡特尔案件罚款减轻或免除公告》。与 1996 年宽免政策相比，新公告所确立的宽免政策提升了明确性和可预测性。具体表现为两个方面：第一，符合条件的最先告发的申请者，可以当然获得罚款的全额免除；第二，删除了 1996 年宽免公告中"决定性证据"、"重要角色"等限制性用词，避免了不明确概念的出现。

为进一步提高宽免政策的确定性和可预测性，欧盟委员会于 2006 年发布了新的《关于卡特尔案件罚款减轻或免除公告》，具体规定了全额免除及减少罚款的条件及程序，并明确规定，宽免政策仅适用于企业行政罚款的减免，并不免除或减轻企业的相应民事责任。

欧盟竞争法中的宽免政策系学习美国反托拉斯法的宽免政策，因此，与美国的宽免政策有许多相似之处。但同时有自己的创新，促进了该政策的发展。

第一，它将反垄断法宽免政策适用的法律责任从刑事责任挪移到行政责任，而且仅仅适用于行政罚款这种责任形式。这是欧盟在法律移植过程中对该制度本土化的结果。因为欧盟竞争法本身对垄断协议行为的规制与美国法律规范有差异，即欧盟并不认为该行为属于犯罪行为，而只是对其进行行政处罚。由于在世界范围内，多数国家对垄断行为都不适用刑事责任，故欧盟竞争法所确立的宽免政策更贴近其他国家的实际，从而能被更多的国家所借鉴，推动反

---

① 王铭勇：《联合行为宽恕减免责任条款之研究》，载《公平交易季刊》2006 年第 14 卷第 1 期。

垄断法宽免政策的推广适用。

第二，欧盟竞争法宽免政策首次确立了多层级责任减免思路。美国宽免政策的减免对象无论是在调查前或调查后，都仅限于第一个主动报告者，宽免的范围较小，虽然更能起到威慑的效果，但当参与联合行为的以中小企业居多时，这常常使许多的中小企业只能接受天价罚金，这并不公平。有时候，主动报告的经营者也许在时间方面仅差一两天，却受到天壤之别的待遇，这其实不利于发挥该政策的效用。另外，允许较多的经营者获得宽免待遇，也能鼓励更多的经营者主动报告，使其提供的证据和线索相互佐证，更利于执法部门核实相关证据。同时，有多个企业协助调查和指控，可以避免在美国宽免政策下可能出现的单一企业指控，其他企业集体否认，从而导致指控难以成立的弊端。① 这能够从正面提升执法效率，更好地发挥宽免政策的作用。

3. 反垄断法宽免政策在其他国家的推广

继美国、欧盟引入反垄断法宽免政策之后，德国、日本、英国及我国等国家也相继引入了该制度，使得该制度成为了世界各国反垄断法的通行制度之一。

德国于 2000 年颁布《罚款减免指导方针》，创建了反垄断法宽免政策，规定了全额及部分免除反垄断法罚款的条件和程序。

日本于 2005 年修订《禁止垄断法》，正式引入宽免政策，规定：对于主动向公众交易委员会自首并交代违法事实的经营者，可以全部或部分减免课征金，同时，对于满足一定条件的，也可以不进行刑事指控，从而免除其刑事责任。但宽免政策不适用于民事责任，即使是被全部免除课征金的经营者，也不能免除民事损害赔偿责任。

英国 1998 年《竞争法》和 2002 年《企业法》等关于竞争法的核心立法文件并没有直接规定宽免政策，英国采取了一种与美国相类似的做法，即：竞争立法文件授予竞争主管机构在确定罚款方面的

---

① 参见董沛：《反垄断法宽免政策研究》，中南大学 2009 年硕士学位论文，第 11 页。

一定的自由裁量权，再由竞争主管机构在自由裁量权的框架下出台和适用宽免政策。据此，公平贸易局制定和公布了两个相关指南，即2004年公布的《罚款的适当数额》和2005年发布的《卡特尔案件中的宽免政策》，已能足够有效地建立起宽免政策的主体框架。①

我国于2007年颁布的《反垄断法》第46条第2款规定，"经营者主动向反垄断执法机构报告达成垄断协议的有关情况并提供重要证据的，反垄断执法机构可以酌情减轻或者免除对该经营者的处罚"。这一款就是关于反垄断法宽免政策的原则性规定。以该款规定为基础，相关执法机关出台了具体的实施细则。国家发展和改革委员会于2010年出台《反价格垄断行政执法程序规定》，其中的第十四条就是关于适用反垄断法宽免政策的具体规定。国家工商行政管理总局也于2010年出台《工商行政管理机关禁止垄断协议行为的规定》，其中的第十一、十二和十三条具体规定了宽免政策的适用规则和程序。

此外，加拿大、法国、意大利、韩国、比利时、巴西、新西兰、新加坡、爱尔兰、奥地利、芬兰、澳大利亚、立陶宛、瑞士、挪威、荷兰、希腊等20多个国家或地区也先后出台了反垄断法宽免政策。

二、反垄断法宽免政策的基本框架

综合域外各国(地区)反垄断法宽免政策的相关规定，我们可以发现反垄断法宽免政策一般包含以下几项核心内容：

(一)宽免政策所适用的行为类型

各国反垄断法的规制对象是多元的，称谓或有所不同，但通常都包括三大块，即：垄断协议行为，或曰联合限制竞争行为；滥用市场支配地位行为，或曰滥用垄断地位行为；经营者集中，或曰企

---

① 参见李国海著：《英国竞争法研究》，法律出版社2008年版，第247页。

业合并。反垄断法宽免政策并非涵盖所有的规制对象，而仅仅适用于垄断协议行为，而对于市场支配地位的滥用以及违规合并等其他行为则不适用。这是世界各国(地区)的通例。

之所以如此规定，是因为宽免政策的出台有特定的目标指向，它是用于破解反垄断执法机关在规制垄断协议行为方面所面临的发现难、取证难的问题。因为，垄断协议行为的隐蔽性最强，从提高反垄断执法机构的执法效率而言，宽免政策只有适用于垄断协议行为方显示出其必要性。同时，但凡垄断协议行为都有复数参与者，它们本身处于相互竞争的关系，只是因为存在共谋，所以才暂时以垄断协议的方式协同行动，为避免处罚，同时承担了保密义务。正因为这种特性，宽免政策才有可能打破垄断协议参与者相互之间的保密约束，以减免法律责任为诱导，激励个别参与者主动向执法机关报告其参与的垄断协议行为。而滥用市场支配地位行为往往是单个经营者的行动，而且其行为的违法性往往较为外显，所以执法机关一方面无法期望违法行为人主动报告，另一方面也易于发现违法行为，故不需要采取宽免政策来达到发现违法行为并获得违法证据的效果。至于经营者集中行为，虽然也存在复数的参与者，但其行为及效果更为外显，执法机关不存在严重的取证难的障碍，因此也可不借重宽免政策。

在垄断协议的框架下，宽免政策的适用范围我们还可以进一步具体探究。垄断协议可以被划分为横向协议与纵向协议两类，多数国家反垄断法的宽免政策没有区分横向协议与纵向协议，实际上将所有的垄断协议都纳入宽免政策的覆盖范围。个别立法例十分明确地规定，反垄断法宽免政策仅仅适用于横向垄断协议。欧盟委员会在其《关于卡特尔案件中减免罚款问题的通告》中指出，该通告针对的是两个或多个竞争者之间，旨在固定价格、生产与销售限额、划分市场、操纵投标或限制进出口的秘密卡特尔行为①。在英国，即使是联合限制竞争行为，也并非全部都可以适用宽免政策。根据公平贸易

① 参见许光耀著：《欧共体竞争法通论》，武汉大学出版社 2006 年版，第 448 页。

局公布的名为《卡特尔案件中的宽免政策》的指南的规定，只有下列四类卡特尔可以适用宽免政策：价格固定卡特尔；串通招投标卡特尔；限制产量或固定产量卡特尔；分配市场份额或分割市场卡特尔。① 很明显，英国竞争法中的宽免政策也主要适用于横向垄断协议。欧盟及英国等如此规定的理由是：相对于纵向联合行为来说，横向联合存在的数量更多，对市场竞争的危害和损害也更大，常被称为"核心卡特尔"或"恶性卡特尔"，是各国反垄断法规制的最主要内容。因而，立法者认为只有为查处横向联合行为而放弃处罚权才最为必要。②

（二）宽免政策所适用的法律责任类型

反垄断法宽免政策也不适用于所有的法律责任。

基本上所有国家（地区）的反垄断法宽免政策均可适用于行政责任中的行政罚款制裁，这是主流。

少数国家还将宽免政策扩展到刑事责任，如美国、日本、英国等国。相对而言，宽免政策适用于刑事责任的国家要少得多，其中的主要原因是为垄断行为规定刑事责任的立法例本来就少，假如一个国家的反垄断法本来就没有规定刑事责任，其宽免政策自然无法适用于刑事责任。宽免政策覆盖刑事责任的立法例又可划分为两种具体操作。以美国为典型的少数国家，其反垄断法宽免政策主要适用于刑事责任。根据美国的相关规定，在司法部发托拉斯局开始调查之前，自愿报告的公司可以自动免受刑事处罚，即使在调查开始之后，能够满足一定条件的合作者，仍然可以获得免予刑事指控的宽恕待遇。而英国、日本、韩国等国家，其反垄断法宽免政策以适用于行政罚款为主，以适用于刑事责任为辅。在英国，其竞争法宽免政策主要适用于罚款，在特定条件下也可以适用于禁止担任公司

① 参见李国海著：《英国竞争法研究》，法律出版社 2008 年版，第 248 页。

② 参见董沛：《反垄断法宽免政策研究》，中南大学 2009 年硕士学位论文，第 27 页。

董事的制裁以及因卡特尔犯罪引起的刑事制裁。① 在日本，反垄断法宽免政策主要适用于行政责任，即减免课征金。对于刑事责任的宽免，其意义有限。一方面，日本对垄断行为追究刑事责任的案例较为少见；另一方面，即使从可能性角度而言，日本对垄断行为的刑事责任予以宽免的空间十分有限。公正交易委员会对不正当交易限制罪具有专属告发权，在进行刑事检举时，在征得检察机关同意的情况下，可以不将符合条件的自愿报告者列入告发对象。若不正当交易限制行为的参加者主动向检察机关自首，在日本现有司法体系下，检察机关并不能承诺对其不予以起诉，而只能保证在提起公诉时最大限度地考虑其自首的事实。总之，"日本的刑事责任减免制度并不像美国运用得十分彻底"。② 又如韩国，其反垄断法宽免政策也主要由公平交易委员会适用于行政罚款，同时，符合条件的申请者不会遭到刑事指控。③

反垄断法宽免政策能否适用于民事责任？绝大多数国家均给予了否定回答。例如英国公平贸易局明确规定，竞争法宽免政策不能适用于民事责任，民事上的宣布协议无效以及损害赔偿等制裁均不能获得宽免。④ 在这个方面，唯一例外的是美国。本来，美国在很长一段时间内，其反托拉斯宽免政策均不涉及民事责任，但自2004 年起，情况有所变化。2004 年 6 月，美国国会制定了《反托拉斯刑罚强化和改革法》，该法规定，获得反托拉斯法宽免待遇的人在符合特定条件下仅须对受害人负单倍赔偿责任，即赔偿受害人的

---

① 参见李国海著：《英国竞争法研究》，法律出版社 2008 年版，第 248页。

② 王玉辉著：《垄断协议规制制度》，法律出版社 2010 年版，第 294页。

③ 参见毕金平著：《诱惑、惩罚与威慑——反垄断法中的宽恕制度研究》，法律出版社 2014 年版，第 36 页。

④ 参见李国海著：《英国竞争法研究》，法律出版社 2008 年版，第 248页。

实际损失，而无需承担三倍损害赔偿责任，且无需承担连带责任。①

美国的此种做法确实有其特色，但不具有普遍意义。一来，美国并不全额免除民事损害赔偿责任，而是仅仅从三倍损害赔偿降为单倍赔偿，其他国家(地区)的反垄断法一般均规定单倍损害赔偿责任②，不存在如美国那样的下降空间，所以，美国的作法不具有样板意义；二来，美国将宽免政策适用于民事责任不仅规定了严格的适用条件，而且还规定了该种措施仅在法案生效后五年内有效，期限届满将不再实施，可见，美国的做法也仅仅是试验性质，对于其实施效果，连美国自己都没有底，这对于别的国家或地区自然难以产生示范效应。

(三)宽免政策的执行主体

国内研究反垄断法宽免政策的现有文献中，很少涉及宽免政策的执行主体。③ 其实这个问题很有讨论的必要。在涉及减免行政责任的场合，如果是单一的主体负责实施，政策标准的掌握能够实现横向一致化。但是，各国实施反垄断法的机关并非都是单一的，很

---

① 参见毕金平著：《诱惑、惩罚与威慑——反垄断法中的宽恕制度研究》，法律出版社 2014 年版，第 218 页。

② 我国台湾地区的"公平交易法"较为特别，规定了酌定三倍损害赔偿责任。它的第 31 条规定，"事业违反本法之规定，致侵害他人权益者，应负损害赔偿责任"，第 32 条规定，"法院因前条被害人之请求，如为事业之故意行为，得依侵害情节，酌定损害额以上之赔偿。但不得超过已证明损害额之三倍。侵害人如因侵害行为受有利益者，被害人得请求专依该项利益计算损害额"。台湾地区也已出台反垄断法宽免政策，但并不覆盖民事责任。参见王铭勇：《联合行为宽恕减免责任条款之研究》，载《公平交易季刊》2006 年第 14 卷第 1 期。

③ 毕金平博士在其著作《诱惑、惩罚与威慑——反垄断法中的宽恕制度研究》是少见的涉及这个问题的研究成果。该书第二章第一部分"反垄断法中的宽恕制度之实施机构及其职权"分别讨论了减免行政责任和减免刑事责任情形下的实施机构及其职权。参见毕金平著：《诱惑、惩罚与威慑——反垄断法中的宽恕制度研究》，法律出版社 2014 年版，第 70~82 页。

多国家设置有两个或两个以上的反垄断法执行机构。① 而且，在有的国家，行业主管机关也参与反垄断法的实施。这些反垄断法的实施机构都有可能适用宽免政策。例如，英国竞争法宽免政策的适用主体主要是公平贸易局，但也包括通信管理局、燃气与电力市场管理局、北爱尔兰能源管理局、水服务总局长、铁路管理局以及民用航空管理局等法定行业监管机构。②

如果有多元主体参与实施反垄断法宽免政策，就必须要保持政策的一致，这是法律实施公平性及可预测性的必然要求。为此，有两种路径可供采行。

一种路径是以其中某一机构作为政策制定者或解释者，其他机构予以遵循。英国竞争法就采用了这种路径。虽然依据英国 1998 年《竞争法》，行业监管机构在对涉及某一被管制行业进行卡特尔调查时拥有与公平贸易局相同的权力，但是在实施宽恕制度时，行业监管机构必须遵循公平贸易局发布的相关规章。

另一种路径是多个行政机构相互协调实施宽免政策。法国就采行了这种办法。在法国，经济部的竞争、消费和反欺诈总司和竞争委员会均有权查处卡特尔案件，而且都有权受理宽免申请。根据 2007 年法国发布的《宽恕通知》。竞争委员会和经济部竞争、消费和反欺诈总司均可根据被调查方的要求和其作出的整改承诺来启用宽恕处理程序而停止案件调查。该宽恕程序的实施效果主要取决于两个机构的互相通气机制，所以以双方特别强调要在宽恕申请人与他们刚建立起联系时就要互相通气。③

(四)宽免政策的适用条件

各国立法和实践表明，反垄断法上的宽免政策有严格的适用条

① 参见李国海著：《反垄断法实施机制研究》，中国方正出版社 2006 年版，第 50 页以下。

② 参见李国海著：《英国竞争法研究》，法律出版社 2008 年版，第 247 页。

③ 参见毕金平著：《诱惑、惩罚与威慑——反垄断法中的宽恕制度研究》，法律出版社 2014 年版，第 74~75 页。

件，不符合条件就不能获得宽免，而且在不同的条件下，宽免的幅度也有所不同。

我们可以英国竞争法的宽免政策为例，对其适用条件加以详细探讨。在适用于罚款制裁时，英国竞争法宽免政策根据宽免的幅度可以分为两种，一种是全部免除罚款(total immunity)，另一种是实质性地减少罚款(significant reduction)。

全部免除罚款是指公平贸易局在一定条件下将对违法者的罚款制裁全部免除，使本应交纳罚款的违法者不用交纳罚款。违法者要获得这种待遇，必须符合下列各项条件：

第一，违反1998年《竞争法》"第一章禁止"的卡特尔的成员，在公平贸易局尚未启动对该卡特尔的调查，尚未掌握能够证明该卡特尔确实存在的足够证据之前，第一个向公平贸易局提供有关该卡特尔的信息；

第二，除上述前提条件外，提供信息的卡特尔成员还必须：(1)提供关于该卡特尔的所有它能得到的信息、文件和证据；(2)在公平贸易局调查过程中，在公平贸易局在该调查基础上采取的行动有了确定的结果之前，与公平贸易局进行持续且完全的合作；(3)从向公平贸易局揭发该卡特尔行为起，不再参与该行为(除非公平贸易局指示它继续参与)；(4)没有胁迫其他企业参与该卡特尔①。

实质性地减少罚款是指公平贸易局在一定条件下将对违法者的罚款数额予以较大幅度的减少。根据可以减少的幅度不同，实质性地减少罚款数额又可分为两种情形，即最多可减少100%的罚款数额的情形和最多可减少50%的罚款数额的情形。

在符合下列条件时，公平贸易局最多可将被制裁者的罚款数额减少100%，即在100%往下的幅度内，公平贸易局享有减少罚款的自由裁量权：第一，违反"第一章禁止"的卡特尔的成员，在公平贸易局启动对该卡特尔的调查之后，提出反对意见(statement of

---

① Office of Fair Trading, "Leniency in cartel cases" (OFT 436, 2005), pp. 5-6.

objections）之前第一个向公平贸易局提供有关该卡特尔的信息；第二，也必须符合前述全部免除罚款所应符合的第二项条件中包含的四个方面的具体要求。

如果参与卡特尔的企业至少符合下列两个条件中的一个，公平贸易局就可以在50%的幅度内减少其应受的罚款处罚：（1）该成员虽然不是第一个向公平贸易局提供信息，但却是在公平贸易局提出针对该卡特尔的反对意见之前向公平贸易局提供了信息；（2）符合前述全部免除罚款所应符合的第二项条件中包含的四个方面的具体要求的前三个，即除了是否曾经胁迫其他企业参与该卡特尔在所不问外，其他三项条件必须具备。

美国司法部反托拉斯局在1993年修订美国反托拉斯领域的宽免政策，对宽免政策的适用条件作了重新规定，其核心内容为：在反托拉斯局开始调查前，自愿通报的法人可以自动地免受刑事追诉；反托拉斯局在开始调查后，最先通报的法人，如符合一定条件，也可免除刑事追诉；法人如在开始调查前免除刑事追诉，则所有协助调查的管理人员或员工，也可以获得免除刑事追诉的待遇。在这种总的原则规定下，反托拉斯局还相继出台了《法人宽免政策》和《个人宽免政策》两份文件，都宽免政策的适用条件给予了具体规定。

日本在2005年修改《禁止垄断法》，引入宽免政策。在课征金方面，联合限制竞争行为的参与者中，第一个自愿独立报告或自首其行为的参与者全部免除课征金，第二个或第三个则只可获得50%、30%的豁免。在刑事制裁方面，公正交易委员会只将第一个报告者从刑事被告的对象中排除出去，其他的报告者就不能获得这种待遇。

三、反垄断法宽免政策的实施效果：域外的基本情况

（一）宽免政策在域外实践中确已发挥出良好效果

宽免政策主要适用于反垄断执法机构对垄断协议的执法过程

中，它能够显著地提高反垄断执法机构的执法效率，同时增强和扩大反垄断法的威慑效应。因此，从理论上讲，它对于反垄断法的执行而言，具有重要的意义。一方面，它能够为反垄断执法机构获得垄断协议的信息和证据提供方便。在反垄断法中，垄断协议行为往往具有很强的隐蔽性，很多的违法行为并没有表现为书面的文件，而是仅仅表现为口头协议、心照不宣的默契或者其他的协同行为，而且，从实践来看，采取书面协议以外的方式来达到固定价格、划分经营地域等目的已经成为主流。这必然增大反垄断执法机构发现这些违法行为的难度。如果引入宽免政策，通过减免处罚鼓励违法行为的参与者主动地向反垄断执法机构报告违法行为，将显著地减轻执法机构在发现违法行为的信息和证据方面的负担和压力。即使是在执法机构已经获得违法线索的情况下，参与者的报告也会使执法机构更容易获得违法证据，从而提高执法效率[①]。另一方面，由于存在宽免政策，而且宽免政策只对最早的一个或几个报告者有效，使得反垄断法处罚手段的威慑效应从外部引入到了内部，也即在违法行为参与者之间形成了一种内在的威慑力，各个参与者都须提防是否会有其他参与者向执法机构报告，这就有可能造成违法行为的自动终止。

宽免政策对于反垄断法执行的积极意义，学者们的研究已经很好地证明了这一点。例如，学者 Fberhard Feess 与 Markus Walzl 在2003 年发表的论文中就指出，对于集体违法行为，宽免政策可以使执法机构更容易处罚违法行为人，从而使国家获得更多的金钱处罚收入，同时也可以减少违法行为的发生[②]。日本学者 Yasuyo Hamaguchi 与 Toshiji Kawagoe 的研究结论表明，在参与垄断协议行为的经营者不超过七个的情况下，如引入宽免政策，可以更容易地

---

① Office of Fair Trading, "Leniency in cartel cases" (OFT 436, 2005), p. 4. and, Office of Fair Trading, "the appropriate amount of penalty", (OFT423, 2004), para. 3. 2.

② Fberhard Feess & Markus Walzl, "Corporate leniency programs in the EU and the USA," German Working Papers in Law and Economics Volume 2003, Paper 24, 14 (2003).

终止该垄断协议为，而依其分析，一般情况下联合限制竞争行为的参与者平均为六个，所以宽免政策确实可以有效规制垄断协议行为①。

反垄断法宽免政策在欧美等国的实施实践表明，它确实有助于鼓励参与者主动向执法机关报告垄断协议，有助于执法机关发现并制裁垄断协议。

美国司法部在 20 世纪 90 年代中后期以来查处了大量的卡特尔案件，在一定程度上可归功于反托拉斯法宽免政策的实施。进入 21 世纪后的最初十年，美国查处的卡特尔案件数和刑事罚金总额出现了迅速增长的势头，也和宽免政策的实施密切相关。② 正是由于宽免政策对反托拉斯执法的巨大促进作用，美国司法部反托拉斯局官员巴巴拉·纳鲁逊才认为："在美国反托拉斯法 100 年的历史中，最具影响的就是对内部告发者的免责制度。"③

欧盟自 1996 年引入宽免政策以后，在打击卡特尔尤其是核心卡特尔方面取得了巨大成就，欧盟委员会查处的卡特尔案件数量以及对卡特尔征收的罚款数额明显增加。在宽免政策实施前，欧盟（欧共体）委员会在 1969 年至 1995 年期间总共对 33 个卡特尔案件的当事人处以 5 亿欧元（欧洲货币单位）的罚款，而从 1996 年到 2001 年，欧共体委员会查处了 24 个卡特尔案件并对 160 家公司处以总额为 28 亿欧元的罚款。④ 从 2002 年欧盟实施新的宽免政策到 2005 年 6 月，欧盟竞争总局收到了大约 140 个宽免申请，其中 75

---

① Yasuyo Hamaguchi & Toshiji Kawagoe, "An Experimental Study of Leniency Programs," 16, RIETI Discussion Paper Series 05-E-003 (2005).

② 参见游钰著：《卡特尔规制制度研究》，法律出版社 2006 年版，第 288 页。

③ ［日］日本律师联合会、消费者问题对策委员会编：《美国招标制度报告书》，共同通讯社 2000 年版，第 37 页。转引自王玉辉著：《垄断协议规制制度》，法律出版社 2010 年版，第 291 页。

④ See, John M. Conner, Global Antitrust Prosecutions of Modern International Cartels, Journal of Industry, Competition and Trade, 4：3, 2004, pp. 252-253.

个是调查开始前请求免除罚款的申请，65 个是请求减少罚款的申请。宽免申请数量的急剧增加表明欧盟委员会在垄断协议的调查中得到了越来越多的企业的配合，极大地促进了反垄断执法活动的开展。

从晚近以来的实施效果看，不仅是在美国和欧盟，宽免政策在其他国家和地区的规制垄断协议的实践中也发挥了重要作用。①

（二）宽免政策的良效须以良好的制度设计为前提

然而，反垄断法宽免政策并非是从一开始就发挥了如此巨大的作用，美国、欧盟等国家和地区的实践清楚地告诉我们，只有在制度建构合理化之后，反垄断法宽免政策的作用才能发挥出来。

美国在实施宽免制度的初期，宽免制度并没有充分地发挥作用。那一时期，"虽然有几件重要的垄断协议事件被揭发，但是总体来说，申请者较少，平均每年只有一个。"②只是在 1993 年美国修订完善了制度设计推出新宽免政策后，才极大地促进了共谋行为的检举揭发，以至于每个月大约有 2 到 3 件的垄断协议违法信息被提供给执法机关。③ 欧盟 1996 年宽免通知最先也没有起到诱使卡特尔成员揭发的作用，④ 直到 2002 年修订宽免制度后实施状况才开始好转，其功效才开始发挥出来。韩国自 1997 年引入宽免制度，直到 2004 年，仅有 7 件宽免申请。只是在 2005 年修订宽免制度后，情况才有所好转，2005 年和 2006 年每年各有 7 件申请宽免案件。⑤ 此外，加拿大、英国等国的反垄断法宽免政策也经历了从效

---

① 参见游钰著：《卡特尔规制制度研究》，法律出版社 2006 年版，第 288 页。

② 王玉辉著：《垄断协议规制制度》，法律出版社 2010 年版，285 页。

③ 参见王玉辉著：《垄断协议规制制度》，法律出版社 2010 年版，288 页。

④ 参见毕金平著：《诱惑、惩罚与威慑——反垄断法中的宽恕制度研究》，法律出版社 2014 年版，第 39 页。

⑤ Korea fair trade commission, 2006-annual report, p. 7, 10. http：//www. ftc. go. kr/eng/cop/bbs/selectBoardList. do? key＝517，2018-04-20.

果不明显到修订完善后效果明显好转的变化历程。

域外各国(地区)反垄断法宽免政策在开始阶段实施效果不佳，固然有多方面的原因，例如，社会大众的认可度和接受度还不高。但是，最主要的原因还是在于这些国家(地区)刚出台反垄断法宽免政策的时候，制度本身存在不完善的地方。一旦制度得以完善，得以适合本国国情，反垄断法宽免制度的效用马上就得以好转。这就告诉我们，反垄断法宽免制度并非自动能够取得好的实施效果，要想使其效用得以发挥，政策制定者必须在制度设计上认真思考，使制度本身能够与制度目标更契合。在这个方面，有两个问题尤其重要，一是反垄断法宽免制度的激励效果问题，二是反垄断法如何超越道德瑕疵的问题。下文我们将对这两个问题展开具体讨论。

四、反垄断法宽免政策激励效果之强化：借助"囚徒困境理论"的再讨论

(一)经典"囚徒困境"中的制裁方案及其缺陷

在研究反垄断法宽免政策的必要性和效能的时候，国内外很多学者都借用了博弈论的相关理论加以解释，其中用得最多的是"囚徒困境理论"。① 经典的囚徒困境是这样的：警方逮捕甲、乙两名嫌疑犯，但没有足够证据指控二人入罪。于是警方分开囚禁嫌疑犯，分别和二人见面，并向双方提供以下相同的选择：若一人认罪并作证检控对方，而对方保持沉默，此人将即时获释，沉默者将判监10年；若二人都保持沉默，则二人同样判监半年；若二人都互相检举，则二人同样判监2年。② 用矩阵表格表示如下：

① "囚徒困境理论"在20世纪50年代由就职于兰德公司的梅里尔·弗勒德、梅尔文。德雷希尔及艾伯特。塔克等人提出并命名，是博弈论中最著名的理论之一。

② 参见毕金平著：《诱惑、惩罚与威慑——反垄断法中的宽恕制度研究》，法律出版社2014年版，第74~75页。

	甲检举	甲沉默
乙检举	2 年；2 年	0 年；10 年
乙沉默	10 年；0 年	0.5 年；0.5 年

"囚徒困境理论"的要旨在于，假如嫌疑者都是具有理性的博弈者，他们在囚徒困境中会追求将自己的被制裁额度降至最低，从而使自己的利益最大化；假如执法者提供合理的诱使利益，单个嫌疑者会选择向执法者检举，从而方便执法者获得证据指控其余嫌疑者。在上述经典囚徒困境中，诱使利益是单个嫌疑者检举与沉默之间的制裁区别，是一种比较利益。对于单个嫌疑者而言，最大的比较利益是 0(自己检举，对方沉默)与 10(自己沉默，对方检举)的制裁差额。

上述"经典囚徒困境"中，执法者给出的数值方案其实是存在问题的，我们在讨论如何借用囚徒困境理论发挥反垄断法宽免政策的最佳效用之前，必须指出并修正这些问题。

第一，在甲和乙都保持沉默的情形下，不存在对他们都处以半年监禁的可能性。警方如果没有掌握充分的证据，就根本不能对嫌疑者处以刑事制裁，因为从程序正义角度而言，在追究嫌疑人刑事责任时必须执行"疑罪从无"的方针，最终这两名嫌疑者都会被无罪释放。如果警方通过自己的侦查获得了他们犯罪的证据，这两名嫌疑犯都应被处以 10 年的监禁，也不存在监禁半年的可能性。

第二，在甲乙都选择检举对方的情形下，不加区分地对两名嫌疑者都处以 2 年的监禁，也不合理。因为甲犯与乙方被分开囚禁，不能互通信息，他们各自在选择向警方检举的时候，只是基于自己独立的决策，并不知道对方也检举了自己，他们选择检举对方，却有可能遭遇即时获释与被监禁 2 年这两种截然不同的待遇，对于单个嫌疑者来说，这两种截然不同的待遇对应的是一种完全相同的主观决策，既有违公平合理，也不利于产生必要的诱使效果。

第三，在甲乙都相互检举对方的情形下，单个嫌疑者遭受的制裁(2 年监禁)比他们两人都选择沉默所受到的制裁(半年监禁)还要糟糕,这更不合理。如果警方设置此种选择方案,嫌疑者多半会选择保持沉默,因为,在单个嫌疑者看来,选择沉默可能会遭受更轻的制裁。

因此,适用囚徒困境的基本逻辑设置反垄断法宽免政策的时候,必须对上述经典囚徒困境所设制裁方案予以修正。下面,我们单以减免反垄断法行政罚款这种制裁来讨论修正的具体办法。

(二)"囚徒困境"中威慑力之强化:反垄断法宽免政策的应对策略

在垄断协议违法行为的参与者都选择不向执法机关主动报告的情况下,对参与者的威慑力应来自反垄断法执法机关在过往的执法历史中展现出来的较强的执法能力,也即发现垄断协议违法行为及获得相关证据的能力,或者说是执法机关在过往执法实践中发现垄断协议违法行为及获得相关证据的概率。在法治国家,行政制裁必须经得起司法审查,如果行政执法机关没有掌握违法证据就无法追究嫌疑者的行政责任,这是有和无的对比,而不是多和少的对比。如果垄断协议行为的嫌疑者都保持沉默,而反垄断法执法机关又无法通过自己的调查掌握必要的违法证据,实际上嫌疑者就能够逃脱制裁。其实,在其中发挥威慑效果的是反垄断法执法机关过往的执法实践展示出来的执法能力,或者说是反垄断法执法机关在以往发现并制裁垄断协议行为的概率。

参与者都保持沉默所受到的制裁不是如上述经典囚徒困境给出的方案,即对嫌疑者都处以一个较低的制裁,而是必须以反垄断执法机关的执法历史为基础,给这些参与者提供一个很可能受到反垄断法罚款制裁的较高概率。波斯纳曾经指出,"隐蔽性使得实施违法行为受到惩罚的概率低于100%,可能的违法者在判断违法行为的预期惩罚成本时,会用惩罚成本折以(也就是,乘以)最终的概率"。如果某个固定价格共谋的社会成本是 100 万美元,规定的罚金也是这个数,而被查获并受到惩罚的概率只有 25%,而假设共谋者是风险中性的,"它们会把罚金折以 0.25,得到的预期惩罚成本只有 25 万美元"。① 在反垄断法情境中，反垄断法执法机关发现并制裁垄断协议行为的概率越高，违法者对其受到制裁的预期数额就越大，就越有可能主动向执法机关举报其参加的违法行为，以期获得宽免待遇。如果反垄断法执法机关的执法历史表明，它们发现违法证据的能力很低，嫌疑者对其受到制裁的预期数额就越小，宽免待遇与其预期制裁数额之差别就越低，嫌疑者就越有可能选择不举报。总之，为诱使垄断协议参与者主动向执法机关报告其违法行为，执法机关必须加强执法能力建设，强化自己发现垄断协议行为并获得足够证据的能力，这是反垄断法宽免政策发挥效用的基础。

总之，对垄断协议的法律制裁、执法态度和执法力度对反垄断法宽免政策的实施影响最大。② 如果一国对垄断协议的法律制裁不够严厉，法律制裁对垄断协议参与者威慑力不大，就无法有效促使垄断协议参与者通过申请宽免待遇来减免法律责任。如果反垄断法执法机关的执法态度不够坚决，执法力度不强，垄断协议被发现和受到制裁的可能性就很低，也无法有效促使这些参与者积极寻求宽免待遇来减免法律责任。只有当法律制裁足够严厉，垄断协议被发现和受到制裁的风险足够大时，参与者才会愿意跳出垄断协议的束缚并申请宽免待遇。正因如此，欧共体竞争专员 Neelie Kroes 在对欧共体 2006 年宽免政策进行说明时明确表示：要铲除和阻止秘密卡特尔需要严厉的制裁。

(三)"囚徒困境"中诱使力之强化：反垄断法宽免政策的应对策略

如果说"囚徒困境"中的威慑力主要来自于当嫌疑人不坦白时所受制裁的可能性和强度，其诱使力则来自于嫌疑人坦白给其带来利益的可能性和强度，具体体现为嫌疑人坦白与保持沉默所受制裁

---

① ［美］理查德·A. 波斯纳著：《反托拉斯法(第二版)》，孙秋宁译，中国政法大学出版社 2003 年版，第 316~317 页。

② 游钰：《欧共体宽恕政策的最新发展及其启示》，载漆多俊主编：《竞争法论丛(第十五卷)》，中国方正出版社 2008 年版，第 76~77 页。

的数值差。

在规制垄断协议的情形下，为诱使参与者主动报告，也有必要拉大主动报告与保持沉默所受制裁的数值差，为此，立法者及执法者有必要提高垄断协议的最高制裁数值。在主要适用行政罚款制裁的立法例中，对应的举措就是提高罚款额度。从实践来看，各国（地区）确实是这样做的。各国（地区）纷纷提高罚款额度，最高罚款额可以达到不超过被制裁企业年经营额的10％的水平。① 我国台湾地区有学者曾经提出，为使反垄断法宽免政策发挥效用，应出台相应配套措施，其中之一就是提高罚款额度。因为，如果罚款额度太低，"难以吓阻事业参与高获利的联合行为，更难以减免责任条款吸引事业报告该违法行为"。② 另外，垄断协议的参与者向执法机关主动报告的结果，即使能够被执法机关免除全部制裁，其损失也可能并不是"0"。因为，它们有可能面临其他损失，如，被其他经营者联合抵制。在垄断协议结构中，参与者一般是在某个小区域的市场中同时存在，尽管它们相互之间有竞争，但不可避免的也要有合作。共同参与垄断协议当然是一种合作，除此之外，不排除有其他的合作。如果某个经营者因为主动向执法机关报告而受到同行的联合抵制，这可能会使其在后续的经营中遭受损失或不利，这也应被列入其因为向执法机关主动报告而受到的损失。这就要求反垄断执法机关必须为主动报告者保密。我国台湾地区有学者就曾主张，"供述联合行为之行为人，在审判程序上得依证人保护法之规定以'秘密证人'身分加以保护"。③ 我国台湾地区2007年为引入反垄断法宽免政策而修订了"公平交易法"，在有关修订说明中就曾明确表示，宽免政策应注意对于申请者身份之保密，以防范申请者遭受其他卡特尔成员之报复，以确保当事人提出申请之意愿。因

---

① 参见李国海著：《反垄断法实施机制研究》，中国方正出版社2006年版，第194页。

② 参见王铭勇：《联合行为宽恕减免责任条款之研究》，载台湾《公平交易季刊》2006年第14卷第1期。

③ 参见王铭勇：《联合行为宽恕减免责任条款之研究》，载台湾《公平交易季刊》2006年第14卷第1期。

此，要采取某些具体举措，例如，对申请者个别发给减免罚款之处分书，避免其他卡特尔成员知悉有申请者之情形；必要时得考虑保留减免罚款之处分书，不予公开，或者于公开之处分书，以代号表示申请者之名称。①

同时，为提高反垄断法宽免政策的诱使力，反垄断法宽免政策不应只适用于第一个主动向执法机关报告的参与者，而是应适用于两个或两个以上的报告者，而且在两个或两个以上的垄断协议的参与者都分别主动向执法机关报告的情形下，执法机关应有区分地向他们提供减免待遇。美国司法部最早的宽免制度只给予第一个主动报告者减免制裁的优待，第二个及以后的报告者不能享受宽免政策的优待，这在很大程度上限制了宽免政策效用的发挥，因为这种设计降低了宽免政策的诱使力。仅给予第一个坦白者宽免待遇的问题在于背叛和坦白不构成一个优势战略。如果其他参与者已经坦白，第二个坦白者主动报告往往比保持沉默更糟糕。只要没有人能确保是第一个坦白者，垄断协议成员之间就会保持一定的稳定。比如在固定价格协议的情形下，每一个参与者都有可能这么想："虽然我可能是第一个坦白者并获得宽恕，但是我不会冒着是第二个或第三个的风险，这样就可能不会获得任何宽恕待遇而承认有罪。如果有人已经坦白，我无论如何都是死路一条，所以最好是保持沉默。"②同时，允许多人适用反垄断法宽免政策对于反垄断执法是有增进利益的，因为多人主动报告可以给执法机关提供多渠道信息，对这些信息予以综合分析，可以有助于执法机关核实相关信息，尽早确定垄断协议的存在及其细节。

不过，如果对多人不加区分地适用反垄断法宽免政策，同样也会降低政策的效用。因为参与者没有报告的紧迫性，他们会保持观望而不采取行动。为促使参与者尽早向执法机关主动报告，正确的

---

① 颜廷栋：《竞争法宽恕政策之研究》，载漆多俊主编：《经济法论丛（第十五卷）》，中国方正出版社 2008 年版，第 63 页。

② 参见毕金平著：《诱惑、惩罚与威慑——反垄断法中的宽恕制度研究》，法律出版社 2014 年版，第 57~58 页。

政策设计应该是区分主动报告的先后，给予不同程度的宽免待遇。日本的做法就是这样。根据日本反垄断法的有关规定，申请者在符合减免条件的情况下，适用的课征金的减免幅度具体为：开始调查前的第一个申请者，给予课征金的全额免除；开始调查前的第二个申请者，给予课征金 50% 的减免；开始调查前的第三个申请者或在调查开始日后停止该违法行为的，给予课征金 30% 的减免。在日本，接受课征金减免的事业者人数被合计限定为三人。这样，如果调查前申请者不足三人时，可以将该项减免制度适用于调查后符合申请条件的申请者。即在调查前申请者不足三人时，公正交易委员会可以对调查开始日起 20 日内的符合条件的申请者，给予课征金 30% 的减免。①

五、超越道德瑕疵：反垄断法宽免政策的伦理正当性之建构

（一）反垄断法的道德瑕疵及其具体表现

反垄断法宽免政策受到一些非议，其中最突出的就是在伦理方面的质疑。这不仅是观念层面的问题，而且也会对其制度设计和实施效果有实质性影响。

对宽免政策提出伦理上的质疑在很多国家或地区出台该项政策时都曾遇到过。欧共体委员会在推出其竞争法宽免政策时，曾征求大众意见，其中部分反对意见认为宽免制度是将告密行为法制化，其政策内含非理论的本质，很难融入欧洲传统社会。② 在日本，有人认为，反垄断法宽免政策"劝其进行告密或倒戈，而不追究其犯

---

① 参见王玉辉著：《垄断协议规制制度》，法律出版社 2010 年版，第 293 页。

② 参见毕金平著：《诱惑、惩罚与威慑——反垄断法中的宽恕制度研究》，法律出版社 2014 年版，第 62 页。

罪责任"的做法违背国民的道德理念，因而反对引入宽免政策。①
在英国，也有学者提出，宽免政策鼓励违法行为参与者"反水"有
违诚信原则，具有伦理上的局限性。

对反垄断法宽免政策与伦理的冲突，目前国内学术界有所关
注，但尚为不够。有的学者只提出问题没有进行分析，个别学者对
此有所分析，但不够深入。例如，有学者仅仅认为反垄断法宽免政
策与伦理的冲突主要发生在其刚进入一国法律体系尤其是大陆法系
国家之时，是基于人们习惯地从传统的法律价值角度来审视一个陌
生制度的结果，同时，传统法理学习惯于只注重法律的正义性，而
忽视法律的经济性或经济效益，也是造成此种制度与伦理冲突的主
要原因。② 这种认知存在局限性，没有认识到反垄断法宽免政策违
背通常伦理的客观性，更没有在此基础上提出解决此种制度—伦理
冲突的可行方案。因此，对此问题很有进一步讨论的必要。

应当承认，直观上看，反垄断法宽免政策确实有不合通常伦理
之处。

第一，鼓励不诚信行为。反垄断法宽免政策鼓励参与者主动向
执法机关报告，实际上是鼓励有违诚信的行为发生。垄断协议作为
竞争者之间的联合，既可表现为竞争者之间订立的协议，也可表现
为企业联合组织的决议或者决定，还可表现为竞争者之间的协同行
为。但不管采用什么方式，它们都是指两个或两个以上的企业出于
限制竞争的目的，"有意识且自愿地协调其市场行为"。③ 也就是
说，"至少有两个以上的主体的意思表示一致或共同安排才有可能
构成协议"。④ 参与者之间达成意思表示一致是垄断协议达成的基
本要件。其中，以协议的形式达成垄断协议，内含参与者直接的意
思表示一致；以行业协会等的决议表现出来的垄断协议，尽管有可

① 参见［日］村上政博著：《日本禁止垄断法》，姜珊译，法律出版社
2008 年版，第 155 页。

② 参见毕金平著：《诱惑、惩罚与威慑——反垄断法中的宽恕制度研
究》，法律出版社 2014 年版，第 63 页。

③ 王晓晔著：《反垄断法》，法律出版社 2011 年版，第 99 页。

④ 李国海著：《英国竞争法研究》，法律出版社 2008 年版，第 50 页。

能存在个别成员企业不同意此种决议但基于服从行业协会的集体决议而不得不服从的情形，这些持不同意见的成员企业其实也间接地对行业协会的决议表示了认同，因为这些企业加入行业协会时认同了协会的章程和决议形成机制。

垄断协议的参与者既然在垄断协议形成时表示了同意，如果它们在达成垄断协议后不仅不履行，还主动向执法机关报告，实际上是对自己的先前意思表示的违反，其实质就是不诚信。因为，诚信的基本要求之一就是"履约践诺"。①

垄断协议参与者的主动报告行为既违反一般道德准则，也构成对法律所确认的诚信原则的违反。从一般伦理而言，诚信是"一切道德的根本"，而"企业诚信是社会诚信体系的核心"。② 而诚信原则对于法律而言，其重要性不言自明。日本学者史丹木拉曾言，"诚信原则乃具有变化内容的自然法"，③ 我国台湾地区法学家史尚宽先生认为诚信原则是"人类社会的最高理想"，是"法律伦理"。④ 可以说，诚信原则是法律的最重要原则。

由上观之，反垄断法宽免政策鼓励垄断协议参与者向执法机关主动报告，从诚信角度而言，是有伦理瑕疵的。

第二，鼓励损人利己。反垄断法宽免政策以减免制裁为诱因鼓励垄断协议参与者主动报告，在客观上具有鼓励损人利己行为的消极效果。如前所述，宽免政策实际上是借用了博弈论的基本逻辑，假设企业都是理性的"经济人"，通过提供减免制裁的诱因，使垄断协议的参与者在一种近乎囚徒困境的情形中，为使自身利益最大化，选择向反垄断法执法机关主动报告垄断协议。人具有利己本

---

① 付子堂、娄延村：《"诚信"的原义》，载《北京日报》2016 年 9 月 26 日第 017 版。

② 张浩：《诚信是一切道德的根本》，载《南方日报》2011 年 4 月 25 日第 F02 版。

③ 转引自熊进光、彭国元主编：《民法：公平的艺术》，江西人民出版社 1998 年版，第 10 页。

④ 史尚宽：《债法总论》，中国政法大学出版社 2000 年版，第 330、331 页。

性,"举凡人组成的社会系统——家庭、公司、企业、国家、国家联盟乃至人类社会都具有这种利己性"。[①] 囚徒困境就是利用了人的利己本性,反垄断法宽免政策也是如此。不仅如此,反垄断法宽免政策的作用机理中还存在一种不但"利己"而且"损人"的潜在因素。垄断协议参与者向执法机关主动报告,在为自己带来利益的同时,使得其他参与者必然会被执法机关制裁,而且这些参与者并不会被减免制裁。如果我们仅仅从垄断协议参与者之间的博弈结构看,主动报告的参与者在获得宽免利益的同时,必定损害了其他参与者的利益,在这里,"损人"与"利己"必定相伴存在。

单纯利己,无可厚非,因为利己是人的天性,具有客观判据,没有褒贬色彩,并不违反社会道德。但损人利己与此不同,它其实就是自私。而自私是个十足的贬义词,具有非道德性。[②]"自私是社会公理的最大敌人",[③] 因为社会公理要求社会成员之间的协调和平衡,而自私却恰恰破坏着协调和平衡。正因为如此,我国曾经发布"社会主义荣辱价值观",明确提出"以团结互助为荣,以损人利己为耻",这可被视为我国社会道德体系反对损人利己的明证。在国外,损人利己或者自私也总是受到社会主流道德的批判或谴责。

简言之,反垄断法宽免政策表现出对损人利己行为的鼓励,因此,与社会道德存在一定的不合拍。

第三,鼓励告密。反垄断法宽免政策鼓励垄断协议的参与者向执法机关主动报告,在一定程度上可以理解为鼓励告密。垄断协议之达成,是参与者相互合意的结果,是参与者之间内部的秘密行为。有很多垄断协议为保守秘密,还特地在参与者之间订立了保密协议或保密条款,目的是避免该垄断协议被外人尤其是反垄断法执法机关发现。如果我们不考虑垄断协议的违法性这个因素,参与者

---

① 闵家胤:《人性和伦理》,载《文化学刊》2017 年第 7 期。
② 闵家胤:《人性和伦理》,载《文化学刊》2017 年第 7 期。
③ 田发贵:《公理·自私·法制》,载《中共银川市委党校学报》2004 年第 3 期。

主动向执法机关报告，其效果是直接完全地暴露了该垄断协议，参与者主动报告的行为实际上就是一种告密行为。

在中外的道德构成中，告密行为都是一种应当受到否定的行为。在我国，作为封建统治正统思想的儒家学说对告密行为是采取排斥立场的。① 在国外，德国在"二战"后对纳粹统治时期的告密者的审判中，法官明确指出，德国的民众普遍认为告密这类行为是"违背良俗与道德"的。② 这表明，告密行为也不容于西方道德体系。

很显然，反垄断法宽免政策通过设计利益诱因鼓励垄断协议的参与者告密，与社会道德存在一定的冲突。这种冲突实际上也表现为富勒所描述的法规之间的相互抵触现象，或曰法律和道德论证之间的"不相容"、"不一致"或"不协调"。③ 因为民法等法律强调"诚信"和"公序良俗"的重要性，往往制裁不诚信的行为及违反公序良俗的行为，而反垄断法却鼓励垄断协议参与者从事"反水"、"告密"、"自私"等不诚信行为及在一定程度上违背公序良俗的行为。

(二)超越道德瑕疵：反垄断法伦理正当性的再论证

我们承认反垄断法宽免政策在社会伦理上存在一定的局限性，并非是全盘否定该项政策。如此多的国家(地区)都出台了此项政策，而且很多国家在出台它的时候已明显体认到它在道德上存在的瑕疵，这就说明，其中存在某种理由，可以超越反垄断法宽免政策在道德方面的不足。我们应揭示这种理由，以论证反垄断法宽免政策的合理性。

首先，反垄断法宽免政策的道德正当性来源于人们对垄断协议

---

① 李辉：《中国传统"告密文化"之政治学考量》，载《内蒙古社会科学(汉文版)》2006 年第 5 期。

② 柯岚：《告密、良心自由与现代合法性的困境》，载《法律科学》2009 年第 6 期。

③ 参见[美]富勒著：《法律的道德性》，商务印书馆 2005 年版，第 82 页。

行为的强烈的道德否定。反垄断法宽免政策起源于美国，与美国民众对垄断协议的强烈批判态度有关。"道德和习惯总是某种社会和文化的产物，道德始终是一种特定的地方性知识，情节化的话语，必须纳入特定的时间和场合来适用。"①在美国社会中，"反托拉斯在公众中是流行语汇"，"具有强烈的思想上的吸引力"，"竞争的理念一直得到美国大众的广泛支持"。② 价格固定这样的垄断协议行为，被看作是不道德的，与偷窃没有什么区别。有人曾经指出，"纯粹的价格固定相当于同时从一大群人手里盗窃财物，我不理解，为什么一个从千百万人手里盗窃财物的人所受的制裁比从一个人手里盗窃财物的人还要明显地轻？"③因此，在美国民众看来，尽管反垄断法宽免政策具有某些道德上的瑕疵，但是它有助于禁止和制裁诸如价格固定协议这样的不道德行为，那么它就具有了道德上的正当性。也许，这种道德认知最早只是美国社会的独特产物，但是，当它在美国被证明是一种行之有效的政策，但美国对垄断协议行为的道德否定态度外溢到其他国家，必然会影响到其他国家的主流道德认知，人们早先对反垄断法宽免政策的道德质疑会逐渐转变为道德认同。"自由竞争是知识的传播机制，也是制度的创设机制，竞争使人类能沉淀和累积过往经验中行之有效的知识，形成习惯、道德和法律。"④当其他国家的民众受美国反托拉斯法实践经验的启示，发现宽免政策是一项行之有效的制度设计，他们就会逐步接受美国社会对宽免政策的道德认知，从而改变旧的道德认知，转而在道德上对反垄断法宽免政策持接受和肯定立场。

其次，反垄断法采用宽免政策具有无可替代性。如前所述，由

① 谢晓尧著：《竞争秩序的道德解读：反不正当竞争法研究》，法律出版社2005年版，第14页。

② See, R. B. Rreich, The Antitrust Industry, 68 *Georgetown Law Journal* 1035 at 1054 and footnote 1. (1980).

③ See, Jerrold G. Van Cise & William T. Lifland, *Understanding the Antitrust laws(Eighth Edition)*, 1980, p. 209.

④ 谢晓尧著：《竞争秩序的道德解读：反不正当竞争法研究》，法律出版社2005年版，第14页。

于垄断协议的参与者采取强有力的保密措施，反垄断法执法机关难以发现违法的垄断协议行为，难以获得足够证据制裁垄断协议行为，为破解这一难题，反垄断法宽免政策是唯一有效的举措，放弃宽免政策不用，将使执法机关无法有效规制垄断协议，这会造成公共利益的重大损失。垄断协议是反垄断法规制的重点对象，尤其是固定价格协议、限制生产或销售数量的协议以及分割销售市场的协议等危害剧烈，被称为"核心卡特尔"或"恶性卡特尔"，各国都适用本身违法原则规制它们，可见它们对市场竞争的损害程度。① 因此，鉴于垄断协议对社会的巨大危害性，同时考虑到垄断协议的隐蔽性，很多国家才引入宽免政策以有效打击违法的垄断协议。② 可见，各国出台反垄断法宽免政策确实是不得已之举，没有其他更好的办法代替它。从这个角度讲，反垄断法宽免政策具有正当性。

再次，反垄断法宽免政策有助于实现更广泛更重要的公共利益，这在一定程度上可以抵消甚至超过其对社会道德的冲击。"道德是人类有利于个体、群体和全人类以及环境的现在和将来利益的规范的总和。"③可见，道德总是指向一定的利益，社会主流道德总是认可一些有利于增进社会公共利益的行为模式。维护"诚信"等社会道德当然也是法律必须要考虑的公共利益，但反垄断法的良好实施能够带来更大的公共利益，包括维护有效竞争、维护消费者利益、促进社会经济的发展等，④ 反垄断法宽免政策显然有助于禁止恶性垄断协议，促进反垄断法公共利益的实现。在利益权衡上，反垄断法宽免政策增进的公共利益可以抵消其在冲击社会道德方面所造成的公共利益的减损，利大于弊，功大于过。富勒告诉我们，在确定法律之间的不一致因素的时候，必须纳入考虑的背景的当然不

---

① 参见王晓晔著：《王晓晔论反垄断法》，社会科学文献出版社 2010 年版，第 113 页。

② 参见王晓晔著：《反垄断法》，法律出版社 2010 年版，第 109 页。

③ 姜岩：《"道德"的多版本解读》，载《中国教育报》2009 年 5 月 25 日第 004 版。

④ 李国海：《反垄断法公共利益理念研究》，载《法商研究》2006 年第 4 期。

仅仅是、甚至不主要是技术方面的，因为它包括这一问题周遭的整个制度环境——无论是法律的、道德的、政治的、经济的还是社会的。① 在各种利益不能兼顾的情况下，我国古代思想家韩非早就主张"出其小害计其大利"。② 这些都启示我们，在看待反垄断法宽免政策的时候，必须站在更宽的视野，考虑多种因素，如果我们能够确信，反垄断法宽免政策带来的正面利益更大更多更重要，那么，它对社会道德的不利影响就是社会必须承受的。我们观察各国反垄断法宽免政策的实际效用，可以发现，垄断协议参与者主动向执法机关报告，实质性地提升了反垄断法规制垄断协议的效能，有利于维护和增进反垄断法所承载的公共利益。因此，它是符合社会总体意义上的道德标准的。它体现的并不是作为违法者的垄断协议成员的价值选择，而是在于作为整体的社会的一种价值取舍。某种行为尽管对某个人或某几个人是不道德的，但是其符合人类社会共同福利的追求，就不应被视为不道德，而是应在道德层面肯定它且予以鼓励。③

最后，反垄断法宽免政策符合当代世界上流行的"基于经济效率考虑的竞争法"的基本特性。比利时法学家保罗·纽尔认为，世界上存在两种竞争法，一种是"基于正当性考虑的竞争法"，另一种是"基于经济效率考虑的竞争法"，前者与欧洲意识相符，其特质是赋予社会凝聚力以基本地位，追求"社会和谐"，在竞争法领域较多考虑道德问题；后者源起于美国，更趋向于经济观点，讲求经济效率，不太关注道德问题。在当代世界，基于"正当性考虑的竞争法"逐渐让步于"基于经济效率考虑的竞争法"。④ 美国法学家波斯纳更是高度地强调反垄断法的效率目标。在波斯纳看来，"反

---

① 参见[美]富勒著：《法律的道德性》，商务印书馆2005年版，第83页。

② 《韩非子·八说》。

③ 参见董沛：《反垄断法宽免政策研究》，中南大学2009年硕士学位论文，第22页。

④ [比利时]保罗·纽尔著：《竞争与法律：权力机构、企业与消费者所处的地位》，刘利译，法律出版社2004年版。

托拉斯法的唯一目标应当是经济学意义上的效率，没有任何理由用反托拉斯法来达到与效率无关甚至对立的目标"。① 我国也有学者指出，反垄断法的基本目标应当是效率，而不是有效竞争等其他内容，反垄断现象的解释和评价应该回归到效率价值上来。② 在这种背景下，反垄断法更多地考虑"效率"问题，关注其执法效率，将促进社会整体经济效率作为其优先目标，就成为了很自然的事。为了实现"效率"目标，反垄断法宽免政策牺牲一点社会道德利益，显然是符合反垄断法的自身特性的。

(三)反垄断法伦理正当性的制度保障

当然，为了建构反垄断法宽免政策的伦理正当性，政策制定者也要注意技术细节，在发挥其基本功效的同时，尽量降低它对社会道德的冲击。

第一，反垄断法宽免政策应采取鼓励而非强制的立场。各国在设计反垄断法宽免政策的时候，应将其限定在鼓励的范围内，把减免法律责任作为一种奖励措施，从正面诱导垄断协议的参与者主动向执法机关报告。是否向反垄断法执法机关报告，完全由参与者自主选择，同时，只减免符合条件的主动报告者的法律责任，而不加重不主动报告的参与者的法律责任，拒绝任何的强制色彩。这样，就能够保证反垄断法宽免政策始终是一种软性的政策，就能够有效降低反垄断法宽免政策对社会道德的冲击。从比较角度论，民法等对于"诚信"、"公序良俗"的维护往往采取强制的立场，并采用制裁的方法，而反垄断法在实施宽免政策的时候仅采取鼓励的立场，后者的作用力弱于前者，这实际上避免了它与"诚信"等社会道德尺度在法律上展开正面的同等力度的抵触。反垄断法宽免政策的实施诱因是减免法律责任，实际上是一种对主动报告者的奖励。借用

---

① ［美］理查德·A.波斯纳著：《反托拉斯法(第二版)》，孙秋宁译，中国政法大学出版社 2003 年版，第 32 页。

② 盛杰民、叶卫平：《反垄断法价值理论的重构》，载《现代法学》2005年第 27 卷第 1 期。

富勒关于"义务的道德"和"愿望的道德"的二元划分逻辑,① 我们可以认定,反垄断法宽免政策是愿望型的,而不是义务型的,它不构成对垄断协议参与者的强制。那么,即使垄断协议的参与者选择主动向执法机关报告,可在一定程度上归结为参与者自身的决策,而非反垄断法的强制,尽管这种主动报告行为有可非议之处,但其原因不能完全归因为反垄断法宽免政策。在这种制度设计下,反垄断法宽免政策的道德瑕疵就有所减弱。

第二,反垄断法宽免政策应注意防范参与者恶意利用以造成其道德瑕疵的扩大化,防止更大的道德风险的发生。从实践看,恶意利益宽免政策主要包括两种行为:一是垄断协议的倡导者主动报告,寻求免除自己的法律责任,却将跟随者置入被制裁的境地;二是某些参与者合谋,在订立垄断协议后共同向执法机关报告,利用宽免政策让自身获得法律责任的减免,却使其余参与者受到法律制裁。这两种行为都有可能构成一种严重的"出尔反尔"行为,甚至构成恶意陷害竞争对手的行为,使反垄断法宽免政策落入某些市场主体打击竞争对手的手段。反垄断法宽免政策应防范这两种行为的发生,为此要给出有针对性的制度设计:一是禁止垄断协议的主导者或者倡导者适用宽免政策,垄断协议的主导者或者倡导者即使第一个向执法机关主动报告,也不应获得任何的减免待遇;二是禁止垄断协议参与者联合向执法机关报告,联合报告者不能适用宽免政策。

六、我国反垄断法宽免政策:效用与挑战

(一)我国反垄断法宽免政策的法源及基本框架

我国《反垄断法》第 46 条第 2 款规定,"经营者主动向反垄断执法机构报告达成垄断协议的有关情况并提供重要证据的,反垄断执法机构可以酌情减轻或者免除对该经营者的处罚"。这是我国反

---

① 参见[美]富勒著:《法律的道德性》,商务印书馆 2005 年版,第 37 页。

垄断法宽免政策的基本法源，其中有以下几点得以明确：

1. 宽免政策只适用于垄断协议

与其他国家(地区)的做法一致，宽免政策只对垄断协议的参与者有效，对其他垄断行为的参与者无效。也就是说，即使其他垄断行为的参与者主动向反垄断执法机构报告其行为，也不能获得宽免。

2. 由反垄断执法机构执行宽免政策

根据立法规定，宽免政策由反垄断执法机构执行，只有反垄断执法机构有权接受违法者的报告，并决定是否给予宽免以及宽免的幅度，其他机构均无权执行。

3. 初步明确了获得宽免待遇的条件

这些条件包括：(1)主动向反垄断法执法机构报告达成垄断协议的有关情况；(2)提供重要证据。

4. 较为原则地规定了宽免的幅度

反垄断法执法机构可以"酌情减轻或免除"对相关经营者的处罚。

但《反垄断法》对宽免政策的规定基本上属于原则性规定，至少有以下几个问题尚不明确：(1)反垄断法执法机构的范围为何？(2)哪些处罚可以被列入宽免政策的适用范围？(3)宽免的幅度具体为何？(4)"重要证据"的含义为何？

为使反垄断法宽免政策进一步具体化明确化，国家发改委和工商行政管理总局分别出台《反价格垄断行政执法程序规定》和《工商行政管理机关禁止垄断协议行为的规定》，同时于 2011 年 2 月 1 日开始施行。前者用 1 条 3 款(第 14 条，包括 3 款)具体规定反垄断法宽免政策，后者用三个条文(第 11 条、第 12 条、第 13 条)来细化反垄断法宽免政策。一般认为，国家发改委和工商行政管理总局在规制垄断协议方面存在较为明确的分工，国家发改委主要规制含有价格因素的垄断协议，工商行政管理总局则负责规制其他的垄断协议，因此，这两个机构出台的具体规定只在自身的执法实践中实施，但这并不妨碍我们将其统合考察，从整体上厘清我国反垄断法宽免政策的基本框架。

上述两个规定在以下几个方面实现了细化和具体化《反垄断法》第46条第2款的目的，回答了前文所列的关于反垄断法宽免政策的不明确之处：

第一，明确了适用反垄断法宽免政策的机构范围，规定"政府价格主管部门"和"工商行政管理机关"可以接受垄断协议参与者主动报告并对是否给予宽免及宽免幅度作出决定。

第二，关于宽免政策适用的处罚类型，工商行政管理总局明确规定主要是指"《反垄断法》第46条规定的罚款"，国家发改委的文件对此没有明确规定。

第三，关于宽免的幅度，国家发改委文件的规定是："第一个主动报告达成价格垄断协议的有关情况并提供重要证据的，可以免除处罚；第二个主动报告达成价格垄断协议的有关情况并提供重要证据的，可以按照不低于50%的幅度减轻处罚；其他主动报告达成价格垄断协议的有关情况并提供重要证据的，可以按照不高于50%的幅度减轻处罚。"工商行政管理总局的规定则是"对第一个主动报告所达成垄断协议的有关情况、提供重要证据并全面主动配合调查的经营者，免除处罚。对主动向工商行政管理机关报告所达成垄断协议的有关情况并提供重要证据的其他经营者，酌情减轻处罚"。比较上述内容，我们可以发现，发改委的规定更为具体，设置了三个宽免层次，而工商行政管理总局的规定只设置了两个宽免层次。

第四，明确了"重要证据"的含义。国家发改委文件将"重要证据"界定为"对政府价格主管部门认定价格垄断协议具有关键作用的证据"。工商行政管理总局文件将"重要证据"界定为"能够对工商行政管理机关启动调查或者对认定垄断协议行为起到关键性作用的证据，包括参与垄断协议的经营者、涉及的产品范围、达成协议的内容和方式、协议的具体实施情况等"。这两个文件都将"关键作用"列为"重要证据"的核心内涵，唯工商行政管理总局的定义更详细，不仅提到了该概念的内涵，还列举了其外延。

(二)我国反垄断法宽免政策的实践状况

如上所述,我国有权适用反垄断法宽免政策的机关是政府价格主管部门和工商行政管理机关。对这两类机构适用反垄断法宽免政策的案件进行统计分析,我们可以大致获知我国反垄断法宽免政策的实践状况。

1. 政府价格主管部门适用反垄断法宽免政策的实践状况

国家发改委自 2013 年起开始在其官网上发布其自身实施反垄断法的处罚决定书及免予处罚决定书,但从发布情况可以看出,并未涵盖其执法的全部反垄断案件。另外,部分省级价格主管机构也曾被授权参与反垄断执法,并涉及宽免政策的适用。这些案例的处罚决定书并没有在一个较统一的固定平台发布,但我们可以从相关新闻报道中获得大致信息。结合国家发改委发布的相关决定书以及新闻报道信息,我们整理出了价格主管部门适用反垄断法宽免政策的案件。

2013 年至 2017 年的五年间,国家发改委本身负责调查的反垄断案件中,涉及宽免政策的案件共有 6 件,它们是:奶粉转售价格限制案(2013 年);浙江省保险企业商业车险价格协议案(2013 年);日本轴承供应商价格垄断协议案(2014 年);日本汽车零部件供应商价格垄断协议案(2014 年);日本等国滚装货物海运企业垄断协议案(2015 年);山东信谊制药有限公司等三家艾司唑仑药物生产企业垄断协议案(2016 年)。在最后一起案件,山东信谊制药有限公司虽然主动向执法机关报告,但因被认定其报告时间是在执法机关掌握案件的重要证据之后,最终未获得减免待遇,因此,该案实际上并不能列入适用宽免政策的案件范围。

在同期,由省级价格主管机构被授权调查的反垄断案件中,涉及宽免政策的案件主要包括:三亚水晶店价格协同案(2013 年);湖北奥迪经销商价格垄断协议案(2014 年);镜片生产企业垄断协议案(2014 年);等等。

我们把考察的时间再往前推,另发现有两起案件涉及反垄断法宽免政策的适用,但相关信息仅见于新闻报道,我们未能获得具体信息。它们是：

（1）南宁、柳州部分米粉厂家串通涨价案：2010年，广西壮族自治区物价局对南宁、柳州部分米粉厂家串通涨价案进行了调查处理，"对主动配合价格主管部门查处案件、提供重大线索并主动改正错误的部分米粉厂给予警告，免于经济处罚"。①

（2）广东省海砂价格垄断案。2012年，广东省物价局依照《反垄断法》查处了一起海砂开采企业结成联盟、统一提高海砂开采资源费的价格垄断案件。"对主动提供部分重要证据的广东宝海砂石有限公司，依据《反垄断法》第四十六条第二款规定，按照50%幅度减轻罚款"。②

上述案件有关宽免政策的详细信息见下表：

案件名称	处罚时间	被宽免企业	宽免幅度	宽免原因
奶粉转售价格垄断协议案	2013年	惠氏公司	100%免除罚款	主动向反垄断执法机构报告达成垄断协议有关情况、提供重要证据，并积极主动整改
		贝因美	100%免除罚款	主动向反垄断执法机构报告达成垄断协议有关情况、提供重要证据，并积极主动整改
		明治公司	100%免除罚款	主动向反垄断执法机构报告达成垄断协议有关情况、提供重要证据，并积极主动整改

---

① 《南宁、柳州部分米粉生产厂家串通涨价受到严厉查处》，载中央政府门户网站：http：//www. gov. cn/gzdt/2010-03/30/content _ 1569076. htm，2018年4月20日访问。

② 《广东查处海砂价格垄断案件确保国家重点工程建设顺利进行》，载国家发改委网站：http：//www. ndrc. gov. cn/fzgggz/jgjdyfld/jjszhdt/201210/t20121026_510835. html，2018年4月20日访问。

续表

案件名称	处罚时间	被宽免企业	宽免幅度	宽免原因
浙江省保险企业商业车险价格协议案	2013 年	中国人保财险浙江公司	100%免除罚款	第一家主动报告，提交关键证据
		中国人寿财险浙江公司	减轻90%的罚款	第二家主动报告，提交关键证据
		中国平安财险浙江公司	减轻45%的罚款	第三家主动报告，提交关键证据
日本汽车零部件供应商价格垄断协议案	2014 年	日立汽车系统有限公司	100%免除罚款	第一家主动报告，提交关键证据，停止违法行为
		株式会社电装	减轻60%罚款	第二家主动报告，提交关键证据，停止违法行为
		住友电气工业株式会社	减轻40%罚款	主动报告，提交重要证据，停止违法行为
		矢崎总业株式会社	减轻40%罚款	主动报告，提交重要证据，停止违法行为
		古河电气工业株式会社	减轻40%罚款	主动报告，提交重要证据，停止违法行为
		三菱电机株式会社	减轻20%罚款	主动报告，提交重要证据，停止违法行为
		爱三工业株式会社	减轻20%罚款	主动报告，提交重要证据，停止违法行为
		三叶株式会社	减轻20%罚款	主动报告，提交重要证据，停止违法行为
日本轴承供应商价格垄断协议案	2014 年	株式会社不二越	100%免除罚款	第一家主动报告，提交重要证据，停止违法行为
		日本精工株式会社	减轻60%罚款	第二家主动报告，提交重要证据，停止违法行为
		NTN 株式会社	减轻40%罚款	主动报告，提交重要证据，停止违法行为
		株式会社捷太格特	减轻20%罚款	主动报告，提交重要证据，停止违法行为

续表

案件名称	处罚时间	被宽免企业	宽免幅度	宽免原因
日本等国滚装货物海运企业垄断协议案	2015 年	日本邮船株式会社	100%免除罚款	第一家主动报告,提交重要证据,停止违法行为
		川崎汽船株式会社	减轻 60%罚款	第二家主动报告,提交重要证据,停止违法行为
		株式会社商船三井	减轻 30%罚款	第三家主动报告,提交重要证据,停止违法行为
三亚水晶店价格协同案	2013 年	三亚帝佳贸易发展有限公司	100%免除罚款	唯一主动报告,提交重要证据
湖北奥迪经销商价格垄断协议案	2014 年	湖北奥泽汽车销售公司	100%免除罚款	第一家主动报告,提交重要证据
		武汉华星汉迪汽车销售公司	减轻 50%罚款	第二家主动报告,提交重要证据
镜片生产企业垄断协议案	2014 年	豪雅(上海)光学有限公司	100%免除罚款	主动报告,提交重要证据
		上海卫康光学眼镜有限公司	100%免除罚款	主动报告,提交重要证据

据上,我们发现,在 2013 年至 2017 年 5 年间,价格主管部门负责调查的反垄断案件中,涉及宽免政策的总共只有 9 件,其中有一件最终拒绝了申请企业的宽免待遇,实际上,给予了宽免待遇的案件只有 8 件。而从 2010 年算起,在 8 年之间,价格主管部门成功适用宽免政策的案件也只有 10 件。也许由于信息的不完整,上述统计结果并没有完全囊括价格主管部门适用宽免政策的案件,但也可以肯定,漏掉的案件数量并不多。据此分析,价格主管部门适用反垄断法宽免政策的案件数量是很少的,平均每年大约只有1 件。

2. 工商行政管理机关适用反垄断法宽免政策的实践状况

国家工商行政管理总局下属的反垄断与反不正当竞争执法局网站发布了 2013 年至今由工商行政管理机关负责调查处理的反垄断执法案件，与国家发改委做法相比，国家工商行政管理总局反垄断与反不正当竞争执法局发布的处罚决定书较为全面，尽管也有个别案件信息没有发布，但基本上涵盖了国家工商行政管理总局及部分省级工商行政管理局负责调查的反垄断执法案件，因此，我们可以据此获知工商行政管理机关适用反垄断法宽免政策的实践状况。

从 2013 年至今，工商行政管理机关查处的反垄断执法案件共有 67 件，涉及垄断协议的案件共有 28 件，但涉及到反垄断法宽免政策的案件只有 2 件。它们是：永州奥都混凝土有限公司等 7 家公司垄断协议案（2015 年）；中国人寿、泰康人寿等保险公司江西分公司垄断协议案（2016 年）。在第一起案件中，执法机构湖南省工商行政管理局认定，永州市双园建材有限责任公司在执法机构立案之前主动提供《合伙协议》复印件，对执法机构深挖案件线索、争取国家工商总局授权立案查处，起到了关键性作用，而且在执法机构立案后第一个主动报告所达成垄断协议的有关情况、提供重要证据并全面主动配合调查，对于查清案情起到了关键性作用，因此，对该公司"免除处罚"。而在第二起案件中，共有 11 家保险公司江西分公司向执法机构申请适用反垄断法宽免政策，但执法机构江西省工商行政管理局认为这些企业在反垄断调查中配合询问、提供证据，是应该局调查要求作出，是《反垄断法》第四十二条规定的法定义务，且其从未提供该局要求提供证据范围之外的证据，不符合《反垄断法》第四十六条第二款规定的主动报告达成垄断协议的有关情况并提供重要证据的情形。因此，其提出的免除处罚请求于法无据，该局不予采纳。

据此，我们发现，从 2013 年至今的五年多时间内，工商行政管理机关适用反垄断法宽免政策的案件实际上只有 1 件。

（三）影响我国反垄断法宽免政策效用发挥的主要因素

如上所述，我国价格主管部门和工商行政管理机关适用反垄断法宽免政策的案件数量都明显偏低，这说明反垄断法宽免政策在实践中没有得到有效实施，或者说该项政策的实施效果不如人意。其中原因为何？我国适用反垄断法宽免政策究竟存在何种障碍？这很有探讨的必要。我们认为，其中的障碍主要有以下三个方面：

1. 反垄断法宽免政策不够明确，降低了该项政策的激励效果

正如前文在有关"囚徒困境"与反垄断法宽免政策的关系的论述中提到的那样，反垄断法宽免政策必须明确透明，这样才有利于市场主体对其形成强有力的信赖和期待，否则就会降低政策的激励效果。考察我国《反垄断法》和两项部委规定相关条款支撑的反垄断法宽免政策，并比较域外的相关立法，我们可以发现，我国的该项政策是不够明确的。具体表现为以下几个方面：

（1）宽免条件不够明确。尽管两部委的规定对《反垄断法》的条文有所细化，但关于反垄断法宽免政策的适用条件仍欠明确。"经营者主动向反垄断执法机构报告达成垄断协议的有关情况"具体要包括哪些信息？"重要证据"的标准为何？或者按照两部委文件的用词，"关键作用"所指含义为何？这些核心问题都没有得到明确的解答。

（2）对可以宽免的处罚方式的规定比较含糊。哪些处罚可以被列入宽免政策的适用范围呢？《反垄断法》第46条第2款没有给予明确规定，只笼统地使用了"对该经营者的处罚"的措辞。工商行政管理总局明确规定主要是指"《反垄断法》第46条规定的罚款"，国家发改委的文件对此没有明确规定。《反垄断法》第46条第1款规定了责令停止违法行为、没收违法所得和行政罚款等三种处罚方式，第一种自然不存在减免的空间，其他两种处罚方式是否能够适用宽免政策呢？无论是《反垄断法》本身还是两部委的文件都没有明确的规定。从案例看，迄今为止反垄断法宽免政策还仅仅限于对行政罚款的减免。但国家发改委价监局于2016年发布的《横向垄断协议案件扩大制度适用指南》（征求意见稿）第14条明确规定："为鼓励经营者主动报告垄断协议并提供重要证据，执法机构可以考虑在减免罚款的同时参考本指南第13条考虑减免没收经营者的违法所得"。这表明，我国反垄断法宽免政策可以适用的处罚方式并没有得到统一的明确的规定。

（3）宽免待遇不够明确。对第一个符合条件的主动报告者，两部委的文件都明确给予免除处罚的待遇，这没有疑义，但对于第二个及以后的主动报告者的宽免待遇，两部委的文件规定既不一致，也不明确。国家发改委的文件对于第二个及以后的报告者作了两个梯次的区分：第二个主动报告者可以按照不低于50%的幅度减轻处罚，其他主动报告者可以按照不高于50%的幅度减轻处罚。工商行政管理总局的文件则对第二个及以后的主动报告者未作区分，笼统规定"酌情减轻处罚"。

（4）有权适用反垄断法宽免政策并接受经营者报告的机构不够明确。按照《反垄断法》第46条的规定，有权适用反垄断法宽免政策并接受经营者报告的机构是"反垄断法执法机构"，一般认为，我国的"反垄断法执法机构"只限于国家发展和改革委员会、国家工商行政管理总局和国家商务部三家，其中有权调查垄断协议案件的机构只限于前两家，省级对应机构并无当然的反垄断执法权，需要国家发展和改革委员会、国家工商行政管理总局对应授权方能有权对垄断协议展开调查。因此，按照《反垄断法》的规定，只有国家发展和改革委员会和国家工商行政管理总局有权实施反垄断法宽免政策，省级对应机构须获得对具体案件展开调查的授权后，在该具体案件中才能实施宽免政策。尽管两部委的相关文件对于反垄断法宽免政策的适用主体作了扩大化的规定，采用了"政府价格主管部门"和"工商行政管理机关"的用词，但并没有真正解决问题。因为，省级价格主管部门和工商行政管理机关在对垄断协议案件展开调查前，须向中央政府对应机构申请授权，而获得授权的前提是已经掌握相关垄断协议的基本信息，否则不会获得授权。那么，当省级相关机构已经掌握相关垄断协议的基本信息的前提下，经营者如何满足提交"重要证据"的前提条件？同时，在省级相关机构获得授权之前，并不属于"反垄断法执法机构"，经营者向其主动报告垄断协议的相关情况并提交重要证据，是否能满足《反垄断法》规定的适用条件？以上两点都是现实存在的问题，难免对拟主动报告的经营者造成困扰。

2. 反垄断法执法机构的自由裁量权过大，影响了反垄断法宽免政策效用的发挥

由于《反垄断法》仅仅规定"反垄断执法机构可以酌情减轻或者免除"对经营者的处罚，因此，反垄断执法机构在执行宽免政策方面具有较大的自由裁量权。从理论上讲，这种自由裁量权可以体现为三个层次：(1)对宽免幅度的自由裁量权。反垄断执法机构有权决定宽免的幅度，可以决定免除全部行政罚款，也可以决定免除部分罚款。(2)对是否符合宽免条件的自由裁量权。《反垄断法》第四十六条第二款规定了适用宽免政策的基本条件，但在具体案件中，经营者是否达到了法律所规定的条件仍应由反垄断执法机构裁量。(3)对符合条件的经营者是否应获得宽免待遇的自由裁量权。从字面上看，反垄断执法机构是"可以"而不是"应当"适用宽免政策，这意味着反垄断执法机构不仅享有前面两种层次的自由裁量权，而且还可以对符合条件的经营者是否应获得宽免待遇给予自由裁量。两部委的文件尽管对反垄断法宽免政策有所细化，但执法机构的自由裁量权仍然较大。上述三个层次的自由裁量权都还存在，尤其在减免幅度方面。国家发改委的文件规定，对于第二个主动报告的经营者可以给予的减免幅度是"不低于处罚的50%"，对于第三个及以后的其他报告者可以给予的减免幅度是"不超过处罚的50%"，而国家工商总局的文件对于减免幅度的规定更为原则，对于第一个以外的其他主动报告者仅规定"酌情减轻处罚"。

从我国相关机构实施反垄断法宽免政策的案例看，对第一个主动报告者均给予了100%免除处罚的待遇，但对于第二个及以后顺位的报告者的减免待遇就殊不相同。在奶粉转售价格垄断协议案中有三家经营者获得了100%免除处罚的待遇，意味着第二家及第三家报告者也都被执法机构100%免除处罚，在镜片生产企业垄断协议案中，有两家企业同时获得免除处罚的待遇，这也意味着对第二家报告者的宽免幅度也是100%。在其他案例中，第二家报告者被减免处罚的额度有90%、60%、50%等不同比例。而对第三家主动报告者的减免额度也有45%、40%、30%等不同数字。此外，在日本汽车零部件供应商价格垄断协议案中，有六家经营者的减免理由均为"主动报告，提交重要证据，停止违法行为"，但各家经营者的减免待遇却不一致，有三家获得40%减免，另外三家却只获得20%减免。在日本轴承供应商价格垄断协议案中，有两家主动报告的经营者的减免理由也都是"主动报告，提交重要证据，停止违法行为"，但这两个经营者获得的减免待遇有很大差别，其中一家获得了40%的减免，另一家只获得20%的减免。

执法机构的自由裁量权过大，对反垄断法宽免政策效用的发挥具有显著的负面影响。一方面降低了经营者预期的确定性，减损了政策的激励效果；另一方面，尤其重要的是，导致执法机构本身不敢主动向有嫌疑的经营者大胆宣传和运用反垄断法宽免政策，因为执法机构享有较大自由裁量权意味着其中存在较大的寻租空间，在当前我国加大反腐力度的大环境下，使得有些执法机构及执法官员为了避免麻烦，倾向于减少反垄断法宽免政策的适用。① 执法官员对反垄断法宽免政策的保守态度，肯定会减低政策的适用机会，因为尽管他们无权拒绝经营者主动来报告，但如果他们在办理案件过程中不积极主动地向嫌疑经营者宣讲和动员，必然会降低该政策的适用机会。

3. 经营者对反垄断法宽免政策的道德瑕疵存在顾忌，同时担心其他经营者的报复，也制约了反垄断法宽免政策的效能发挥

前文已述，反垄断法宽免政策确实存在某些道德瑕疵，经营者如果不能站在更高的视野看待该项政策，他们肯定会对主动向执法机构报告他们参与的垄断协议存在顾忌，因为担心被周边人士批评为"不诚信"、"告密"或"自私"；同时，垄断协议的参与者之间难免存在其它的合作关系，他们也会担心其主动报告行为招致其他经营者的报复，特别是担心遭到其他经营者的联合抵制。因此，在实践中，经营者对于反垄断法宽免政策不仅将信将疑，而且小心翼

---

① 中部地区某省物价主管部门的一位官员曾经跟本书著者谈到，执法机构在适用反垄断法宽免政策过程中自由裁量权过大，执法官员怕经营者来"公关"，也担心被怀疑存在不正当交易，因此官员们对于适用反垄断法宽免政策是持保守立场的。

翼。本书著者曾听一名执法官员透露，在某一起案件中，有经营者主动报告，且符合反垄断法宽免政策的减免处罚条件，但该经营者是在深夜偷偷地向执法官员们报告，而且明确提出，希望执法机构不要透露其主动报告的任何信息，希望执法机构用其他理由而不是根据宽免政策减免来减免其罚款。这虽然是个案，但具有一定代表性，反映了我国企业界人士目前对反垄断法宽免政策的道德认同度还不够高。这也与执法机构在实践中没有注意对主动报告者保密有关。从前述案例我们可以看出，执法机构在适用反垄断法宽免政策的案件中，都公布了相关信息，或者是公布处罚决定书，或者是通过媒体发布新闻信息。这或许可以理解为执法机构希望对该项政策进行广泛宣传，扩大其影响力，但很显然，这种做法没有从主动报告的经营者的角度考虑，疏忽了不注意保密的负面效果。

(四) 提升我国反垄断法宽免政策效用的基本对策

为改善我国反垄断法宽免政策的实施效果，有必要采取以下几项举措：

1. 进一步完善政策框架，提高明确性和透明度。我国《反垄断法》第四十六条第二款以及国家发改委和工商行政管理总局的相关文件对反垄断法宽免政策的规定都还不够明确，应尽早出台反垄断法宽免政策的实施细则，有针对性地作出进一步的具体规定，以提升政策的明确性和透明度。其中的重点包括：

(1) 明确反垄断法宽免政策的实施机构。在最新一轮的中央国家机构改革中，反垄断职权集中交给了新组建的国家市场监督管理总局，这为统一实施反垄断法宽免政策提供了有利条件。目前还需要进一步明确的是，省级及省级以下的对应机构是否有权直接适用反垄断法宽免政策，从而有权接受经营者的主动报告？从提高政策实施效率角度而言，似有必要明确省级执法机构有权接受经营者主动报告，这就有必要在先明确省级市场监督管理机构享有反垄断执法权。我们建议改变目前"一案一授权"的办法，由国家市场监督管理总局把反垄断执法权一次性统一授权给各省、直辖市、自治区对应机构。这样可以方便经营者就近向执法机构主动报告其垄断协议行为，以获得宽免待遇。

（2）进一步明确反垄断法宽免政策的宽免幅度和适用条件。我们建议减少政策弹性，尽量限缩反垄断执法机构的自由裁量权。在这方面可以借鉴日本反垄断法宽免政策的经验，将有可能获得宽免待遇的经营者数量限制为三个，并按主动报告的顺位确定其减免幅度，第一个主动报告的经营者可自动获得100%的减免幅度，第二个主动报告的经营者可自动获得50%的减免幅度，第三个主动报告的经营者可自动获得25%的减免幅度。同时，还须明确获得宽免的条件，尤其是进一步明确"重要证据"的含义。我们建议按主客观相结合的原则确定"重要证据"的含义：在主观方面，经营者已经将自己掌握的重要信息全部提供给了执法机构；在客观方面，经营者提交的证据对于发现和认定垄断协议起到了关键作用。

2. 建立保密制度，免除主动报告的经营者的后顾之忧。在反垄断法宽免政策实施过程中，对相关信息予以保密相当重要，既可使主动报告的经营者免受道德谴责，又可使经营者免受打击报复，这样可以使潜在的主动报告者免除后顾之忧，激励经营者寻求反垄断法宽免政策的保护。我们建议执法机构在实际执法中采取以下保密办法：（1）对于反垄断执法案件，采取一个经营者制作一份处罚决定书的办法，这样可以保证即使有宽免政策的适用，处罚决定书也仅由单个经营者掌握，避免其他经营者知悉有宽免政策适用及存在主动报告者的相关信息；（2）凡是涉及反垄断法宽免政策适用的案件，执法机构可以应主动报告者的要求不公布所有的处罚决定书或免除处罚决定书，在不暴露主动报告者的相关信息的情况下，可用发布新闻稿的方式向大众公布其他信息。

3. 加强一般性宣传，改变社会大众尤其是企业界人士对反垄断法宽免政策的道德认知，树立该政策在社会道德层面的正当性和正面性。如前所述，反垄断法宽免政策主要靠经济利益来发挥激励效果，但也有赖于社会大众对其道德正当性的认知。作为政策制定者和实施者，应加大对该政策的宣传力度，使社会大众尤其是企业界人士不仅在经济利益追求上信赖该政策，而且在道德认知上也认可该政策，为此，应突出两个宣传要点：第一，反垄断法宽免政策对于执法机构发现认定和处罚违法的垄断协议行为十分重要，对于强化反垄断执法维护社会公共利益十分重要；第二，经营者向执法机构主动报告以获得宽免待遇有利于维护和增进公共利益，在道德上具有正当性。

专题十
论反垄断民事诉讼证明责任的分配

一、反垄断民事诉讼的基本类型及其待证明要件

(一)从法律要件到证明责任:分配反垄断法民事诉讼证明责任的基本通路

按照我国学术界的主流观点,证明责任是指当事人在民事诉讼中提供证据的责任,又可分为行为责任和结果责任,行为责任是指当事人对自己的主张负提供证据证明其真实性的责任,结果责任是指当事人对其所提供的主张不实施举证行为或其主张无法证实时承担的不利诉讼后果的责任,就二者的关系而言,结果责任依附于行为责任。① 证明责任分配,则是指根据一定原则在民事诉讼当事人之间分配举证义务,当原告或被告不能履行该种举证义务时即承担败诉的结果。

古今中外,学者们提出了诸多关于分配民事诉讼证明责任的学说和见解,其中德国法学家罗森贝克提出的规范说是支配性学说之一。罗森贝克主张的规范说又被称为法文构造说,或法律要件分类说,主张以法规要件为出发点,并主要以法律条文的表义和构造为标准分析法律规定的原则和例外以及基本规定和反对规定之间的关系,以此来分配证明责任。简言之,各当事人应就其有利于自己的

---

① 常怡主编:《比较民事诉讼法学》,中国政法大学出版社 2002 年版,第 407 页。

法律规范所要求的要件事实提出主张及负担举证责任。① 在我国，主流观点也主张以法律要件分类说为理论依据，分配证明责任。②

法律要件分类说对反垄断法民事诉讼证明责任的分配同样具有方法论上的指导意义。我们要确定反垄断法民事诉讼证明责任的分配规则和具体操作方法，必须先探明反垄断法民事诉讼所涉及的请求权的构成要件，然后才能确定，在这些构成要件中，哪些是原告应当负责证明的，哪些是应当由被告承担证明责任的。简而言之，构成要件即是反垄断法民事诉讼当事人所要证明的对象，这是分配证明责任的基础。

事实上，在反垄断法民事诉讼中，弄清楚各种请求权的构成要件尤其重要。从字面上看，反垄断法民事诉讼包含有"民事"二字，其诉因似乎无异于一般民事诉讼的诉因。其实不然。以一般见解论之，反垄断法不是民法，当事人之所以拥有反垄断法民事诉讼的起诉权，并非基于一般民法的规定，而是基于反垄断法的特殊规定。以反垄断法损害赔偿之诉为例，其肇因乃是竞争之遭损害，而不是民事权利受到直接损害，反垄断法上的损害，虽然最终体现为受害人财产或营业上的损失，但这些都是因为公正的市场竞争环境遭到了损害造成的，属于衍生性的损害。③ 日本学者通常认为，一般消费者享受自由竞争的利益的地位，不被认为是日本《民法典》第 709 条规定的权利。④ 因此，是否能够根据《民法典》第 709 条来提起反垄断法损害赔偿之诉，在日本是受到质疑的。⑤ 即使是那些主张可

① 参见常怡主编：《比较民事诉讼法学》，中国政法大学出版社 2002 年版，第 415~416 页。

② 参见田平安主编：《民事诉讼法原理》，厦门大学出版社 2004 年版，第 289 页。

③ 参见李国海著：《反垄断法实施机制研究》，中国方正出版社 2006 年版，第 239 页。

④ 参见[日]田中诚二等著：《独占禁止法》，劲草书房 1981 年版，第 949 页。

⑤ 参见[日]今村成和著：《禁止垄断法（新版）》，有斐阁 1978 年版，第 227 页。

以根据《民法典》提起反垄断法损害赔偿诉讼的学者，也认为根据日本《禁止垄断法》提起损害赔偿诉讼的构成要件与根据日本《民法典》第709条提起损害赔偿诉讼的构成要件是大为不同的，前者不包含被告的过错，而后者则包含被告的过错。① 这样，根据日本《禁止垄断法》提起损害赔偿诉讼的当事人的证明责任与根据日本《民法典》第709条提起损害赔偿诉讼的当事人的证明责任也就存在本质的区别。

(二)反垄断法民事诉讼的基本类型

根据原告请求的救济手段的不同，可以将反垄断法民事诉讼划分为损害赔偿之诉和排除侵害之诉，这是对反垄断法民事诉讼最重要的分类。有人主张在前述两种诉讼类型之外纳入第三种，即确认合同无效之诉②。一般认为，确认合同无效不是一种独立的民事救济手段，不能与损害赔偿之诉和排除侵害之诉并列。

我国《反垄断法》关于反垄断法民事责任的规定较为简略，仅仅通过第五十条规定，"经营者实施垄断行为，给他人造成损失的，依法承担民事责任"。从字面上看，该条规定为反垄断法民事责任的构成加入了"给他人造成损失"这样一个要件，似乎仅仅确认了反垄断法损害赔偿之诉，而没有认可排除侵害之诉。但考虑到中国法学界的共识是把"给他人造成损失"理解为已经造成损失和有可能造成损失两种情形③，因此，私人主体是可以根据《反垄断法》提出排除侵害之诉的。这种判断在最高人民法院2012年发布的《关于审理因垄断行为引发的民事纠纷案件应用法律若干问题的规定》中得到了支持。该《规定》第一条明确规定，"本规定所称因垄断行为引发的民事纠纷案件(以下简称垄断民事纠纷案件)，是指

---

① 参见[日]铃木满著：《日本反垄断法解说》，武晋伟、王玉辉译，河南大学出版社2004年版，第116页。

② 参见戴宾、兰磊著：《反垄断法民事救济制度比较研究》，法律出版社2010年版，第81页。

③ 王晓晔主编：《中华人民共和国反垄断法详解》，知识产权出版社2008年版，第262页。

因垄断行为受到损失以及因合同内容、行业协会的章程等违反反垄断法而发生争议的自然人、法人或者其他组织，向人民法院提起的民事诉讼案件"。根据该条规定，反垄断法民事诉讼既包括当事人因垄断行为受到损失而提起的损害赔偿诉讼，也包括当事人在下列情况下提起的排除侵害诉讼：(1)当事人因违法行为受到损失，而且该违法行为正在持续进行中；(2)当事人有可能因违法行为受到损失，而且该违法行为正在持续进行中；(3)行为人即将进行的违法行为如违法合并有可能给当事人造成损失。因此，毫无疑问，在我国，反垄断法民事诉讼也包含有损害赔偿诉讼以及排除侵害诉讼两种类型。

(三)反垄断法损害赔偿之诉的待证明要件

在国外，随着反垄断法实施的成熟化，反垄断法损害赔偿诉讼的制度构成也基本得以明确，只不过，不同的国家或地区对于反垄断法损害赔偿诉讼的待证明要件有不同的内容。

1. 原告具有起诉资格

境外各国(地区)的反垄断法一般均认可与违法行为主体存在竞争关系的经营者在反垄断法损害赔偿诉讼方面的起诉资格。但对于消费者是否具有起诉资格则有不同的做法。美国的司法实践一般不认可消费者在反垄断法损害赔偿上的起诉资格，而日本等大多数国家均允许消费者提起反垄断法损害赔偿之诉。[①]

2. 反垄断违法行为之发生

各国(地区)反垄断法规定的垄断与限制竞争行为的种类繁多，并非所有的垄断与限制竞争行为都可以导致反垄断法损害赔偿诉讼。有些垄断与限制竞争行为尽管给他人造成了损害，但如果法律规定不能就该种损害提起损害赔偿诉讼，受害人仍然不能依据反垄断法获得损害赔偿救济。此外，对于反垄断法上的违法行为，有的适用合理原则，有的适用本身违法原则，对于前者，除了要证明存

---

① 参见李国海著：《反垄断法实施机制研究》，中国方正出版社 2006 年版，第 216 页。

在各项外显的构成要件外，还要证明该种行为不具有合理性，而对于后者，其证明义务则要单纯一些，无须涉及是否合理的问题。

3. 损害之存在

国外对于反垄断法要发生反垄断法上的损害赔偿责任，必须是已发生了损害，这种要求是理所当然的事情。境外各种立法虽然没有明文规定，但是这应该是题中应有之义。① 其中的分歧在于，这种损害是仅限于直接损害还是将直接损害与间接损害一起包括进来。在美国，反托拉斯法要求必须是直接损害，日本做法则有所不同，构成反垄断法损害赔偿要件的损害不仅包括直接损害，而且也包括间接损害。②

4. 因果关系

依一般原则，违法行为与损害之间的因果关系是构成民事责任的必要条件。③ 反垄断法上的损害赔偿的构成也不能例外。日本有学者提出，关于损害赔偿请求权，责任原因和损害之间存在着相应的因果关系，这是作为一般原则被承认的。④

5. 过错

过错是否作为反垄断法损害赔偿的构成要件，各国做法各有不同。日本、韩国等国反垄断法规定的是无过错责任，美国在反托拉斯立法上规定损害赔偿时没有提及过错问题，因为美国的主流观点认为，这没有必要，因为反竞争行为几乎完全是故意之行为。⑤ 所以在美国反托拉斯法中，过错也不是损害赔偿的构成要件。

---

① 参见李国海著：《反垄断法实施机制研究》，中国方正出版社 2006 年版，第 221 页。

② 参见[日]实方谦二：《东京高裁灯油损害赔偿事件》，载《判例评论》，278 号，第 13 页。

③ 参见余能斌、马俊驹主编：《现代民法学》，武汉大学出版社 1995 年版，第 669 页。

④ 参见[日]田中诚二等著：《独占禁止法》，劲草书房 1981 年版，第 951 页。

⑤ See, Richard A. Posner and Frank H. Easterbrook, *Antitrust Cases, Economic Notes and Other Materials* (2d ed.), 1981, p. 580.

在我国，《反垄断法》关于损害赔偿责任的规定十分简略，对于损害赔偿诉讼的待证明要件语焉不详，最高人民法院的司法解释同样没有明确相关民事诉讼的构成要件，成文规定的模糊性有可能造成法律实施过程中的分歧和不一致，对相关诉讼实践带来不利影响。因此，有必要通过学理探讨予以明确。我们认为，我国反垄断法损害赔偿诉讼的待证明要件应当包括：

（1）原告具有起诉资格。在确定我国反垄断法损害赔偿诉讼的原告范围的时候，我们应秉持中庸原则，不宜过宽，也不宜限制过严，应包括三大类主体：一是遭受损害的消费者；二是遭受损害的竞争者；三是遭受损害的上下游经营者。

（2）存在违反《反垄断法》的行为。我国《反垄断法》规定禁止四大类行为，即垄断协议、滥用市场支配地位、限制竞争的经营者集中以及行政垄断。是否这四种行为都有可能导致反垄断法损害赔偿诉讼呢？答案应该是否定的。根据《反垄断法》以及最高人民法院的司法解释，我国反垄断法民事诉讼的针对对象只有垄断行为，而行政垄断不属于垄断行为，因此，因行政垄断而受损失的主体不能提起反垄断法损害赔偿诉讼。

（3）损害之存在。根据我国反垄断法的立法精神，我国反垄断法损害赔偿诉讼待证明要件中包含的"损害"应当是直接损失，以财产损失为主，以营业损失为次。

（4）因果关系。我国反垄断法损害赔偿的待证明要件也须包含"因果关系"，在内容把握上应当从严。

（5）过错。我国《反垄断法》第50条以及最高人民法院的司法解释都没有为反垄断法损害赔偿诉讼规定过错要件，留下了模糊空间。在这方面我国应借鉴多数国家或地区的做法，在反垄断法损害赔偿方面实行无过错责任原则，把过错排除在反垄断法损害赔偿诉讼的待证明要件范围之外。

（四）排除侵害诉讼的待证明要件

所谓排除侵害，就是指法律规定直接对侵害状态或行为予以排除，并赋予违法行为的被害人直接排除的权利。① 各国反垄断法均规定有排除侵害这种救济手段，相应地也就有排除侵害诉讼这种诉讼类型。

从针对对象看，反垄断法排除侵害诉讼可以划分为两种具体类型：其一是针对正在持续的行为如价格卡特尔的排除侵害诉讼；其二是针对计划中的未来行为如经营者集中的排除侵害诉讼。这二者的待证明要件基本上是相同的，但也存在一些细微的差别。

1. 原告具有起诉资格

哪些主体能够提起排除侵害之诉，须依法律的规定。考察各国的立法与实践，一般只认可下列三类主体的起诉资格：（1）消费者；（2）处于横向竞争关系的经营者；（3）处于纵向关系的上下游经营者。

2. 具有违法性的行为

反垄断法排除侵害诉讼针对的只能是违法行为，这与反垄断法损害赔偿诉讼的要求是相同的。不同的是，排除侵害，在反垄断法上只适用于法律有明文规定之情形，损害赔偿则可因不同原因而发生②。而且，排除侵害之诉只能针对尚处于持续状态的行为或计划即将进行的行为，而不能针对已经发生且已结束的行为。

3. 权益受到侵害或有侵害之虞

反垄断法排除侵害诉讼得以成立的根本性要件是违法行为的侵害性，包括正在造成侵害和有可能造成侵害。侵害包括财产和营业损失，也包括使原告处于严重不利局面，例如市场竞争地位的严重恶化。

4. 因果关系

反垄断法排除侵害诉讼也强调因果关系，即原告受侵害性与行为之间的关系。对于针对正在持续的行为的排除侵害诉讼，其因果

---

① 参见曾世雄：《违反公平交易法之损害赔偿》，载《政大法学评论》1991 年第 44 期。

② 曾世雄：《违反公平交易法之损害赔偿》，载《政大法学评论》1991 年第 44 期。

关系的考察的客观基础较为扎实，而对于那些针对计划中的未来行为的排除侵害诉讼，其因果关系的客观基础相对就要弱一些，在很大程度上依赖于人们的逻辑推理。但不管是何种情形，在考察因果关系的时候，都要以事实和大多数的经验基础为依据，只能认可那些具有直接关联的因果关系。

5. 过错

对于反垄断法损害赔偿之诉，各国在是否考虑过错这个要件的问题上存在分歧，与此不同的是，在排除侵害诉讼中，各国的一致立场是，不论侵害有无过失故意或可否归责，均应予以排除①。也就是说，反垄断法排除侵害诉讼不以过错作为其待证明要件。

如前所论，我国《反垄断法》及最高人民法院的司法解释是认可排除侵害之诉的。但是，对于反垄断法排除侵害诉讼究竟应包含哪些待证明要件，我国《反垄断法》及最高人民法院的司法解释同时保持了高度模糊。从学理角度解释，我们认为这些待证明要件应包括上述各国(地区)反垄断法通常规定的内容。

二、反垄断法民事诉讼证明责任的分配原则及其具体适用

(一)反垄断法民事诉讼证明责任的分配原则

我国《民事诉讼法》和最高人民法院《关于民事诉讼证据的若干规定》明确提出，民事诉讼证明责任分配的基本原则是"谁主张、谁举证"。反垄断法民事诉讼自然应当遵行上述原则。然而，反垄断法民事诉讼毕竟不是普通的民事诉讼，而是具有显著的特殊性。反垄断法民事诉讼至少有以下三点特质影响证明责任的分配，从而对"谁主张，谁举证"的基本原则提出局部修正的要求：

第一，反垄断法民事诉讼的正外部性。反垄断法民事诉讼是反

---

① 曾世雄：《违反公平交易法之损害赔偿》，载《政大法学评论》1991 年第 44 期。

垄断法私人执行的一种方式，其功能是双重的：一方面，具有维护原告自身权益的功能，例如，确保违法行为人赔偿受害人的损失，又如阻止违法行为有可能对原告造成的侵害；另一方面，反垄断法民事诉讼又具有威慑功能，损害赔偿可以产生威慑效果①，这自不待言，排除侵害其实也具有威慑效果，因为通过它可以阻却正在发生或即将发生的违法行为。反垄断法民事诉讼具有的这种威慑效应与反垄断法公共机构通过适用行政或刑事制裁手段产生的威慑效果在本质上没有多大区别，因此，反垄断法民事诉讼的效用就溢出了私人权益的边界，起到了维护公共利益的作用。例如，在美国历史上，一些私人反托拉斯诉讼对于公共利益的促进起到了很大的作用，作出了重大的贡献。② 这就说明反垄断法民事诉讼具有正外部性，或有益外部性。③ 反垄断法民事诉讼的这种正外部性特质对反垄断法民事诉讼的证明责任分配不能不产生影响。普通民事诉讼的功能基本上只是为了维护原告私人的权益，在证明责任分配上也应该从私人对抗的角度进行考量，可以不加修改地适用"谁主张，谁举证"的基本原则，而当反垄断法民事诉讼具有了正外部性以后，原告的证明责任自然要发生变化，或者有所减轻，或者公共机构有义务支持原告履行证明义务。

第二，反垄断法民事诉讼当事人举证能力的非均衡性。反垄断法民事诉讼针对的要么是刻意保密的经营者（在垄断协议的场合）④，要么是具有强大经济力量和市场控制力的经营者（在滥用

① 参见李国海著：《反垄断法实施机制研究》，中国方正出版社2006年版，第209页。

② 参见王健著：《反垄断法的私人执行》，法律出版社2008年版，第33页。

③ 参见[美]基斯·N. 希尔顿著：《反垄断法：经济学原理和普通法演进》，赵玲译，北京大学出版社2009年版，第33页。

④ 例如，约翰·D. 洛克菲勒在组织石油托拉斯的时候采取了严格的保密措施，与美孚石油公司进行谈判的人写信都用假名，洛克菲勒告诫他们"连老婆也不要告诉"。参见[美]丹尼尔·J. J 布尔斯廷著：《美国人——民主的历程》，谢廷光译，上海译文出版社2009年版，第513页。

市场支配地位或经营者集中的场合），原告获取相关证据的能力被极大地压缩，关键证据都掌握在被告自己手里，原告与被告在证明能力的对比上存在显著的非均衡性。反垄断法民事诉讼的此种特质也必然会对"谁主张，谁举证"的基本原则提出局部修正的要求，否则，原告将难以履行证明义务，使得反垄断法民事诉讼的目的落空。

第三，反垄断法民事诉讼的功利主义考量。反垄断法民事诉讼的基础肇因并非是权利之受损害，因为，反垄断法所保护的竞争，或者说市场上参与竞争的经营者或消费者享有公正自由的竞争的地位，不属于民事权利的范畴。① 因此，反垄断法民事诉讼并不具有一般民事诉讼那样的客观必然性，而是一种功利主义的安排，是为实现反垄断法的根本目标服务的。有两个例子可以有力地证明这一点：一是美国法院不允许实际受损害的消费者提起反托拉斯三倍赔偿诉讼，反而允许那些转嫁了损失的批发商等直接购买者提起诉讼；二是英国自 1948 年开始就已制定出第一部现代反垄断法，但直到 1998 年《竞争法》才开始提供反垄断法损害赔偿的可能性，在 1998 年以前的反垄断立法都没有损害赔偿的空间。反垄断法对于民事诉讼的这种功利主义态度，还表现为某些国家对于反垄断法民事诉讼证明责任的调整上。在美国，反托拉斯法三倍损害赔偿制度曾经一度导致了滥诉的消极后果。② 美国法院为了遏制这种倾向，通过一系列判例大大减少了本身违法原则的适用范围，提高了合理原则的适用频率，加重原告的证明责任。③ 同时，尽量缩小适格原告的范围，要求原告承担繁重的举证责任。④ 这些在功利主义基础

① 参见李国海著：《反垄断法实施机制研究》，中国方正出版社 2006 年版，第 240 页。

② 参见李国海著：《反垄断法实施机制研究》，中国方正出版社 2006 年版，第 240 页。

③ 参见王健著：《反垄断法的私人执行》，法律出版社 2008 年版，第 82 页。

④ 参见高菲著：《论美国反托拉斯法及其域外适用》，中山大学出版社 1993 年版，第 27 页。

上进行的举证责任变通对于遏制反托拉斯诉讼泛滥的倾向起到了有效的阻滞作用。无疑，立法者及司法者的功利主义态度对于反垄断法民事诉讼证明责任分配具有巨大的影响，各国（地区）无法共用一种分配原则，单一国家也无法维持一种始终不变的分配原则，增加了反垄断法民事诉讼证明责任分配原则的弹性和变动性。

综合考虑我国民事诉讼法的规定和反垄断法民事诉讼的特质，我们认为，我国反垄断法民事诉讼证明责任的分配原则应该是弹性化的"谁主张，谁举证"原则。

（二）我国反垄断法民事诉讼证明责任分配原则的具体适用

我们主张在反垄断法民事诉讼证明责任分配中实行弹性化的"谁主张，谁举证"原则，那么，在我国反垄断法民事诉讼证明责任分配中如何体现该种"弹性"？或者说，针对具体的损害赔偿诉讼和排除侵害诉讼，证明责任的分配应如何操作？

1. 损害赔偿诉讼中证明责任的分配

在我国现有的损害赔偿诉讼中，原告的证明责任较重，基本上所有的构成要件都由原告负证明责任，只有产品责任导致的损害赔偿诉讼等少数情形例外，例如，因产品缺陷致人损害的侵权诉讼，由产品的生产者就法律规定的免责事由承担举证责任，体现的是"举证责任倒置"规则，实际上也是对"谁主张，谁举证"基本原则的有限修正。考虑到反垄断法的特殊性，我国反垄断法损害赔偿诉讼显然不能由原告承担全部的证明责任。有学者就提出，要参考产品缺陷侵权的损害赔偿诉讼模式，实行举证责任倒置的规则。① 我们认为这是一个可行的思路。只是，国内已有论述并没有明确提示，哪些要件在何种情形下可以实行举证责任倒置。这有必要加以明确。

在前文提出的我国反垄断法损害赔偿诉讼五项待证明要件中，原告具有起诉资格、损害之存在、因果关系等三项应由原告承担证

---

① 参见戴宾、兰磊著：《反垄断法民事救济制度比较研究》，法律出版社 2010 年版，第 249 页。

明责任，过错这一项应被违法行为之存在这一项待证明要件吸收，只要证明了存在违法行为，就应推定存在过错，如此可以减轻原告的证明责任。而对于存在违法行为这一构成要件，究竟是由原告还是被告承担证明责任？我们认为，应将其中的证明责任分配给原告与被告。具体而言，原告负责提供证明被告违法的表面证据，被告负责提供推翻这些表面证据的证明力的责任。一旦原告提出了表面证据，被告就须承担证明自己不存在违法行为或者被指控行为属于正当行为的责任，否则应认定被告从事了违法行为。如何判断原告履行了提供表面证据的义务？应坚持两项标准：第一，原告提供的证据能够证明被告存在违法的可能性；第二，原告已经用尽了同等条件下一般人的证明能力。举例来讲，在价格卡特尔的场合，如果原告提供了数个被告的定价存在高度一致性的证据，就可认定原告提供了表面证据。被告如不能证明这种高度一致性是因为偶然的巧合所致，那么，就应认定被告从事了价格卡特尔行为。又比如，在滥用市场支配地位的场合，如果原告能够提供外围的证据，例如，官方的统计资料或学者的研究成果，证明被告具有市场支配地位，那么，被告要想推翻这些证据的证明力，就必须承担证明自己不具有市场支配地位的责任，否则就应承担不利后果。

2. 排除侵害诉讼中证明责任的分配

在我国已有的诉讼架构中，排除侵害诉讼的证明责任基本上都由原告承担，而且连损害赔偿诉讼的少量例外空间都不存在，显示法律对适用排除侵害诉讼的谨慎态度。在反垄断法中，排除侵害诉讼具有高负面性及辅助性，在证明责任分配上更应持谨慎态度。

前文已述，反垄断法排除侵害诉讼的待证明要件一般有四项：(1)原告具有起诉资格；(2)具有违法性的行为；(3)权益受到侵害或有侵害之虞；(4)因果关系。在这四项构成要件中，第(1)、(3)及(4)项应由原告负责证明，第(2)项则应像在反垄断法损害赔偿诉讼中那样，其证明责任由原告和被告分担。不过，考虑到我们对于排除侵害诉讼的谨慎态度，我们应适当加重原告在其中的证明责任，压缩举证责任倒置的适用空间。具体而言，在反垄断法排除侵害诉讼中，在证明存在违法行为这一构成要件时，原告的证明责任应超过"表面证据"标准，但可以适当弱于"实质证据"标准。

同时，在分配反垄断法排除侵害诉讼的证明责任时，还要区别原告权益已经受到侵害和有可能受到侵害这两种情形，后种情形中原告的证明责任应大于前种情形。尤其是针对经营者集中的排除侵害之诉，更要强调原告的证明责任。法院在审理此类案件的过程中，可以分两阶段处理：当原告提供了"表面证据"证明被告的集中行为有可能违法的时候，法院可以先要求被告"中止"①集中行为，然后，再由原告提供更多证据，证明被告集中行为的违法性。当原告的证据较为充分地证明被告行为的违法性时，被告应举证抗辩原告的指控，如果被告不能有效抗辩，法院就应发布禁止令。

三、对最高人民法院《反垄断司法解释》相关条文的评析

(一)《反垄断司法解释》在举证责任分配上的合理性

最高人民法院《关于审理因垄断行为引发的民事纠纷案件应用法律若干问题的规定》(以下简称《规定》)涉及了证明责任的分配问题。该《规定》第7~10条通过明确被告证明责任的方式分配了原告与被告的证明责任。

《规定》第7条规定，"被诉垄断行为属于反垄断法第十三条第一款第(一)项至第(五)项规定的垄断协议的，被告应对该协议不具有排除、限制竞争的效果承担举证责任"。第8条规定，"被诉垄断行为属于反垄断法第十七条第一款规定的滥用市场支配地位的，原告应当对被告在相关市场内具有支配地位和其滥用市场支配地位承担举证责任。被告以其行为具有正当性为由进行抗辩的，应当承担举证责任"。第9条规定，"被诉垄断行为属于公用企业或者其他依法具有独占地位的经营者滥用市场支配地位的，人民法院

---

① 参见［美］基斯·N. 希尔顿著：《反垄断法：经济学原理和普通法演进》，赵玲译，北京大学出版社2009年版，第45页。

可以根据市场结构和竞争状况的具体情况，认定被告在相关市场内具有支配地位，但有相反证据足以推翻的除外"。第 10 条规定，"原告可以以被告对外发布的信息作为证明其具有市场支配地位的证据。被告对外发布的信息能够证明其在相关市场内具有支配地位的，人民法院可以据此作出认定，但有相反证据足以推翻的除外"。上述条文包含了以下几个要点：

第一，《规定》集中关注"违法行为之存在"的证明问题，显示出最高人民法院的一个基本立场：在反垄断法民事诉讼中，应适当减轻原告的证明责任，以激励私人主体提出反垄断法民事诉讼，强化反垄断法的实施。在上述四个条文中，都体现了这个基本立场。

第二，《规定》通过加重被告的证明责任来减轻原告的证明责任，事实上局部修正了"谁主张，谁举证"的一般原则，这既符合反垄断法民事诉讼的基本特性，也与世界上大多数国家或地区的实践保持一致。根据该《规定》的内容，无论是在垄断协议的场合，还是在滥用市场支配地位的场合，都只要求原告举证证明被告存在相关行为，体现的是本身违法原则的标准，相关行为是否合理，则由被告举证，这大大减轻了原告的证明责任。

第三，在确定原告的证明责任时，《规定》有保留地采纳了"表面证据"规则。根据《规定》第 10 条，原告可以以被告对外发布的信息作为证明其具有市场支配地位的证据；被告对外发布的信息能够证明其在相关市场内具有支配地位的，人民法院可以据此作出认定，但有相反证据足以推翻的除外。这就是说，原告只要提供"被告对外发布的信息"这样的表面证据，即算履行了相关证明责任，剩余的证明责任就由被告来承担，被告要想推翻这些表面证据的证明力，就必须提供有效证据。我们之所以说《规定》只是有保留地采纳了"表面证据"规则，是因为《规定》以列举的方式严格地划定了"表面证据"的范围，即只有"被告对外发布的信息"这一种。

以上面三点讨论为基础，我们可以看出，在划分反垄断法民事诉讼证明责任方面，《规定》体现出了较高的专业性和合理性，值得肯定。

(二)《反垄断司法解释》在举证责任分配方面的保守性

然而，当我们以更高标准来衡量时，也不能隐讳《规定》的保守性。

一方面，《规定》在分配证明责任时，原告的证明责任仍显繁重，分给被告的证明责任还不够，可以预期，证明责任问题仍将成为阻挡原告胜诉的主要因素，我国反垄断法民事诉讼的消极局面仍然不会得以改观。①

另一方面，《规定》在反垄断法民事诉讼证明责任分配方面存在较高的模糊性。例如，根据《规定》第九条，被诉垄断行为属于公用企业或者其他依法具有独占地位的经营者滥用市场支配地位的，人民法院可以根据市场结构和竞争状况的具体情况，认定被告在相关市场内具有支配地位，但有相反证据足以推翻的除外。该条规定的本意是好的，目的是为了方便社会大众对于公用企业等的垄断行为提出诉讼，压制目前肆意横行的公用企业垄断行为。但是，该条规定具有较高的模糊性。第一，"市场结构和竞争状况的具体情况"包含的内容十分广泛，哪些因素可以列入其中，哪些因素不能列入其中？《规定》没有指明，必将给诉讼实践带来分歧和争议；第二，"市场结构和竞争状况的具体情况"究竟应由原告提供，还是由法院主动采集？《规定》也没有明确。如果由原告提供，则达不到减轻原告证明责任的作用；如果由法院主动采集，又有违法院的诉讼中立原则。在这两难困境中，该条规定的积极意义必会大打折扣。

【本专题系以下列论文为基础经修改而成：李国海：《论反垄断法民事诉讼证明责任的分配——兼评最高人民法院反垄断法司法解释》，《中国社科院研究生院学报》2014 年第 1 期。】

---

① 据最高人民法院公布的有关数据，自《反垄断法》实施以来，我国各级法院受理的反垄断民事案件总数并不少，但原告获得胜诉判决的比例极低。

附　录
欧共体竞争法中的罚款制裁①
——以威慑论为中心的考察

［荷］伍特·威尔思著　李国海译

　　本文研究了一系列关于运用罚款手段实施欧共体竞争法的理论问题。涉及关于欧共体竞争法实施中适用罚款制裁的一系列理论问题。在第一节即引论部分中包含了一个对法律框架的概括性介绍、一些基本统计和对法律实施中的经济手段的简短叙述。在第二节，我将罚款与其他的反托拉斯法执行措施进行了比较。在第三节中讨论了应当在何种水平或在什么样的基础上确定罚款的问题。关于最优威慑的经济理论告诉我们，预期的罚款应与违法行为造成的损失相等，或者等同于违法者的所得加上某个安全余数。由于被发现和被惩罚的或然性的存在，实际的罚款应当是这个数字的几倍。在第四节里，我将理论上的最优与欧洲委员会的罚款措施的现实作法进行了一番比较，讨论了委员会没有采取罚款的一些案例，也讨论了委员会在实施罚款制裁的情形中决定罚款数额的基本方法，以及在此过程中需要考虑的种种因素。第五节提出了这样一个问题：当前的罚款是否足以产生威慑作用？我的回答是否定的。最后一节给出了关于这个结果的一些总结性思考。

---

　　①　英文版原文出处：Wouter P. J. Wils，"E. C. Competition Fines：To Deter or Not to Deter"，（15）Yearbook of European Law（1995），Oxford：Clarendon Press，1996.

一、引论

(一)法律框架

《欧共体条约》以及根据条约制定的次位立法，包含了 3 条(系列)适用于企业的竞争规则：第 85 条第 1 款禁止限制竞争的协议(不包括第 85 条第 3 款规定的适用豁免的情形)；第 86 条禁止市场支配地位的滥用；《合并条例》①要求将涉及欧共体范围的合并事项申报给欧洲委员会，它们是否违法将根据市场支配地位是否作为结果而得以产生或加强来确定。②

条约第 85 条和 86 条没有涉及罚款的规定，但是第 87 条授权部长理事会引入这样的实施规范，"特别应当规定下列内容：(1)规定罚款和日罚款的内容以保证执行第 85(1)条和第 86 条的禁止性规范……"主要的实施规范是《第 17 号条例》。③ 该条例第 15 条第 2 款规定，企业"因故意或过失"违反了条约第 85(1)条或第 86 条时，委员会"可以"处以"从 1 000 到 1 000 000 会计单位(欧洲货币单位)，或者总量超过这个范围但不超过上一营业年度总销售额的 10%"的罚款。④ "在确定罚款数量的时候，既要考虑违法行为的严重程度，又要考虑违法行为延续的时间"。该条第 4 款指明罚款的决定"不带有刑法的性质"。第 5 款和第 6 款规定，不应对已经根据《欧共体条约》第 85 条第 3 款适用豁免的有关规定的要求申报了委员会的行为处以罚款，除非委员会通知有关企业经过初步审查确认这些企业的行为

---

① 即《欧共体企业合并控制条例》(也被简称为第 4064/89 号条例，译者注)，欧共体部长理事会 1989 年 12 月 21 日发布。

② 《欧洲煤钢共同体条约》第 65 和 66 条包含了适用于煤炭和钢铁部门的独立的竞争规范，其中还包含罚款的条款。不过，本文不准备讨论它。

③ 1962 年 2 月 6 日发布。

④ 《第 17 号条例》第 15(2)条同时允许对"企业联合"处以罚款。尽管对"企业联合"的罚款产生了一系列有趣的问题，本文还是要忽略它们，也不准备涉及程序性的罚款和日罚款。

构成了违法，因而没有正当理由豁免其罚款。

与此相类似，《合并条例》第 14 条第 2 款授权委员会，当一项合并在没有事先申报或者罔顾委员会的否定决定的情况下生效，可以处以"不超过有关企业总营业额的 10% 的罚款"。

(二)基本统计

委员会于 1969 年 7 月在奎宁卡特尔案(quinine cartel)和染料卡特尔案(dyestuffs cartel)中首次使用了《欧共体条约》下的罚款权力。在这两个案件中，委员会分别对 6 家和 8 家公司处以了从 10 000 到 210 000 会计单位①不等的罚款。过了四分之一世纪，到 1994 年 7 月末，委员会一共对违反《欧共体条约》第 85 条和第 86 条的行为作出了 81 份罚款决定，346 项单独罚款。② 罚款决定的数目在 1970 年代和 1980 年代都有增加，1980 年代后半期达到最高峰，其后略有下降。③ 大约四分之三的罚款决定针对违反条约第 85 条的行为，四分之一的罚款决定针对违反条约第 86 条的行为。然而，这两种类型的比例并没有反映出任何趋势。④ 在根据第 85 条作出

---

① 到 1970 年代末为止，罚款一直用会计单位(ECU 的前身)表示，从 1980 年代起开始用欧洲货币单位(ECU)表示。

② 包含有罚款处罚的详细目录和数目的罚款决定清单可以在 M. Van der Woude，C. Jones 和 X. Lewis 的《欧共体竞争法手册》(每年由 Sweet and Maxwell 出版新版本)上找到。除非另外指明，本文所有有关欧共体竞争罚款的统计数据都系作者根据这些资料计算得出。

③ 以 5 年为时间段，1969—1973 年共作出 7 份决定，1974—1978 年共 11 份，1979—1983 年共 16 份，1984—1988 年共 28 份，1989—1993 年共 17 份，从 1969 至 1993 年共作出 79 份决定。

④ 在 1969—1993 年作出的 79 份罚款决定中，61 份根据第 85 条，17 份根据第 86 条，有 1 份是针对同时违反了上述两条的行为作出。在 1969—1973 年的 5 年中，根据第 85 条作出的决定与根据第 86 条作出的决定的比例是 6：1，在 1974—1978 年的 5 年中，这个比例是 7：4，在 1979—1983 年中是 15：1，1984—1988 年间是 22：6，1989—1993 年间是 11：5。至今还没有根据《合并条例》作出的罚款决定，在一些案例中(没有全部出版)罚款是根据《欧洲煤钢共同体条约》作出的，本论文中的统计数字没有包括之。

的决定当中，有一半跟横向违法行为——主要是固定价格和市场分割卡特尔——有关，另外一半与纵向违法行为——主要是禁止平行交易——有关。在过去，这些比例一直是稳定的。①

迄今为止，最高的单个罚款达到了 7 500 万 ECU，这是在 1991 年对 Tetra Pak 公司作出的，因为它被认定滥用了在包装液体食品的机械和纸板箱市场上的支配地位。最高的单份罚款决定的罚款总额达到了大约 24 800 万 ECU，是其中所包含的 42 项单个罚款的总和，这份罚款决定于 1994 年给予了涉及水泥卡特尔案（cement cartel）的多家企业和企业联合。当比较过去作出的罚款决定的数额的时候，通货膨胀的因素必须加以考虑。② 例如，在 1973 年的食糖卡特尔案（sugar cartel）中对 Tirlemontoise 公司处以的 150 万会计单位的罚款就相当于今天的 500 万 ECU。如果转换为 1992 年的 ECU，③ 在 1969—1993 年间的单个罚款的平均数（算术意义上）接近 160 万 ECU。在单份罚款决定中处以的罚款总数平均为 640 万 ECU。这些平均数在过去不同时期存在一定的变化。在 1969—1973

①　在整个 1960—1993 年期间，根据第 85 条作出的 61 份罚款决定中，有 30 份与横向行为有关，有 29 份与纵向行为（其中只有两份没有涉及对平行交易的禁止）有关，有两份涉及知识产权的罚款决定，难以被归结为横向或者纵向行为。横向违法行为与纵向违法行为的比例在 1969—1973 年间是 3∶3，在 1974—1978 年间是 3∶4，在 1979—1983 年间是 5∶8，在 1984—1988 年间是 13∶9，在 1989—1993 年间是 6∶5。

②　不幸的是，这个因素常常被忘记了。例如 M. Furse 根据罚款数字作出"在处以罚款的 30 年中罚款数额是稳步上升的"以及"1979 年先锋案决定是一个分水岭"等断言，就是不正确的，因为没有考虑通货膨胀的因素。M. Furse，"Article 15(2) of Regulation 17：Fines and the Commission's Discretion"，ECLR（1995），p. 110.

③　由于会计单位和 ECU 都不是真正的货币，与通货膨胀的联系并不可以直接实现。在这里，我把会计单位转换成 1992 年的 ECU 使用了如下的步骤：首先，使用罚款所在年份的一个在会计单位或 ECU 与比利时法郎之间的平均汇率，把罚款数字转换成同年的比利时法郎，然后，运用比利时消费价格指数，把这个比利时法郎的数字转换成 1992 年的比利时法郎数，第三步，运用 1992 年的比利时法郎与 ECU 之间的交换汇率，把前步所得的比利时法郎的数字转换成 1992 年的 ECU。

年间的 5 年里，单个罚款和单份罚款决定的平均数额分别是 100 万和 520 万 1992 年 ECU，在 1974—1978 年的 5 年期间，平均数大为降低，两项数字分别变为 24 万和 53 万，在 1979—1984 年的 5 年时间里，平均数又爬了上来，两项数字分别达到了 44 万和 150 万，但仍明显低于 1969—1973 年间的水平。从 1980 年代中期开始，罚款达到了一个更高的平均水平，在 1984—1988 年间，单个罚款的平均数字是 180 万 1992 年 ECU，单份罚款决定的平均数字是 830 万 1992 年 ECU。至于说 1989—1993 年间的罚款数是不是更高，证据是含混的，这个时期单个罚款的平均数是 250 万 1992 年 ECU，而单份罚款决定的数额的平均数是 1 210 万 1992 年 ECU，表面上看起来有很大的增长，但是这些平均数是靠 1991 年针对 Tetra Pak 公司的那份特别重的罚款充起来的，除去这份决定，1989—1993 年间的两个平均数就变为 160 万和 800 万 1992 年 ECU，这样将比前一个 5 年期间的平均数要少。①

（三）法律实施中的经济手段

为什么对违反反托拉斯法的行为处以罚款？通常的答案是，既是为了对违法者予以惩罚，又是为了威慑违法者和其他人以避免相同的违法行为的再次发生，或是为了上述二者兼而有之的目的。在 1970 年的一个判决中，欧洲法院指出，在《第 17 号条例》设置的罚款"具有既惩罚违法行为又防止其重复的目的"。② 同样地，委员会也曾指出，"罚款处罚的目的是双重的：使企业因其违法而受到罚款的制裁，防止违法行为的再次发生；使《欧共体条约》中的禁

_____

① 对极端价值的过度敏感是算术平均数的一个众所周知的缺点。出于这方面的考虑，中位数，作为一个样本的中间值，是核心趋势的一个更好的统计指数。在整个 1969—1973 年（原文如此，疑为 1993 年之误——译者注）期间，中位的单个罚款是大约 36 万 1992 年 ECU，而以 5 年为期间的 1969—1973，1974—1978，1979—1983，1984—1988 以及 1989—1993 年间，中位的单个罚款的数额分别是 34 万，7.8 万，10 万，73 万和 36 万 1992 年 ECU。依此可见，1989—1993 年 5 年间的罚款并不比整个 1969—1993 年间的数额高。

② Judgment of 15 July 1970 in Case 41/69 Chemiefarma.

止规定更为有效"。① 在这方面，欧共体竞争法与其他领域的法律没有两样。欧洲法院和欧洲委员会所指出的两个目的与关于惩罚的两个传统观念，即报应论和功利主义论，是一致的。②

惩罚的功利主义观念近年来受到了刑法中经济学理论强大复兴的积极影响，而后者又是因为贝克发表于 1968 年的关于犯罪和惩罚经济学的文章引起的。③ 从那时以来，经济学家发表了大批关于犯罪的著作，其中，威慑效果都被突出的提到。在本文中将要引入的经济学方法的核心是，如果某人预期在一件违法行为中的获利超过预期的成本，那么，这个人将从事这件违法行为。惩罚应该被设计成能够改变潜在的违法者在上述途径上的功利与不利的预期的平衡，从而引导其不作出不利于社会总体利益的事情。在很多时候，我们都会发现这种犯罪的经济学理论带有暗含的理性、非现实主义的色彩，尤其在情感引起的犯罪上。④ 然而，这方面的反对并不适用于对违反反托拉斯法的行为的分析上，因为，反托拉斯法上的违法行为通常是商业决定而不是感情冲动的结果。⑤

---

① Thirteenth Report on Competition Policy, 1983, para. 62.

② J. Rawls, "Two Concepts of Rules", 64 Philosophical Review (1955), p. 3.

③ G. Becker, "Crime and Punishment: An Economic Approach", 76 Journal of Political Economy (1968), p. 169. 然而，经济学方法与 18 世纪的功利主义论者如 Beccaria 和 Bentham 等人的方法并没有根本的不同。

④ 为威慑理论辩护的文章，见：I. Ehrlich, "The Deterrent Effect of Criminal Law Enforcement", 1 JLS (1972), p. 259；相反的观点见：S. Cameron, "The Economics of Crime Deterrence: A Survey of Theory and Evidence", 41 Kyklos (1988), p. 301.

⑤ Feinberg 在布鲁塞尔反托拉斯法律师当中所作的一项调查的结果进一步证实，为追求公司的利益而漠视法律是违反欧共体竞争法行为的一个共同的原因，见：R. M. Feinberg, "The Enforcement and Effects of European Competition Policy: Results of a Survey of Legal Opinion", 23 JCMS (1985), pp. 373-376.

二、罚款与其他法律实施手段的比较

(一)概论

在欧共体竞争法中，由欧洲委员会负责实施的罚款看起来是主要的实施手段。成员国的竞争主管当局可以适用《欧共体条约》第85(1)条和第86条，但是他们很少这样做。在成员国法院由私法上的原告提起的诉讼中，尤其是因为受到损害而提起的诉讼中也可以实施《欧共体条约》第85条和第86条的规定。事实上，欧洲法院曾经提出，"由于第85条和第86条的禁止规定从它们的真正本质来看是倾向于在个人之间的关系中产生直接影响的，那些条款所直接创造的涉及相关个人的权利，成员国法院必须加以保护"。[1] 欧洲法院和欧洲委员会试图通过鼓励各国法院与委员会的合作来为第85、86条在各国法院的适用提供条件，但是这种政策至今还没有显示出明显的结果。[2] 无论将来作何努力，在欧洲，由于缺乏有经验的司法系统，欧洲总体上反托拉斯文化的欠缺，不接受集团诉讼，成功酬金的不合法以及发现程序的不完善，将会使得以下结论并不会轻易被改变：由各国法院实施欧共体反垄断法在统计上来看是微不足道的。下列状况也仍将是事实："尽管具备合理的清楚的法律地位，但明显地，至今尚没有一项依据《欧洲经济共同体条

---

[1] Case 127/73 BRT/SABAM［1974］，ECR 51. 尽管《欧共体条约》第85条和第86条能够授予个人以权利是清楚的了，但是法院还没有清楚的回答下面这个问题，即：在实现这些权利的时候可以使用哪些救济手段，尤其是在多大程度上欧共体法律要求损失得到补救？见：R. Whish，"The Enforcement of EC Competition Law in the Domestic Courts of Member States"，19 EL Rev (1994)，p. 60；以及 A. Winterstein，"A Community Right in Damages for Breach of EC Competition Rules?"，20 ELCR(1995)，p. 49.

[2] 与此相反，与委员会的行动平行进行的在各国法院实施欧共体竞争规范的少数努力由于程序方面的问题而停止了。

约》第 85 和 86 条使损害得到赔偿的记录。"①

这种状况与美国反托拉斯法的实施模式有显著的不同,在美国,这方面的私人诉讼要比由政府提起的诉讼多得多。另一个区别在于,依据美国法律提起的反垄断诉讼不仅会针对公司,也有可能针对积极参与公司违法行为的个人,这些个人除因此而被处以罚金外,还有可能被处以如监禁这样的刑事处罚。②

欧共体和美国实施模式之间的区别反映了他们在法律实施方式上的一些基本选择。在一种基础性的水平上,沙维尔(Shavell)根据控制不当行为的方法的不同将法律实施方式分成三种维度。③ 第一种与法律介入的时间选择有关,借助对行为的预防,法律介入可以发生在最早的阶段,即在行为作出之前。除此以外,法律介入的时间还可以有两种选择,一种是基于行为的惩罚,以违法行为的作出为诱因;另一种是基于损害的惩罚,只有在造成损害的前提下才会出现。基于行为的惩罚和基于损害的惩罚都通过威慑作用而发挥其效力。法律介入的第二种维度是惩罚的形式,基本上是在金钱惩罚和非金钱惩罚之间进行选择,后者大体上意味着监禁。第三种维度与私人和公共机构在法律实施中的不同角色定位有关,包含了私人和公共部门在法律实施中的不同程度的参与。

对于法律实施的这三种维度,沙维尔从理论上分析了实施方式的最优选择,最优指的是对社会福利的量度,包括与违法行为相联系的社会利益被损害程度和法律实施成本的降低。法律实施成本则

---

① D. L. Holly, "EEC Competition Practice: A Thirty-Year Retrospective", 16 Fordham International Law Journal (1992-3), pp. 342-400.

② 在 1955 年至 1993 年间,由美国司法部提起的刑事案件中,共有 1036 件对公司处以了罚金,有 520 件对个人处以了罚金,有 372 件对个人处以了期限不等的监禁。见:J. C. Gallo, K. G. Dau-Schmidt, J. L. Caycraft, C. J. Parker, "Criminal Penalties Under the Sherman Act: A Study of Law and Economics", 16 Research in Law and Economics(1994), pp. 25-42.

③ S. Shavell, "The Optimal Structure of Law Enforcement", 36 Journal of Law and Economics(1993), pp. 255-257.

包括确认法律适用的对象的成本、法律适用的成本以及采取惩罚的成本。① 在下面的论述中，我将遵循这种分析框架，并将之运用于对欧共体竞争法的实施的分析中。

(二)威慑与预防

法律介入的最佳阶段(预防或威慑，通过基于行为的惩罚或基于损害的惩罚)要根据一系列的因素来确定：可能的制裁的大小(威慑，特别是通过基于损害的惩罚的威慑，需要足够高的惩罚的运转来实现)；预防或制裁的适用的可能性；实施机关掌握的关于行为的信息；行为各方对其行为的了解；法律实施成本。② 在反托拉斯法的实施当中，占主要地位的是威慑而不是预防。③ 显然，其主要原因是预防作为一个通常的控制工具整体上是不实用的，因为其费用过高。想象一下反托拉斯法实施官员坐在每一个公司的董事会会议上，或者站在每一个具有管理权力的雇员背后！然而，包含事先申报制度的合并规制实质上就是那样工作的。④ 合并与反托拉斯法的其他领域的不同之处在于合并更易于定性，而且数量也不会很多，结果合并就更易于被监管。

---

① S. Shavell, "The Optimal Structure of Law Enforcement", 36 Journal of Law and Economics(1993), p. 261; G. L. Stigler, "The Optimum Enforcement of Laws", 78 Journal of Political Economy(1970), p. 526.

② S. Shavell, "The Optimal Structure of Law Enforcement", 36 Journal of Law and Economics(1993), pp. 261-265.

③ 然而，预防并不是完全缺位。根据欧共体竞争法，委员会有权力采用一些临时措施以便于在紧急情况下防止严重的和不可挽救的损害的发生。见 Order of the Court of Justice in Case 792/79 R *Camera Care* ［1980］ECR 119. 在有些案件中，私人原告有可能在很早的阶段就从委员会那里获得一个这样的决定，或者直接从本国法院那里获得一个临时的命令，这样来得到一些接近于真正的预防的东西。

④ 然而，这种制度并不是纯粹的预防。允许早期介入的事先通知和暂时停止的义务是依靠威慑实施的，在这个过程中，能够处以罚款，在某些情况下，如果义务没有得到履行，甚至可以作出剥夺权利的命令。

(三) 罚款或损害赔偿金与监禁的区别

对于制裁形式的最佳选择, 通常金钱制裁要优先于监禁, 因为监禁的执行比罚款的收取成本要高得多。① 监禁只有在下面的情形下才是可取的: 考虑到违法者的财产状况、从事对社会不利的行为所获得的私人利益以及予以制裁的几率, 如果对社会不利的行为造成的损害十分巨大, 而金钱制裁并不能产生适当的威慑作用。②

在 1976 年出版的有关反托拉斯法经济学的书中, 波斯纳断言, 在反托拉斯法的救济方面依靠监禁是不必要的, 因为"在反托拉斯领域内, 支付判决中规定的罚款或损害赔偿金是不会有问题的"。③在欧共体的反托拉斯实践中, 公司交不起委员会处以的罚款的现象如果有的话实践中也很少见。④

即使公司受到了足够严重的经济处罚, 若想产生有效的威慑力, 仍然需要对公司内部的作出决定的个人处以罚款和监禁。公司违反反托拉斯法并不是公司作出的, 而是由公司内部的个人根据他们自己的利益和动机作出的。波斯纳认为这实际上并不是一个问

---

① G. Becker, "Crime and Punishment: An Economic Approach", 76 Journal of Political Economy (1968), p. 193; R. A. Posner, Antitrust Law: An Economic Perspective, Chicago: University of Chicago Press, 1976, p. 225.

② S. Shavell, "The Optimal Structure of Law Enforcement", 36 Journal of Law and Economics (1993), p. 266; 以及: A. M. Polinsky, S. Shavell, "The Optimal Use of Fines and Imprisonment", 24 Journal of Public Economics (1984), p. 89; S. Shavell, "Criminal Law and the Optimal Use of Nonmonetary Sanctions as a Deterrent", 85 Columbia Law Review (1985), p. 1232; J. Waldfogel, "Are Fines and Prison Terms Used Efficiently? Evidence on Federal Fraud Offenders", 38 Journal of Law and Economics (1995), p. 107; S. Shavell, "The Judgement Proof Problem", 6 International Review of Law and Economics (1986), p. 45.

③ R. A. Posner, Antitrust Law: An Economic Perspective, Chicago: University of Chicago Press, 1976, p. 225.

④ 但是, 在欧洲, 有时候公司会声称它们没有能力交纳。在美国, 司法部官员宣称"反托拉斯局发现对于个人和公司而言支付罚款的能力成了一个严重的问题"。参见 G. J. Werden and M. J. Simon, "Why Price Fixers Should Go to Prison", Antitrust Bulletin (Winter 1987), pp. 917-927.

题，他争论道："在反托拉斯案件中公司的个人雇员是否作为被告加入通常来讲并不是很重要，公司具有有效防止其雇员从事给它带来巨大责任的行为的办法。"①许多新近的学者对后一点提出了疑问。普林斯盖(Polinsky)和沙维尔(Shavell)解释说，公司也许并不完全能够控制其职员的行为，因为公司约束他们的能力是有限的。职员可以被解雇，但是解雇的效用受到了存在潜在就业机会的限制，公司对其职员的诉讼威胁也受到了其资产被这些职员掌控处在危险之中的限制。国家是能够对公司职员制造更强的压力的，可以用更高数额的经济处罚(因为收取刑法意义上的罚款比公司得到民事判决更容易，显而易见，不交罚款就有可能坐牢)，或者监禁来使他们受到可信的威胁。② 更进一步说，过分地依靠公司来承担责任有可能产生这样的故意作对的效应，由于惧怕方便公共的法律实施机构的检查和调查，公司会降低在其内部实施法律的努力。③

(四)公共实施与私人实施的区别

在公共实施和私人实施之间进行最优的选择，在很大的程度上依赖于获得与实施有关的信息要付出多大的努力。④ 如果潜在的或者现实的受害者或第三人能够轻易地确定对谁适用法律的话，由这些人主动地实施法律要比国家在实施法律方面兴师动众更好。那些拥有信息的人可能经常具有提起诉讼的动力，因为他们希望在经济上得益(通过获取损害赔偿金或在市场上削弱竞争者)，也为了避免承受(进一步的)损害，或者从受害的感觉中走出来。但是对受

---

① R. A. Posner, Antitrust Law: An Economic Perspective, Chicago: University of Chicago Press, 1976, p. 226.

② A. M. Plinsky, S. Shavell, "Should Employees Be Subject to Fines and Imprisonment Given the Existence of Corporate Liability", 13 International Review of Law and Economics(1993), p. 239.

③ J. Arlen, "The Potentially Perverse Effects of Corporate Criminal Liability", 23 JLS(1994), p. 833.

④ S. Shavell, "The Optimal Structure of Law Enforcement", 36 Journal of Law and Economics(1993), pp. 266-270.

到报复的担心，也会阻止私人采取诉讼行动。再者，如果法律的实施要花费精力和金钱去收集必要的信息，公共实施机构就是必要的。在某种程度上公共部门有一个长处，它们能够具备比私人方面更有效的收集信息的手段。① 私人方面实施法律的最严重的问题是很难把握好实施法律的轻重。在私人方面实施法律的动力的作用下，既有可能达不到也有可能超过社会在实施法律方面动用资源的最佳要求。② 在违法行为的受害者数量非常多而单个人的损失却比较少（相对于价格固定这样的例子而言，这不是不可能的假设），这些单个的人会缺乏提起诉讼的动力，然而通过法律的实施所产生的威慑效应对于社会却是高度需要的。③ 而且，私人方面可能也有超出社会需要的找出违法者的动机，他们可能会花费大量的精力和资源，因为他们期望获得一笔巨大的损害赔偿金（或者强求至少一次调解），哪怕附带产生的威慑效果很有限（或者不存在或是起反作用）。在美国，由于成功的原告能够得到三倍的损害赔偿金，在许多观察家（不包括私人原告的律师）眼里，过多的私人实施反托拉斯法的现象已经成了一个重大的问题。三倍损害赔偿可以被看作轻一些的对仅仅适用逮捕造成的单一性进行补救的方式，但是，它

---

① 沙维尔曾经作了一个十分谨慎的假设："私人方面不具有应受重视的长处，因为私人方面可以得到的策略和技术公共部门同样也可以得到"，见：S. Shavell，"The Optimal Structure of Law Enforcement"，36 Journal of Law and Economics（1993），p. 269。毫无疑问，这反映了美国的实际情况。在那里，发现成了一种有威力的获取信息的审前机制。然而，在欧洲，这样的技术私人诉讼方是无法获得的，当然也就没有容易和效果方面的比较。另一方面，欧洲委员会根据《第 17 号条例》第 11 条和第 14 条拥有更广泛的索取文件及在办公室进行有效调查的权力。

② R. A. Posner，Economic Analysis of Law （4th ed），Boston：Little Brown，1992，p. 596；S. Shavell，"The Optimal Structure of Law Enforcement"，36 Journal of Law and Economics（1993），p. 269；A. M. Polinsky，"Private Versus Public Enforcement of Fines"，9 JLS （1980），p. 105。

③ R. A. Posner，Antitrust Law：An Economic Perspective，Chicago：University of Chicago Press，1976，p. 227；在美国，这个问题的解决方法是反托拉斯集体诉讼，在欧洲则尚未被发现。

尚不成熟，因而不能担负起那项功能。对诸如价格固定等隐藏性较强的违法行为适用逮捕的可能性并没有表面显现出来的那么大，同时对包括很多排他性行为在内的易于被发现的违法行为适用逮捕的可能性有可能超过表面的程度。

虽然私人提起的损害赔偿诉讼事实上并没有在欧共体竞争法的实施中出现，但是，在欧洲委员会的法律实施活动中，私人原告还是扮演了一个重要的角色。根据《第 17 号条例》第 3(1) 条的规定，委员会既可以主动开始一个案件的调查，也可以根据一项投诉来启动调查程序。在实践当中，许多导致罚款的案件都牵涉到投诉。在某些案件中，私人方面的作用是很有限的。例如，某个顾客可能向委员会提供怀疑一项价格卡特尔存在的线索，但是匿名，或者不是正式地作出投诉。然后委员会可能会根据其自主决定正式地进行必要的调查，作出一项罚款的决定。极端的情形是，某些原告向委员会提供有关违法行为的足够的证据，催促委员会作出一项决定，可能还会伴随如下威胁：如果委员会不采取行动就根据《欧共体条约》第 175 条将委员会告到欧洲初审法院上去。在这样的情况下，直接的私人诉讼与针对违法者的投诉之间的区别就变得模糊了。当然，委员会不能判给成功的投诉者以损害赔偿金，但是，后者原则上可以接下来在本国法院主张获得损害赔偿金的权利。进一步地讲，委员会享有是否对一项投诉采取行动的自由决定权，而当原告在法院提起一项诉讼的时候，他们却享有获得判决的权利。委员会还具有对进入他们的注意范围的案件在是否优先考虑方面进行不同安排的权利，因此可以拒绝作出一项决定或调查某个案件，哪怕对于那些有强有力的证据证明违法行为确实存在的案件也可如此，因为委员会可以把这样的案件看成是不具有"共同体利益"。① 这项共同体利益标准可以被解释为指的是由案件审理所产生的在威慑效果上的附带利益。

由以上的分析可以看出，已然存在的欧共体竞争法的实施机制在私人角色和公共角色之间维持了一种很好的平衡。这种机制使用

---

① 　Case T-24/90 Automec II ［1992］ECR II-2223.

了灵活的方式，使其能够利用私人方面所掌握的信息，又不完全依赖于私人方面的主动精神，委员会能够确立它真正要处理的案件的先后顺序，因而原则上能够保证符合社会利益的实施法律的最佳数量。①

（五）赔偿

如果要完成将罚款与其他法律实施手段进行比较的讨论，就免不了要讨论一下赔偿。从有效的威慑的观点来看，赔偿不是一个问题：与此有关的是潜在的违法者最终接受经济制裁，而不是赔偿的钱究竟是流进国库（作为罚款）还是流进违法行为的受害者的口袋（作为损害赔偿金）。但是，为公平起见，社会应该重视赔偿。②

虽然，在理论上存在从各成员国法院获得损害赔偿金的可能性，但是实践中违反欧共体竞争法行为的受害者却不能获得赔偿。对这种状态，在公众中还没有出现哪怕是最小的反对声。这反映了欧洲文化中温和的反托拉斯立场。在美国，要想彻底阻却私人反托拉斯案件，只要通过一部法律排除因违反反托拉斯法的行为而受害

---

① 但是，在分析中还有一些未知因素，包括委员会实施法律的政策的真实记录，和有关对委员会及其执行官员起激发作用的动机结构的重要的理论问题。正如斯沃兹（W. F. Schwartz，"An Overview of the Economics of Antitrust Enforcement"，68 Georgetown Law Journal（1980），pp. 1075-1093）正确指出的那样，不应把最佳的公共部门实施的理想状况，而是应把它的现实情况与作为替代的私人实施进行比较。遗憾的是，据作者所知，还不存在如下的研究，即：完全以经验的依据为基础严肃地分析委员会的实施记录或者给出表面上合理的关于委员会的实施行为的模型或解释。已有的某些研究已经涉及美国的执行机关。在对这项工作给予索引的同时，Page 总结道，"在司法部和联邦贸易委员会选择案件的准则中存在随机甚至自相矛盾的因素，这些组织没有清楚地提起竞争法案件的动机，而且看起来就把效率结果当作了它们的实施政策"。见：W. H. Page，"Antitrust Damages and Economic Efficiency：An Approach to Antitrust Injury"，47 University of Chicago Law Review（1980），p. 503.

② R. G. Dorman，"The Case for Compensation：Why Compensatory Components are Required for Efficient Antitrust Enforcement"，68 Georgetown Law Journal（1980），p. 1113.

的私人主体获得补偿的权利就行了。但是，可以猜想到，在美国人眼里，这样的方法是极为不合理的。

三、确定罚款数额的正当基础

既已承认罚款意味着威慑以及在欧共体竞争法中罚款实际上是形成威慑的唯一的手段，接下来的问题就是，怎样的罚款水准才能够得到有效的威慑效果？

最明显的答案是，对反托拉斯法的违法主体的罚款应该等于或略高于违法行为的所得。这样的一个以获利为基础的罚款将成为一项有效的威慑，因为它拿走了潜在的违法者在违法行为中的所得，使得违法者从违法行为中得不到任何好处。

然而，在有关最佳威慑的经济学著作中，下面的结论已经得到过讨论：罚款应当等于违法行为对社会造成的损害。① 有两个理由被提出来说明为什么以损害为基础的罚款要比以获利为基础的罚款更需优先考虑。第一个理由是考虑到这样的可能性，某种违法行为实际上对社会造成的损害要小于违法者从违法行为中获得的利益。在这样一个案件中，以损害为基础的罚款就具有一些有利的地方，当罚款被看作是因为损害引起的，那么违法者会继续从事这样的行为。反过来，以获利为基础的罚款会产生过度的威慑，连（假设的）所得超过损害的行为也一并阻却了。② 反对以获利为基础的罚款之所以强烈，是因为有这样的可能性，反托拉斯法的禁止规定实

---

① 在违反反托拉斯法的案件中，损害不仅包括从消费者转移到违法者手里的财产（通过超高价格），也包括由资源的不当分配造成的福利损失总量，见：F. M. Scherer, D. Ross, Industrial Market Structure and Economic Performance (3rd ed), Boston: Houghton Mifflin, 1990, pp. 661-667. 到了其他目标比经济效率更为相关的地步，就必须加上相应的损害范围。

② G. Becker, "Crime and Punishment: An Economic Approach", 76 Journal of Political Economy (1968), pp. 198-199; W. M. Landes, "Optimal Sanctions for Antitrust Violations", 50 University of Chicago Law Review (1983), p. 652.

际上涵盖了能够平衡地产生比损害更多的利益的行为。这种可能性当然不能直接排除在外。法律规则经常是过度包含，在与生俱来的预见能力的缺乏及语言的模棱两可的情况下，要设计一项完全针对某种应被禁止的行为的规则往往过于困难，成本也过高。① 代替的办法是把法律当作一项标准来制定，在单个案件的审理中再填充精确的内容。② 但是在审理阶段，又会有简单从事的理由，会费力回归到有可能过度包含的简单化的规则中去。美国反托拉斯法在本身违法原则和合理原则二者间的选择反映了对不能同时兼顾的因素的权衡。③ 至于欧共体竞争法，人们可以看出它是被制定和执行成有可能减少过度包含问题的状况。④ 第一，《欧共体条约》第85（3）条对禁止限制性协议行为设立了给予豁免的总的可能性。第85（3）条的用词很宽泛，允许在单个案件的审理中考虑各种补偿的效能。共同体法院的司法审查实践促使委员会认真听取公司提出的关于他们的行为的补偿效能的论证。⑤ 第二，由于委员会控制了竞争规则的

---

① R. A. Posner, Economic Analysis of Law (4th ed), Boston: Little Brown, 1992, p. 600; L. Kaplow, "A Model of the Optimal Complexity of Legal Rules", 11 Journal of Law, Economics and Organization (1995), p. 150; L. kaplow, "The Value of Accuracy in Adjudication: An Economics Analysis", 23 JLS (1994), p. 307.

② L. Kaplow, "Rules Versus Standards", Duke Law Journal (1992), p. 557.

③ W. F. Schwartz, "An Overview of the Economics of Antitrust Enforcement", 68 Georgetown Law Journal (1980), pp. 1087-1091; F. M. Scherer, D. Ross, Industrial Market Structure and Economic Performance (3rd ed), Boston: Houghton Mifflin, 1990, pp. 335-339; W. C. Wood, "Costs and Benefits of per se rules in Antitrust Enforcement", Antitrust Bulletin (Winter 1993), p. 887.

④ 根据我（作者）所理解的过度包含的意思，正如刚解释的，它禁止的行为要多于原本想要禁止的行为，因为在于要想使法律制定得量体裁衣般的精确还存在困难，即使能够达到，也要付出成本。

⑤ 因而在欧共体竞争法中不存在美国反托拉斯法中的本身违法原则的对应物，在美国反托拉斯法下也没有听到这样的可靠的抗辩论证。

实施，过度包含的可能性能够通过不予处理的决定权来予以救济。①

　　罚款应当是以损害为基础而不是以获利为基础的第二个理由可能具有更大的意义。与第一个理由强调过度威慑相反，第二个理由与以获利为基础的罚款有可能威慑不足有关。在实践中，违法行为造成的损害和违法者的获利都很难给予准确的量度。普林斯盖和沙维尔已经揭示，在很多关于出现估量错误的假定中，以损害为基础的处罚要比以获利为基础的处罚先进。以获利为基础的罚款的问题在于，对获利的任何低估原则上都会导致违法者继续从事违法行为，而不管结果造成多大的损害。② 例如，假设一家公司将从违反托拉斯法的行为中获利 10 万 ECU，而其获利被低估 5%（以95 000ECU代替 10 万 ECU）。这样公司就会被引导去从事违法行为，因为这里产生了 5 000ECU 的纯利，不管违法行为造成的损害可能会是 50 万 ECU，500 万 ECU 或是 50 亿 ECU。相反，如果罚款是以造成的损害为基础的，5 000或5%甚至比这更多的估计错误都不会立即导致威慑失效，因为罚款仍然超过获利。这里的优点在于，损害超过获利越多则威慑越是可以明确地得到。这样可以得出这样的结论：作为一项总的政策，看起来把违法行为造成的损害作为处罚的基础要更好一些，即使这种损害只能够粗略估计。③

　　但是，普林斯盖和沙维尔在这个结论后面加上了一个附带条件。如果施以经济处罚的成本很高，如果这些成本将随着经济处罚数量的提高而提高，那么高额的经济处罚就不怎么可取了。解决办法是转而以获利为基础，但要使用修正的办法，即把处罚建立在违

---

　　① 这里的讨论又加入到早先的讨论中了，公共实施具有私人实施所不具有的长处，更易于保证法律实施的正确数额。

　　② A. M. Polinsky, S. Shavell, "Should Liability Be Based on the Harm to the Victim or the Gain to the Injurer?", 10 Journal of Law, Economics and Organization(1994), p. 427.

　　③ A. M. Polinsky, S. Shavell, "Should Liability Be Based on the Harm to the Victim or the Gain to the Injurer?", 10 Journal of Law, Economics and Organization(1994), p. 435.

法者获利的基础之上，再加上一个额外的数字，使其能足以保证即使在违法者的获利被低估的情况下威慑效果出现的比率也会维持在较高的水平上。从设计上来看，这种制度将不会再严重地遇到给单纯的以获利为基础的处罚方法造成过麻烦的威慑不够的问题。而且，如果最后的责任水平低于损害，这种方法产生的行政费用会低于以损害为基础的处罚。① 对施以高额处罚所带来的成本的关注在欧共体竞争法的罚款案例中具有重要的意义。公司作为有可能导致罚款处罚的委员会调查的对象，在委员会处理过程中要付出大量开支来进行防卫，在委员会作出罚款决定后，要付出大量开支通过欧洲初审法院或欧洲法院来寻求取消或减少罚款。如果罚款增加，公司相应地就具有增加这些开支的诱力。明显地，这也意味着增加法院和委员会的工作量和开支。

在前面的段落中已经提到，罚款应等于违法行为造成的损害或者被替代为按违法者的所得水平加上一些安全余数来确定。更确切地说，预期罚款应等于或超过预期损害或获利。预期罚款等于名义上的罚款数额乘以一项罚款被有效实施的几率。某些违法行为比其他行为更易于被发觉。如果说排他性行为不能较容易的隐蔽，那么秘密的价格固定卡特尔就很难被发现。有些公司可能因为更熟练而比其他公司更能避免被逮住。② 实际上被罚款的可能性显然也依赖于执行委员会实施的优先选择和它所能得到的资源。例如，如果被发现和处罚的可能性是五分之一，预期罚款就仅为名义上的罚款数额的五分之一。为了威慑目的的实现，那么罚款数额就不能根据损害的水平确定，也不能根据获利的数额加上一些安全区间来确定，

---

① A. M. Polinsky, S. Shavell, "Should Liability Be Based on the Harm to the Victim or the Gain to the Injurer?", 10 Journal of Law, Economics and Organization(1994), p. 436.

② L. A. Bebchuk, L. Kaplow, "Optimal Sanctions and Differences in Individuals, Likelihood of Avoiding Detection", 13 International Review of Law and Economics(1993), p. 217.

而应是这个数额的 5 倍。①

　　一方面，由于预期罚款与威慑效果有关联，所以使用不同的罚款和处罚的可能性的结合就有可能获得最优的威慑效果。例如，如果预期罚款要等于违法行为造成的损害，而损害是 100 万 ECU 的话，假如两个违法者里面有一个被发现并被处罚，那么罚款就应是 200 万 ECU，如果 20 个违法者里面有 1 个被逮住并被处罚，那么罚款就应是 2 000 万 ECU，而如果被处罚的几率降至两千分之一，那么罚款就应是 20 亿 ECU。由于跟踪更多的违法者需要更多的开支，实施费用可以依靠减少处罚的几率和相应地提高罚款数额来减低。另一方面，一系列因素可以在另一个方向上产生影响。② 罚款大大超过违法行为造成的损害有可能被视为不公平，处罚仅仅针对少部分违法者也有可能被看作是恣意。③ 此外，高额罚款和低实施努力的战略也有可能因为被处罚者无能力支付而不能奏效。如果违法者因为罚款数额超过了他们的财产而不能支付落在他们头上的罚款的全部数额，他们就会仅仅被他们能够支付的数额，而不是罚款的全部所威慑。这样就产生了威慑不足的现象。④

──────────

　　① 这样罚款的最优数额就等于违法行为造成的损害(或者获利加上一定的安全余数)除以被罚款的几率。

　　② 除了将要在下面提到的公平和审断证据的理由外，风险这个令人讨厌的东西也成为反对增加罚款数额和降低处罚几率的理由，见：A. M. Polinsky, S. Shavell, "The Optimal Trade-off between the Probability and Magnitude of Fines", 69 American Economic Review (1979), p. 881; L. Kaplow, "The Optimal Probability and Magnitude of Fines for Acts that Definitely Are Undesirable", 12 International Review of law and Economics (1992), p. 3; M. K. Block, J. G. Sidak, "The cost of Antitrust Deterrence: Why Not Hang a Price Fixer Now and Then?", 68 Georgetown Law Journal(1990), p. 1131.

　　③ 不过，应当指出，高额罚款和低处罚几率的结合看起来在其他领域却已被普遍接受，例如，对公共运输中的无票乘车的处理就是如此。

　　④ S. Shavell, "The Judgment Proof Problem", 6 International Review of law and Economics(1986), p. 45; A. M. Polinsky, S. Shavell, "A Note on Optimal Fines When Wealth Varies Among Individuals", 81 American Economic Review (1991), p. 618.

四、欧共体竞争罚款的实践

上面已经讨论了在较宽泛的欧共体竞争法实施框架下的罚款的角色，也探讨了为了取得最优的威慑效果罚款应当按什么基础确定的问题，下面我们转而讨论委员会的真正的罚款实践。

(一)没有处以罚款的案例

委员会曾经作出了一大批这样的决定，在这些决定中委员会确认发现了违反《欧共体条约》第 85 条和第 86 条的行为，但只是发布了一个停止令，而没有处以罚款。在从 1969 年到 1993 年的 25 年间，总共有 82 项这样的决定，比处以罚款的 79 项决定要多几个。①

委员会发现了违反行为但没有处以罚款的第一类案例涉及已经通知委员会的协议或行为。《第 17 号条例》第 2 条允许有关企业或企业团体将其协议、决定或行为向委员会申报以获得一份豁免证明（negative clearance），这种豁免证明是委员会作出的正式声明，确认没有发现根据《欧共体条约》第 85、86 条要对通知的协议或行为采取反对作法的理由。《第 17 号条例》第 4 条进一步规定，除了某些受限制的例外，申报是获得《欧共体条约》第 85(3) 条规定下的豁免的必要条件。至于罚款，《第 17 号条例》第 15(5) 条规定，就条约第 85 条而言，不能对下列行为处以罚款："发生在向委员会作出申报之后……这些行为在申报的范围之内。"

---

① 禁止性决定中处以罚款和不处以罚款的比例在过去有所变化。在第一个 10 年中，不处以罚款的决定的数目是处以罚款的决定的数目的两倍（1969—1973 年间是 13 项对 7 项，1974—1978 年间是 25 项对 11 项）。在接下来的 10 年间，上述对比状况却被倒了过来（在 1979—1983 年间处以罚款的决定与没有处以罚款的决定的比例是 16 项对 13 项，1984—1989 年间，这个比例是 28 项对 13 项）。在 1989—1993 年间，两种决定的数目大致相等（处以罚款的决定是 17 项，没有处以罚款的决定是 18 项）。

　　这项豁免规定的基本原理是为了鼓励公司遵从法律规定并对在合法性方面它们自己拿不准的的行为进行报告。这使得委员会能够在更早的阶段介入更多的案件当中，以实现某种程度的预防的目的。① 因为预防和威慑都是法律实施的可替代的方式，此处增加的预防作用可以弥补由于免除罚款而有可能造成的威慑的不足。以罚款达到威慑的可能性减低的现象在委员会在接到通知以前就已经知道有关协议或行为的案件中最为严重。在这些案件中给予免除罚款以达到预防的机理不适用。《第 17 号条例》第 15(6)条规定，如果委员会作出一项决定并通知有关企业，经过初步的审查，委员会认为已通知的协议、决定或行为违反了第 85 条并且不能被豁免，那么罚款豁免就会被撤消。委员会曾经在下面这类案件中作出过这样的决定：给委员会的申报发生在委员会已经知晓相关行为之后。② 然而取消豁免的程序是很麻烦的。③ 它要适合于采用《第 17 号条例》中的一项自动规则的规定：对罚款的豁免不适用于那些委员会已经收到针对被申报的协议或行为的投诉(或者是已经开始调查)的案件，因为在这些案件中通知并没有促进更有效的实施，豁免会

---

　　① 注意这种通知可以发生在任何时间，与合并规制中的通知只能是事先的(和法定的，即以罚款作威胁的)形成了反照；但是免除罚款只能适用于"申报之后"的事实意味着执行委员会仍然会在从协议达成或行为开始到申报给委员会这段时间里处以罚款，这创造了一个尽早通知的诱力。

　　② 一个近期的案例：欧共体委员会于 1994 年 4 月 13 日作出的关于"荷兰起重机案"的决定(Dutch Cranes, OJ 1994 L 117/30)。这个案例主要涉及到一个荷兰协会为起重机租用业务建立的许可证计划的排他影响。这个协会在一个竞争者向委员会投诉的几个星期之后才将其规则和章程通知委员会。

　　③ 原因在于，为了取消豁免，委员会必须作出一项决定，并要遵守在作出最终决定(发现违法者并处以罚款)的时候采用的与被告面对面的正常程序要求。在实践中，根据《第 17 号条例》第 15(6)条作出的决定并不多。见：L. Ritter, W. D. Brawn, F. Rawlinson, EEC Competition Law: A Practitioner's Guide, Groningen: Kluwer 1993, p. 674.

进一步削弱它。①

目前，委员会认为这种"宽大"政策是特别为对付秘密价格固定和市场分割卡特尔而引入的。从定义来看，此类实践永远不会申报给委员会，而且，除非有一个或更多的卡特尔成员与委员会合作，实际上委员会很难侦查到他们，也很难获得足够的证据以支持作出决定(处以罚款)，这样的决定将会在欧洲初审法院的复审中被推翻。在设想的新政策下，委员会将不会对这样一个企业处以罚款：在卡特尔被委员会发现之前，企业已经就卡特尔的存在完整地申报给了委员会，而且是第一个这样做。

美国司法部已经采用了这样一项宽大的政策，而且看起来取得了成功，在这项政策下，平均每月有1家公司前来报告。② 其出发点是通过将更多的案件纳入实施机关的注意之中和降低调查的成本以提高侦查和处罚的几率。出现威慑被消减的负面效应(因为某家公司被逮住后可以通过这条路逃脱罚款)的可能性被下列条件的设定减少到了最低的程度：能够被免除罚款的公司必须是第一个前来报告的公司，并且它不得是卡特尔的领导者或发起人。

除开自愿通知的案件以外，《第 17 号条例》对那些既不是因为故意也不是因为过失而违法的案件也不处以罚款。实际上，《第 17 号条例》第 15(2)条要求委员会规定只对"故意或过失"地违反第 85 条或 86 条的企业或企业联合予以罚款。根据欧共体法院的判例法，

---

① 注意《第 17 号条例》第 15(5)条中对已通知的协议豁免罚款的规定，仅涉及违反《欧共体条约》第 85 条的情形，没有涉及违反第 86 条的情形。虽然，通知有时也会发生，但是后者被通知的可能性较少，尤其是因为第 86 条没有规定另外的情形。在《第 17 号条例》对某些规定不够完善的情况下，委员会原则上可以不受限制地处以罚款。出于上面曾经列举过的理由，对于委员会而言，在这里也应当给予委员会豁免罚款的权力，以形成一项好的政策(通过鼓励通知以便在早期予以防止性的介入)，但是只能适用于那些在通知之前对有关实践尚无所知的案件。

② A. K. Bingaman, G. R. Spratling, "Criminal Antitrust Enforcement", Address before the Criminal Antitrust Law and Procedure Workshop, ABA Section of Antitrust Law (Dallas 23 Feb 1995), p. 10.

"对于一家企业而言，不必要求它意识到了它违反第 85 条从而构成了被看作是故意违法的行为；只要它不可能没有意识到其竞争行为的目标是对竞争构成限制就足够了"。① 而过失则是在企业"应当知道"其行为限制了竞争的案件中出现的。② 对过失的这种理解是被广泛接受的，就象曾经有过一个明确的判例法一样。③ 安德森观察到了委员会在其作决定的实践中看起来没有以一个很高的注意标准来对公司作判断，而采用了"在这方面的一项谨慎的政策"。④ 事实上在因为下列原因委员会没有处以罚款的案件中可以找到很多的例子：因为公共机构的介入"有可能创造怀疑"和"混乱"，对市场形成钳制；⑤ 因为"当时所涉及的《欧共体条约》的竞争规则还没有被在该领域的委员会决定予以足够的发展"；⑥ 因为一个小商人"缺乏法律经验"；⑦ 或者"因为在此案件中法律判断的复杂性和缺乏先例"。⑧ 在其它几个案例中还出于以下原因没有处以罚款："缺少过失或故意违法的证据"（无进一步的解释）；⑨ 或者"考虑该案件的特殊环境"（也没有进一步的解释）；⑩ 或者没有说明任何

---

① Case 246/86 Belasco [1989], ECR 2191, para. 41.

② Decision of 28 November 1979 Floral, OJ 1980 L 39/51, p. 59.

③ Decision of 25 Nov 1980 Johnson & Johnson, OJ 1980 L 377/16, para. 41.

④ J. A. Andersen, "The Nature and Purpose of Fines under EC Competition Law", in J. Lonbay ed., Frontiers of Competition Policy, Chichester: Wiley Chancery, 1994, pp. 114-120.

⑤ Decision of 19 April 1977 ABG Oil Companies, OJ 1977 L117/1, p. 12.

⑥ Decision of 23 Dec 1977 Vegetable Parchment, OJ 1977L70/54, para. 83.

⑦ Decision of 15 Dec 1982 Toltecs /Dorcet, OJ 1982 L 379/19, p. 28.

⑧ Decision of 21 Dec 1988 Decca Navigator System, OJ 1989 L43/27, para. 133.

⑨ Decision of 5 Sept 1979 BP Kemi – DDSF, OJ 1979 L286/32, para. 103.

⑩ Decision of 12 Dec 1978 White Lead, OJ 1979 L 21 /16, para. 42.

原因。①

考虑故意或过失的要件具有显著的意义，因为故意或过失是否存在决定其行为是否是可威慑的。对不能以合理的成本避免作出这些行为的公司处以罚款将不能起到威慑效果，这有可能产生无意义的花费。当然，对于被告来说，单纯的在法律上的无知是不能作为理由被接受的，因为这会创造继续保持无知的动机。然而，欧共体竞争法的实施，尤其是在的最初几年里，对于欧洲而言确实具有革命意义，只要为了公众可以接受的理由，委员会采取一项"较谨慎的政策"已经被证明是公正的。

(二)委员会计算罚款的方法

委员会从来没有完全公开它用来得出精确的罚款数额的方法。②《第17号条例》第15(2)条仅仅要求"在确定罚款数额时，应当考虑到违法行为的严重程度和持续时间"，没有更多的如何决定罚款数额的指示，没有列举需要考虑的其他因素，也没有揭示相关因素如何影响准确的罚款数额的确定。在其罚款决定中，委员会总是列举它在决定罚款数额时予以考虑的一系列因素，但是从来没有解释过这些因素在得出具体的罚款数额的过程中是如何起作用的。与此相类似，欧洲法院和初审法院在司法审查中也仅仅是列举需要考虑的相关因素。欧洲法院给委员会的唯一的泛泛的方法上的指示就是"在判断某项违法行为的严重程度的时候，必须考虑多种因素，其性质和重要性是随着该违法行为的类型和案件的特殊环境而

---

① Decision of 26 July 1976 Pabst & Richarz/ BNLA，OJ 1976 L 231/24；Decision of 21 Dec 1977 Spices，OJ 1978 L 53/20；Decision of 28 July 1978Arthur Bell & Sons，OJ 1978 L 235/15；etc. 在所有这些案件中，有关协议或行为都没有申报给委员会。而对于为什么不给予罚款也一直没有解释。委员会有义务说明作出罚款决定及确定某一个罚款数额的原因，但是欧共体法律不要求委员会说明不予罚款的理由。

② 对这种状态存在不少的批评。见：I. Van Bael，"Fining à la Carte：The Lottery of EU Competition Law"，ECLR(1995)，p. 237.

变化的"。①

1992 年，委员会在其年度竞争报告中宣布"违反竞争规范的公司从违法行为中获得的经济利益将成为一项日益重要的考虑因素。无论在何种情形下，只要委员会能够确定这些不合法取得的收入的水平，它可以把这个水平作为计算罚款数额的基点，即使在不能作到如此准确的情况下也同样可以这样做。为了做得更恰当，该基点会根据案件中其它因素予以增减，包括考虑对涉案的公司施以制裁的威慑和惩罚效果"。② 正如上文所解释的那样，除非能够绝对准确地确定所得额，根据所得来确定罚款的数额将面临威慑不足的风险，而且，看起来委员会没有系统地考虑调查和起诉的几率。因此，很有可能产生威慑不足的问题。

在过去几年作出的罚款决定中，仅有小部分提到考虑了违法者所获得的利益。这可能是因为委员会不具备计算所获利益的必要的信息所致。那么，在所有其它案件中委员会采用了什么办法来确定罚款数额呢？这在法院的判决中能够找到一些线索，因为委员会有时在上诉程序中公布了其计算罚款的具体细节，或者是因为法院要求它这样做。有时候，在新闻通报中或者在关于委员会所做决定的新闻发布会中也能够找到另外一些信息，至少对一些重要案件而言是这样。③ 里罗兹(Reynolds)曾经总结道：

"看起来竞争执法当局确实是把在欧共体境内的涉及违法行为的总销售额当作了计算罚款数额的最初基准数字，然后再加以考虑其它因素(其中持续时间和违法类型似乎是最重要的)……看起来委员会好象使用了一个大略是介于作为基点的欧共体境内的销售总

---

① Joined Cases 100-103/80 Musique Diffusion Francaise［1983］, ECR 1825, para. 120.

② Twenty-first Report on Competition Policy, 1991, para. 139.

③ 例如，在关于 Cement Cartel 决定的新闻通报 IP/94/1108 of Nov. 1994 中，曾经提到，"罚款在理论上可以达到公司销售总额的 10%，但是罚款的计算通常以涉案产品的共同体范围内的销售总额为基础"。

额的 2%~4% 的数字"。①

把罚款计算成欧共体境内涉及违法行为的销售总额的一个百分比有什么正当的理由呢？2% 到 4% 的标准是从何得出的呢？把销售总额用作基点的一个可能的解释可以归结为《第 17 号条例》第 15(2)条中的最高限额，委员会仅有权处以不超过 100 万 ECU 的罚款，"或者超过这个数额但是总额不超过上一营业年度的销售总额的 10%"。然而这个最高限额对于系统地把罚款计算成欧共体境内的涉案产品的销售总额的一个百分比并不是一个好的理由。首先，正如欧洲法院表明的那样，《第 17 号条例》第 15(2)条规定的限额指的是销售总额，即世界范围内企业所有产品的总额，而不仅仅是欧共体范围内与违法行为有关的产品的总额。其次，在计算罚款的结束阶段确认罚款数额没有超过销售总额的某个百分比与把总产值作为计算的基点完全不是同一回事，前者在逻辑上并没有对后者形成强制。②

把销售额作为基础的另一个解释可能是，由违法行为所涉及的货物计算出的销售总额可以被看作是该违法行为造成的损害的表征。正如前面解释的那样，它也是理论上的计算罚款数额的正确基点，虽然，它是十分粗略的近似。举一个价格卡特尔作为简单的例子。其损害的第一个组成部分是从消费者手里转移到生产者手里的经济利益，等于卡特尔造成的价格上涨部分乘以消费者购买的产品的数量。把销售总额作为计算基础(数量乘以价格，而不是数量乘

---

① M. Reynolds, "EC Competition Policy on Fines", European Business Law Review (Oct 1992), p. 263.

② 这也无法律上的必要。欧洲法院认为，"设定这项限制的目的是为了避免罚款与企业的规模不成比例，这项原则除了保证委员会的罚款不超过法律的最高限制外，对委员会如何计算罚款的问题并没有任何反映"。在该判决的接下来的一段中，欧洲法院继续坚持，"在测度违法行为的严重性的时候必须考虑一系列的因素，违法行为的性质和重要性会随着违法行为的种类和案件所处的特殊环境而发生变化。根据不同的环境，这些因素还包括与违法行为的发生有关的货物的种类和价值"。在欧洲法院看来，相关产品的总价值不过是某个案件需要考虑的众多因素中的一个。

以价格的上涨部分），就不能考虑到价格人为抬高的程度，明显地这个才是损失的本质决定。损害的第二个组成部分是由于资源的错误配置造成的净损失，① 这与价格升高和相伴而生的卡特尔生产的减少成正比。② 这再次表明销售总额不能体现价格和数量的变化，失去了本质层面上的很多东西。对于量度损害造成的其它内容，例如生产上的不效率或为了形成和维持卡特尔造成的浪费性的支出，销售总额好象也不特别适合。

更难理解的是 2%~4% 的基点是如何来的。如果总产值真正是损害的表征，那么这个基点反映的是对一些通常的或索引性的违法行为造成的损害的程度的含蓄假设。看起来这个评估是过低了。

在上面描述的委员会的方法中，确定相关产品的销售总额（2%~4%）只是第一步，"其他因素（其中持续时间和违法类型看起来是最重要的）接着会被吸收进来"。这些因素对评估违法行为造成的危害有明显的相关关系，以至于它们极有可能会影响评估结果，例如加上 1~2 个百分点。如果一项违法行为的持续时间比另一项违法行为长 4 倍，那么与此相对应，第一项违法行为大略多造成了 4 倍的损害。因而应受到高 4 倍的罚款的威慑。同样的道理，如果某个卡特尔导致了 10% 的价格上升或产量下降，而另一个卡特尔在相同的销售总额上只造成了 5% 的变化，那么对前者的罚款就应该是后者的两倍。最后，如果某种类型的违法行为（例如秘密的价格固定）被发现的几率比另一种违法行为（如捆绑销售）低 10 倍，对二者的罚款就应当是 10∶1 的比例。

（三）需要考虑的其他因素

现在我们转而讨论除持续时间和违法行为的类型以外的其他因

---

① 卡特尔提高产品价格的结果是，使得该种产品的生产和消费低于消费者真正需要的数量，同时又会使其他的产品数量多于理想的消费和生产数量。

② 净损失大致等于价格升高的结果的一半和减少的产量的总和。见：F. M. Scherer, D. Ross, Industrial Market Structure and Economic Performance (3rd ed), Boston：Houghton Mifflin, 1990, p. 662.

素，持续时间和违法行为的类型这两者已经被委员会在一些罚款决定中当作影响罚款数额的因素加以指明。在很多罚款决定中，这些因素统统与违法类型一起被整合在了"严重性"的名目之下：这是因为《第17号条例》要求委员会考虑违法行为的"严重性和持续时间"。① "严重性"一词可以被解读成关于惩罚的报复论的反映，但是也可以解释成违法行为造成的损害和予以威慑的必要性，委员会的实践更多地表现为与后种解释相一致。

在大多数罚款决定中，委员会指出了描述违法行为造成的损害程度的一个或多个因素，例如(举一个有代表性的例子)委员会就曾考虑：(1)价格集中和信息交流构成对竞争的严重限制；(2)漂白用硫酸盐矿浆的欧洲市场在经济上是巨大的，委员会决定中所指公司占到了这个市场的三分之二，违法行为持续了多年；(3)这意味着在一个相当长的时间里该产品的实际销售价格要高于在普通的竞争条件下获得相同产品的价格。② 对此通常不存在数量分析的踪迹。

在许多决定中，委员会曾将之作为一个加重因素提到公司相对比较大，或者"是一个很重要的业务的组成部分"。在相关市场上的强有力地位的意味程度越高，越是明显地表明造成损害的程度高。然而纯粹的公司规模通常不是一个相关的因素。为形成适当的威慑，违法行为所造成的损害或所获得的利益是罚款的决定性因素，违法者的财富的多少则不是。除非罚款数额有可能超出公司的支付能力(这样将使得威慑无效果)，支付能力不是决定反托拉斯罚款的相关因素。③ 在过去的许多罚款决定中，委员会在决定罚款数额时曾指出过，它既考虑相关企业的销售额，也考虑在相关市场

---

① 然而其他的因素并没有被排除，因而在法律上没有必要将除持续时间以外的所有其他因素都放在"严重性"的条目之下。

② Decision of 19 Dec 1984 Wood pulp, OJ 1985 L 85/1, para. 148. 有些决定中包含更详细一些的分析，而另外的决定中分析就较为简短。

③ 毫无疑问，支付能力与法律、政策的许多领域都极为相关。然而，在反托拉斯法领域里，很难解释为什么一家小公司从事了与另外的一家公司一样的违法行为(造成了一样的损害，获得了同样的好处)，另外的这家公司恰好拥有更多的财产，受到的罚款却要低一些。

上的销售额。我们刚刚解释过，销售总额作为公司规模的反映，不应该被列为一项标准。

在不少罚款决定中，委员会提到将下列因素作为可以导致罚款数额减低的因素：涉案公司在决定作出时正处于不佳的财政状况，或者它们在违法时正面临困难的境地。这些因素中的第一项，决定作出时企业的财政状况，涉及到支付罚款的能力，在此有必要再次强调，除非是遇到企业有可能支付不了的情形，否则这个因素并不是决定罚款数额的相关因素。在另一个案例中，委员会却没有考虑公司不利的财政状况，欧洲法院对此表示赞成，并提到如果考虑公司不利的财政状况，有可能造成"授予不善于适应市场状况的企业以不合理的竞争优势"的结果。① 第二项因素，违法时的困难状况，与以威慑为基础的方法也不相干。唯有损害的程度和通过违法行为获得的利益决定威慑的需要。法院对施惠于无效率的从业者的辩论也可以用在这里。

在许多案例中，委员会把故意作为加重处罚的因素，导致比在过失案件中更多的罚款。这与最优威慑原则是一致的，因为那些故意违法者通常具有更多的掩藏踪迹的机会，因而被发现的几率就会低一些，如此，则需要加重处罚以产生必要的威慑效果。出于相同的道理，对重复违法者处以更高的罚款也是与合理的威慑原则相一致的。

最后，对在诉讼的任何阶段向委员会提供有用证据或不反驳违法认定中的事实的企业降低罚款数额一直是委员会的固定作法。这种作法与完全的宽大的区别在于仍然要处以罚款，只不过降低一些而已。根据公司给予合作所处的诉讼的不同阶段和所提供帮助的有用程度，减少的数额最高可以达到罚款的一半。这项政策的原理是：降低罚款固然会导致威慑效果减弱，但这种消极影响能被执法成本降低和委员会支出减少来获得补偿，这样能够使委员会(在同样的可用资源下)调查更多的案件，提高发现违法行为并处以罚款的几率，

---

① 　Joined Cases 96-102, 104, 105, 108, and 110/82 IAZ, [1983] ECR 3369, para. 55. 欧洲法院仅仅反对委员会有义务考虑公司的财政状况的主张，而并不禁止委员会这样做。

这样就提高了威慑作用。然而，在这些对立的效应中保持合理的平衡是不容易的。考虑到执法成本的降低比降低罚款的总体水平造成的负面影响会更快地显示出来，也会更直接地与委员会官员在案件中的工作相关，这里可能存在超过合理程度的降低罚款的风险。

五、目前的罚款有威慑作用吗？

对欧共体竞争罚款水平的恰当性的疑问不是现在才出现的。从1979年以来，委员会多次表达对威慑不足的关注。1983年出台的委员会第13份竞争政策报告提到，经过近20年执行竞争法规的实践，由于在此期间委员会处以的罚款相对较轻，委员会发现这种尺度的罚款尚未证明产生了足够的令公司不再重复违法行为的威慑效果。① 出于这种考虑，从1979年的"先锋案"的决定开始，委员会采取了一个"新的、更强硬的罚款政策"。② 在更近期的1991年出台的第21份报告中，委员会宣布了它的意图，"更加充分地使用《第17号条例》所提供的对涉案公司处以总额达到年度总销售额的10%的罚款的可能性，目的是为了增强共同体竞争法下的惩罚的威慑效果"。③ 从1993年起一直负责竞争政策的范·迈尔特委员多次强调通过足够高的罚款获得威慑效果的必要性。④ 同时，他还对下列事实表示震惊和关注："经过了十多年的对秘密卡特尔的积极跟踪和处以沉重的罚款，委员会仍然在重要的产业部门发现了典型的市场分割和价格固定卡特尔。"

正如本文的开头部分指出的那样，从实际价值来看罚款水平在1970年代下降得十分剧烈。1979年宣布的"新的、更强硬的政策"

---

① Thirteenth Report on Competition Policy, 1983, para. 63.

② Decision of 20 Dec 1979 Pioneer, OJ 1980 L 60/21. 欧洲法院在关于Musique Diffusion Francaise 一案的判决中对这个决定表达了支持。

③ Twenty-first Report on Competition Policy, 1991, para. 139.

④ Van Miert, "The role of competition policy today", (Speech at the Second EU/Japan Seminar on Competition, Brussels 16 Sept 1994), 1 Competition Policy Newsletter (Autumn/Winter 1994), pp. 1-2.

实际上只不过是恢复到委员会罚款实践的头几年的水平。从名义上看，1979 年作出的"先锋"案中的 435 万 ECU 的罚款看起来比起 1973 年作出的 1979 年以前最重的 Tirlemontoise 案中的 150 万罚款而言确实是另一种规则。然而，如果除去通货膨胀的影响，其差别就不那么悬殊了："先锋"案中的罚款相当于 740 万 1992 年 ECU，而 Tirlemontoise 案的罚款相当于 510 万 1992 年 ECU。如果从单独的"先锋"案转而考察 1979 年至 1983 年间的所有罚款决定，那么可以发现这期间的平均单个罚款是 44 万 1992 年 ECU，显然高于 1974 年至 1978 年间的平均罚款数额 24 万 1992 年 ECU，但是却明显地低于 1969 年至 1973 年间的平均罚款数 100 万 1992 年 ECU。只有到 1980 年代中期，"新的、更强硬的政策"才显现出来，尤其在 1984 年至 1988 年间罚款数额真正变高了：平均为 180 万 1992 年 ECU。但是，如果不把罚款数额离奇高的 Tetra Park 案包含在内，接下来的 1989 年至 1993 年间的罚款数额又有一定程度的下降，平均为 160 万 1992 年 ECU，并没有超过整个 1969 年至 1993 年间的平均水平。

前面已经论及，这些罚款的数额是以欧共体境内的涉案产品的销售总额为基础计算出来的结果，其基点是产品总值的 2% 到 4%。如果违法行为的持续时间较长，并且性质较严重，罚款数额会在此基础上加上几个百分点。不需要复杂的计量经济学的研究就会发现这样的罚款对于威慑各种各样的更严重的违法行为而言是不够的。原因在于前面已经讨论过的违法者从违法行为中的获利除以被处以罚款的几率的计算方法，其结果构成了一个最低限额，低于这个限额的罚款当然不能起到威慑作用。一个卡特尔获得 5% 的价格增幅并持续 5 年这并不显得异常。① 如果存在一个被发现和追究的常

① 根据 Werden 和 Simon 的判断，"保守估计，价格固定带来的价格上涨的平均值是 10%"。见：G. J. Werden, M. J. Simon, "Why Price Fixers Should Go to Prison", Antitrust Bulletin (Winter 1987), pp. 924-928；10% 这个数字也得到了 Gallo 和其他人的承认，见：J. C. Gallo, K. G. Dau-Schmidt, J. L. Caycraft, and C. J. Parker, "Criminal Penalties Under the Sherman Act: A Study of Law and Economics", 16 Research in Law and Economics (1994), p. 58. 至于持续时间，Werden 和 Simon 认为价格固定卡特尔的平均存在期间是 6 年。

数，罚款就应超过涉案市场中的涉案产品的年度总销售额的 25%。
在美国，一个价格固定密谋被联邦反托拉斯当局发现的可能性已经
被估计为最高可能在 13%~17% 之间。① 没有理由推测在欧共体这
个比例会更高。即使假设被处以罚款的比例达到 20%，这仍然意
味着低于涉案产品的年度销售总额的 125% 的罚款是不能取得威慑
效果的。

人们可以找到许多理由来解释为什么罚款并不需要高到那种程
度。首先，人们有可能想象因违反竞争法而被委员会处以罚款的事
实会使公司承担超出需要支付的单纯罚款数额的成本。刑事上的定
罪通常会损害一家公司的名誉，这对被定罪者造成了额外的成本，
因而构成了额外的威慑因素。然而，看起来欧共体立法者是要力求
避免这种效果的，在《第 17 号条例》的第 15(4) 条中规定委员会的
罚款决定"不具有刑法的性质"。无论如何，即使存在商业团体或
公众会在委员会的法律制裁外加上另外的社会制裁的证据，也会是
很少见的。也不存在下面的迹象：因为违反竞争法而被罚款的事实
会对公司与委员会(的其他部门)的其他交往带来消极的影响。另
一种议论可能是上面的计算是假设潜在的违法者保持中立。如果这
些潜在的违法者选择不违法，则低一点的罚款也会对他们产生足够
的威慑。两位心理学家特维斯盖、凯勒曼最近因为他们的以下理论
颇引人注目：人们在不确定的条件下作决定时，掂量出的预期损失
大致是推定获利的两倍。② 如果这个理论可以应用于公司违反反托
拉斯法的决定的作出，那么上面 125% 的数字应除以 2。

另一方面，就不考虑公司作出决定时的复杂性而言，上面例子
中的 125% 的最低限额可能依然太低。如前面讨论过的，人们不应
忘记违反竞争法(或采取某些行为，不管它是否构成了违法)的决
定是由公司内部的个人决策者，而不是由一些像一个真正的人那样

---

① P. G. Bryant, E. W. Eckard, "Price Fixing: The Probability of Getting
Caught", Review of Economics and Statistics (1991), p. 531.

② D. Kahneman, A. Tversky, "Choices, Values and Frames", 39
American Psychologist (1984), p. 341.

行动的虚构的公司作出的。费因贝格在布鲁塞尔反托拉斯律师行业中所作的一项调查有力地支持了公司对卷入违法行为的雇员不予惩罚的判断。①

六、威慑还是不威慑

如果当前的罚款数额因为过低而不能起到威慑作用，明显的补救措施就是由委员会提高它们。显然，在《第17号条例》规定的10%的限额内依然具有广阔的上升空间。在当前的实践中，罚款占共同体境内的涉案产品的销售总额的5%已经是比较高了。在此，有必要再次提醒《第17号条例》规定的10%的最高限额不是指欧共体境内的涉案产品的销售总额，而是整个的总销售额（世界范围内所有产品的价值）。这意味着在许多案件中委员会不只可以处以两倍、还可以是三倍甚至四倍于当前罚款数额的罚款而不触及法定的限制。法律上也不存在对升高罚款总体水平的阻碍，根据欧洲法院的规定，"为了正确应用共同体的竞争规则，要求委员会可以为政策的需要在任何时间内调整罚款的水平"。②

如果委员会被允许调高罚款水平满足产生有效威慑的需要，那么《第17号条例》的10%的限制就有必要废除。根据欧洲法院的规定，这项限制"是为了防止罚款与企业规模不成比例"。③假如以有效实施法律为目标，企业的规模只能与对支付不能的关注相联系。一个通用的总销售额的10%的罚款限制对防止公司因罚款而破产的作用一点也不明显。不提公司曾经从违法行为中获得过更高的收益的事实，如果一家公司不能承受那种水平的罚款，那么其经济能力无论如何都值得怀疑了。

---

① R. M. Feinberg, "The Enforcement and Effects of European Competition Policy: Results of a Survey of Legal Opinion", 23 JCMS (1985), p. 375, 379.

② Joined Cases 100-103/80 Musique Diffusion Francaise, [1983] ECR 1825, para. 109.

③ Joined Cases 100-103/80 Musique Diffusion Francaise, [1983] ECR 1825, para. 119.

虽然被逮住的低概率与较高的罚款的结合原则上是一条既能获得威慑效果又能节约行政支出的途径，但是一部分违法者被逮住并处以极重的罚款而大部分的违法者却逍遥法外的结果会被视为专断和不公平。罚款增加造成的进一步的问题是罚款的增加有可能被逐渐增多的上诉法院和欧洲法院作出的取消或减少罚款的判决所抵消。在这方面尚没有明确的经验上的证据，但在理论上似乎有可能。随着罚款数额的提高，公司提出上诉并在这方面安排开支的动机会平行地抬高。假设有更多更好的律师将更多的时间花在上诉上，这将增加取消或减轻罚款的机会，较高的罚款就有可能更经常地被期望取消或减少。最后，在某种程度上，提高了的罚款会因为无能力支付而变得不能执行。

可能存在着多种增加罚款概率的方法。例如，最近宣布的新的宽大政策有可能提供一条简便而有效的增加发现机会的方法。增加发现违法行为并起诉它的概率的最明显的途径乃是增加委员会的竞争执法总局的人手。在 1995 年年中，处理违反《欧共体条约》第 85、86 条的相关事务的专业人员只有 100 名左右。① 这种增加并不必然意味着为委员会增加新的预算支出，因为可以从其他的局里重新分派人员。一个替代办法是由其他主体而不是委员会来加强实施。但是，大范围的私人实施的阻碍因素太多，太根深蒂固，因而不能将过多的希望放在这种实施机制上。

另一种方案是允许不仅针对公司而且也针对应当对公司行为负责的个人提出指控。前面已经讨论过，这将给威慑带来显著的不同，特别是假如不仅可以处以罚款而且可以处以监禁的惩罚措施。引入真正的刑事制裁将带来一个强有力的信号，表明反托拉斯在欧洲和美国被视为同等重要。根据威尔登（Werden）和西蒙（Simon）所言，"我们能够想到的最好的教育社会的手段是对严重违反反托拉斯法的人以一定的频率处以监禁刑……监禁刑能够发出罚款所不能包含的特别的信息，而且发送得更好：因为监禁刑对白领罪犯而言

---

① 大约 25 名专业人员负责合并案件的工作，大约有 40 名专业人员负责援助成员国实施反托拉斯法。

比罚款更有新闻价值，因此会更多地在媒体上出现，会更多地被其他商人注意"。①

明显地，所有上面的论述只有在相信竞争法值得付诸努力使其有效地被实施的情况下才有意义，欧洲的主流意见对竞争法的信念尚没有达到如此程度。在美国，反托拉斯具有悠久的传统，反托拉斯的价值被广泛地认同。② 价格固定被看作是不道德的，与偷窃没有什么区别。与此正好相反，在欧洲的历史和文化中，反托拉斯法不具备这样的地位。1950 年代以前，在欧洲没有一个国家具有真正的反托拉斯法律或政策。③ 二战后，德国是第一个引进综合性的、现代的反托拉斯法的国家，格尔布雷斯（Galbraith）称之为"美国在新德国实施的主要经济改革之一"。其他的大部分欧洲国家到了 20 世纪 80 年代和 90 年代才使其反托拉斯法现代化。因此，

----

① 　G. J. Werden, M. J. Simon, "Why Price Fixers Should Go to Prison", Antitrust Bulletin(Winter 1987)，pp. 933-934. 然而，对公司决定作出者引入刑事制裁要求有重大的制度改变。首先，必须改变通常的宪法传统，使得像欧洲委员会这样的政治实体或行政机构也能够作出真正的刑事制裁。一项解决办法是，把当前的委员会作出罚款决定再由欧洲初审法院予以复审的制度变成美国式的制度，使委员会作为一个公共起诉人，可以向初审法院提起诉讼，由初审法院自己处以罚款。其次，成员国强烈反对刑法的泛欧洲化，而且期望它得以改变的理由极少。如果不取消欧共体竞争法从而将反托拉斯归还到成员国的职责范围内的话，对于上述状况是没有解决办法的。

② 　用 Reich 的话说，"反托拉斯在公众中是流行语""具有强烈的思想上的吸引力""竞争的理念持续地得到美国大众的广泛的支持"。见：R. B. Reich, "The Antitrust Industry", 68 Georgetown Law Journal (1980), pp. 1035-1054.

③ 　制定于法国大革命背景下的 1791 年《宪法》争议性的包含了一些反托拉斯成分，但是在 19 世纪的进一步的发展没有实践这些允诺；在德国，最高法院于 1890 年认为，商人可以被允许用"以合作为基础的自助"的手段管理市场，德国于 1923 年颁布了一份《卡特尔法令》（Cartel Ordonnance），但是，它并不是禁止卡特尔，它的出发点是卡特尔的合法性。见：K. W. Nörr, "Law and Market Organization : The Historical Experience in Germany From 1900 to the Law Against Restraints of Competition (1957)", 151 Journal of Institution and Theoretical Economics (1995), p. 5.

1951 年的《洲煤钢共同体条约》及接着于 1957 年订立的《欧共体条约》中的有关竞争的条款远没有被普遍接受。蒙内特(Jean Monnet)的《记忆》一书为《欧洲煤钢共同体条约》中引入的竞争条款与德国的美国化了的反卡特尔政策的近似提供了证据。《欧洲煤钢共同体条约》第 65、66 条是由罗伯特·波威(Robert Bowie)起草的,当时他是哈佛大学的一名教授,随美国高级专员在被占领的德国工作。"那是在欧洲的一项根本性的变革,监督共同体市场的重要的反托拉斯立法在这很少的数行文字中找到了根源"。① 有趣的是,欧洲反托拉斯法的奇特经历是由蒙内特的《记忆》中的一篇文章描述的。这本书记录了作者童年的一些故事。在书中,他颇为赞许地描写一个价格卡特尔是如何管制有他的家庭参加的法国白兰地酒的交易的。②《第 17 号条例》中规定的销售总额的 10% 的罚款上限,和在此之前的在 ECSC 条约中的详细列明,加上缺少关于因损害引起的私人诉讼或对公司决定作出者的制裁的条款,应已证实竞争法的引入虽然在原则上是具有革命性,但在实践中却不具有太多的革命性。③ 尽管情况已经发生了变化,但今天的欧洲对反托拉斯法的价值的认识依然不能与它们在美国文化中的地位相比。因而,追求完全的威慑效果依然是不可取的。

【本文曾发表于漆多俊主编:《经济法论丛》(第五卷),中国方正出版社 1999 年版,编入本书时由译者进行了修订。】

---

① J. Monnet, Mémoires, Paris: Librairie Arthème Fayard, 1976, p. 413.

② J. Monnet, Mémoires, Paris: Librairie Arthème Fayard, 1976, pp. 42-43.

③ 在美国,对公司的罚金也有 1 000 万美元的法定最高限额(1990 年的《反托拉斯修正法案》),但是二者之间存在重大的区别:美国反托拉斯法不仅对个人处以罚金和监禁,还有对受害者的三倍损害赔偿制度。

后　记

　　对真正的学术人，我一直打心眼里崇敬和佩服。尤其是在当下这个时代，对法学界那些能够安坐书斋，心无旁骛地潜心于读、思、写的学者，我更是钦佩不已。手捧"金饭碗"，淡泊名与利，大多数人做不到，我也未做到。从人近中年时起，有好几年的时光，我在兼职律师身份身上投入了更多的时间和精力，对学问若即若离，读书是碎片化的，码字也是应景式的，甚至都逐渐远离了读书人的那种心境。因此之故，自2008年出版第二本专著《英国竞争法研究》后，我再也没有出版过有学术意味的书，也很少发表拿得出手的论文。或许，有柴米油盐、养家糊口的压力，但主要还是自己经受不住人民币的诱惑。

　　幸得有恩师漆多俊先生不停点拨，使我在俗务和学问之间未迷离太久。漆先生以自己对学问的坚守给我树立了一盏明灯，同时还用力将我拉回到书斋。从前年开始，我辞去了所有的实务兼职，重拾读与写的宁静，陆续发表了几篇论文。对此，漆先生不吝嘉许，在很大程度上恢复了我回归学术的信心。

　　我的另一位恩师王晓晔教授也是一位纯粹的学者，她对待学术的严谨勤奋精神，我虽然难达其万一，但也一直从中获得向上的动力。在反垄断法研究的思维和方法上，我从王老师处受教良多。尤其是我曾经有幸在王老师指导下从事博士后研究，实质性地拓宽了我的学术视野。

　　在本书出版之际，我首先要衷心地感谢两位恩师长久以来给予我的提携和厚爱。今年恰逢漆先生八十大寿和王老师七十大寿，我愿将这本书作为生日礼物献给两位恩师。同时，我要献上对两位老师的祝福，祝两位老师身体健康，学术之树长青！

　　我的家人一直宽容待我，无论大人还是小孩，都安心于简单的生活，没有给我施加任何争名逐利的压力，这使我能够始终掌握自己的人生节奏。今年正值我的孩子大树同学高中毕业，他通过努力，能够考进一所理想的大学，这给了我心安的条件。这本书凝聚着家人的支持，我要对他们表示感谢。

　　北京德恒(长沙)律师事务所对我牵头的中南大学企业法与国企改革研究中心给予了宝贵的资助，支持了本书的出版，我要对德恒(长沙)的全体同仁尤其是破产清算团队表达真诚的谢意。

　　武汉大学是我的母校，我很荣幸本书能够在母校出版社出版。责任编辑田红恩先生严谨高效，他的工作实质性地保证了本书的出版质量，我也要真诚地表达我的敬意和谢意！

李国海

2018 年 7 月